21世纪经济管理新形态教材·公共基础课系列

大学生劳动教育概论

主　编◎李效东

参　编◎陈　臣　安　娜　佟　磊

清华大学出版社

北京

内 容 简 介

　　本书是为普通高等学校开设劳动专题教育必修课编写的教材，目的是帮助学生树立正确的劳动观念、具有必备的劳动能力、培育积极的劳动精神、养成良好的劳动习惯。本书坚持理论和实践教学紧密结合的原则，在深入阐释马克思主义劳动观念的同时，与时俱进地提出了实践教学的设计方案。鉴于不同学科专业对劳动实践有不同的要求，任课教师可将本书主要用于课堂教学。在开展课堂教学的同时，根据学科专业特点制作具体的劳动指导手册，指导劳动实践或开展现场教学。

图书在版编目（CIP）数据

　　大学生劳动教育概论 / 李效东等主编 . —北京：清华大学出版社，2021.1（2023.8 重印）
　　21 世纪经济管理新形态教材 . 公共基础课系列
　　ISBN 978-7-302-57214-5

　　Ⅰ . ①大…　　Ⅱ . ①李…　　Ⅲ . ①大学生－劳动教育－高等学校－教材　　Ⅳ . ① G40-015

　　中国版本图书馆 CIP 数据核字（2020）第 260189 号

责任编辑：徐永杰
封面设计：汉风唐韵
版式设计：方加青
责任校对：王凤芝
责任印制：丛怀宇

出版发行：清华大学出版社
　　　　网　　　址：http://www.tup.com.cn, http://www.wqbook.com
　　　　地　　　址：北京清华大学学研大厦 A 座　　　　　　邮　　编：100084
　　　　社 总 机：010-83470000　　　　　　　　　　　　邮　　购：010-62786544
　　　　投稿与读者服务：010-62776969，c-service@tup.tsinghua.edu.cn
　　　　质 量 反 馈：010-62772015，zhiliang@tup.tsinghua.edu.cn
印 装 者：三河市少明印务有限公司
经　　销：全国新华书店
开　　本：185mm×260mm　　　印　　张：11.25　　　字　　数：229 千字
版　　次：2021 年 3 月第 1 版　　　印　　次：2023 年 8 月第 2 次印刷
定　　价：38.00 元

产品编号：090399-01

中华民族是勤劳勇敢的伟大民族，中国文化历来倡导依靠劳动创造美好生活。中国人自称是炎黄子孙，炎帝也就是"神农"，是农业的开创者，中国也因此成了人类学家和社会学家费孝通说的"乡土中国"。中国人在历史上创造了辉煌灿烂的农业文明，但是，随着西欧开创了资本主义工商业文明，封建农业文明成了腐朽落后的典型代表，中国也坠入了落后挨打的黑暗深渊。马克思尖锐地指出："工业较发达的国家向工业较不发达的国家所显示的，只是后者未来的景象。"① 推进国家工业化和掌握现代化生产劳动能力，因此成为中国教育的重要使命。

1954 年，毛泽东在第一届全国人民代表大会第一次会议上致开幕词，宣布要将我国建设成为一个工业化的、具有高度现代文化程度的、伟大的国家。1964 年，周恩来在第三届全国人民代表大会第一次会议作政府工作报告，提出把我国建设成为一个具有现代农业、现代工业、现代国防和现代科学技术的社会主义强国。1978 年，党的十一届三中全会召开，标志着中国开启了改革开放的新时期。2017 年 10 月 18 日，党的十九大报告指出，经过长期努力，中国特色社会主义进入了新时代。中国特色社会主义进入新时代，意味着近代以来久经磨难的中华民族迎来了从站起来、富起来到强起来的伟大飞跃，迎来了实现中华民族伟大复兴的光明前景。2022 年 10 月 16 日，党的二十大报告指出，在新中国成立特别是改革开放以来长期探索和实践基础上，经过党的十八大以来在理论和实践上的创新突破，我们党成功推进和拓展了中国式现代化。从现在起，中国共产党的中心任务就是团结带领全国各族人民全面建成社会主义现代化强国、实现第二个百年奋斗目标，以中国式现代化全面推进中华民族伟大复兴。

新时代劳动教育，必须培养适应建设社会主义现代化强国需要的劳动者，培养堪当实现中华民族伟大复兴历史重任的社会主义建设者和接班人。2018 年 9 月 10 日，全国教育大会在北京召开，习近平出席会议并发表重要讲话，明确提出"培养德智体美劳全面发展的社会主义建设者和接班人"。2020 年 3 月 20 日，中共中央、国务院发布《关

---

① 马克思，恩格斯 . 马克思恩格斯文集（第 5 卷）[M]. 北京：人民出版社，2009：8.

于全面加强新时代大中小学劳动教育的意见》。2020 年 7 月 7 日，教育部印发《大中小学劳动教育指导纲要（试行）》的通知。

一、编写本书坚持的基本原则

本书在历史唯物主义原理的指导下，依据中央会议和文件的基本精神，把马克思主义劳动观念贯彻全书。

（一）坚持历史唯物主义的指导

劳动是推动人类社会进步的根本力量，人类社会进步又使劳动发生根本变化。劳动教育既要立足社会发展的实际条件，又要满足社会进步的客观需要。面对中国特色社会主义进入新时代出现的新情况、新任务，劳动教育尤其要顺应科技革命和产业革命的世界潮流，要服务于建设世界科技强国的迫切需要。

（二）坚持马克思主义劳动观念

按照历史唯物主义的原则，本书介绍了中国古代的劳动观念、西方现代的劳动观念，并肯定了这些旧的劳动观念曾经具有历史进步性。但是，历史唯物主义也告诉我们，历史上进步的东西也会随着历史的发展而成为落后的东西。劳动教育必须帮助学生确立马克思主义的劳动观念，既站在无产阶级立场上肯定工农业劳动者的劳动美德，又按照共产主义关于无产阶级解放和人类自由全面发展的理想弘扬"大众创业和万众创新"的劳动创造精神。

（三）坚持落实相关文件精神

目前劳动教育课程并没有统一的教学大纲，本书的编写严格遵循全国教育大会的精神和《关于全面加强新时代大中小学劳动教育的意见》以及《大中小学劳动教育指导纲要（试行）》的要求。建议承担该课程教学任务的教师深入学习习近平总书记关于教育的重要论述，中共中央、国务院发布的《关于全面加强新时代大中小学劳动教育的意见》和教育部印发的《大中小学劳动教育指导纲要（试行）》。

二、本书的基本内容

根据中共中央、国务院发布的《关于全面加强新时代大中小学劳动教育的意见》和教育部印发的《大中小学劳动教育指导纲要（试行）》，本书内容共分为六章。这六章大致又分为三大部分，即导论、劳动教育的主要内容以及劳动实践的组织保障。

（一）劳动和劳动教育

导论部分主要从历史角度论述劳动形式的变迁，并由此概括出劳动的基本内涵，这是马克思主义劳动观念的简要概论。在此基础上，概述劳动教育的重要意义、主要内容和基本理念，进而明确了劳动教育课程教学的基本要求，包括课程设计、教学方式和教学考核等。

（二）劳动教育的主要内容

按照《关于全面加强新时代大中小学劳动教育的意见》和《大中小学劳动教育指导纲要（试行）》的要求，劳动教育主要包括树立正确的劳动观念、形成必备的劳动能力、培育积极的劳动精神和养成良好的劳动习惯四个方面的内容。树立正确的劳动观念和培育积极的劳动精神，着眼于形成自觉的思想意识，形成必备的劳动能力和养成良好的劳动习惯是行为习惯的训练。

（三）劳动实践的组织保障

第六章也是最后一部分，主要是劳动能力和劳动习惯训练的条件保障，包括组织领导、场地规划和形式设计等内容。这部分教学内容属于实操训练，因此在实际教学中，需要辅以各专业学院的教师预先编制的指导手册。

▌三、本书的特色

劳动教育课程是一门具有自身独特性的课程，本书的编写也试图凸显该课程的特色，因此也形成了本书自身的一些特点。

（一）理论教学与实践设计相结合

本书是供普通高等学校劳动教育课程教学使用的教材，因此，它具有不同于中小学劳动教育的独特属性，即具有相对较为高深的思想理论内涵。高校的劳动教育不应该再重复中小学以日常生活劳动为主的形式，而应该以发挥专业知识的劳动形式为主，这是本书劳动实践设计的基本原则。当然，本书的劳动实践设计也只是基本原则，具体的劳动实践主要依靠各专业学院、专业教师的指导。本书的主要目标是提升大学生对劳动的实践价值和理论意义的思想认识，因此，理论教学和实践教学在本书的编写中具有同等重要的地位。

（二）历史经验与时代要求相结合

在大多数人的思想观念中，劳动首先指的就是农业和工业生产劳动，也即所谓"劳工"阶层的劳动，只有更进一步思考才能涵盖日常生活劳动和脑力劳动。这是历史上遗留下来的劳动观念。但是，如果我们今天的劳动教育，尤其是在接受专业知识教育的高等学校的劳动教育，也局限于工农业生产中的体力劳动，那就不仅落后于时代，而且脱离学生成长实际的要求。因此，本书在编写的过程中，特别注重把人类生产劳动的历史经验和当今时代劳动创造要求紧密结合起来。

（三）课堂讲授与知识拓展相结合

劳动教育是一门实践性很强的课程，必须至少有一半的教学时间用于实践教学。因此，课堂教学必须尽量精练，不能变成思想政治理论课。但是，高等学校的劳动教育又必须具有一定的理论深度，否则就变成了中小学劳动技能课的重复。本书采取理论教学内容和知识拓展相结合的办法，尽量做到理论教学的清晰和理论学习的深入统一。不论是中华优秀传统文化中关于劳动的思想、近代西方资产阶级劳动思想，还是马克思主义劳动思想，本书都以知识链接的形式提供了丰富的原文引述，如果能够认真研读，对提高思想认识会有巨大的帮助。

总的来说，本书是一本针对新时代劳动教育的探索性教材。目前，由于教育部还没有编定统一的教学大纲，也没有可资参考的其他教材，因此本书还有很多不足之处，恳请使用本书的老师和同学多提改进意见。

目 录

第 一 章
导　论

学习目标　→

1. 了解劳动的基本内涵。
2. 掌握劳动教育的基本内容。
3. 理解劳动教育的基本理念。

　　子适卫，冉有仆。子曰："庶矣哉！"冉有曰："既庶矣，又何加焉？"曰："富之。"曰："既富矣，又何加焉？"曰："教之。"

——《论语·子路》

　　孔子到卫国去，冉有为他驾车子。孔子说："人口真多啊！"冉有说："人口已经如此众多了，又该做什么呢？"孔子说："使他们富裕起来。"冉有说："已经富裕了，还需要怎么做？"孔子说："教育他们。"新中国成立结束了长期战乱，中国人口快速增长；改革开放结束了"十年动乱"，中国人民的生活水平不断提高；2021 年，中国全面建成小康社会，中国人民逐步富起来了。新中国经历"庶矣""富矣"，到了该"教之"的时候了，否则必将出现"小富即安"的社会风气。2012 年 11 月 15 日，习近平在十八届中央政治局常委同中外记者见面讲话时说："人民对美好生活的向往，就是我们的奋斗目标。人世间的一切幸福都需要靠辛勤的劳动来创造。""人民对美好生活的向往"和"辛勤的劳动"，就像发动机和离合器，共同驱动着中国人民实现民族复兴、国家富强和人民幸福的中国梦。

第一节 劳动概述

劳动似乎是一个十分简单的范畴。它在这种一般性上——作为劳动一般——的表象也是古老的。但是，在经济学上从这种简单性上来把握的"劳动"，和产生这个简单抽象的那些关系上一样，是现代的范畴。

——马克思

劳动是创造物质财富和精神财富的过程，是人类特有的基本社会实践活动。由于在不同的历史时期，人类创造财富的方式不同，因此劳动在不同的历史阶段有不同的表现形式。生产力的变革是决定劳动形式变迁的根本力量。通过总结劳动形式的变迁及其背后的决定力量，马克思得出了一般意义上的劳动的基本内涵。

▌ 一、劳动内涵的历史变迁

人类有史以来一直都在劳动，劳动似乎是一个不言而喻的概念范畴。但实际上，古代并没有"劳动"这个概念，只有"洒扫""耕织""渔猎"等表示具体劳动形式的概念。只是在资本主义兴起之后，"劳动"才和"资本""土地"并列成为商品生产的三大要素，成为包含人类各种"工作"的"人力资源"，而"资本"和"土地"则是"物质资源"。当然，资本家自称"资本"是"积累的劳动"，或过去的劳动积攒下来的"生产要素"，因此也属于"劳动"。唯有"土地"——本来是大自然恩赐给人类创造财富的生产资料，却被地主贵族独占并收取地租，因此地主贵族被资产阶级指责为剥削者。最终，资产阶级以"劳动者"的名义带领工人和农民推翻了地主阶级的统治。但是，就像地主依靠土地剥削农民一样，资产阶级上升为统治阶级之后就依靠资本剥削工人和农民。所以，工人和农民并不觉得资本家想方设法监管和压榨工人是"劳动"，也不认为他们和自己一样都是"劳动者"。相反，他们认为资本家就是"不劳而获"的剥削者，他们的"劳动"就是剥削工人和农民。那么，到底什么才是真正的劳动呢？马克思通过考察西方经济发展的历史，概括了生产劳动三种不同的具体形式。

（一）农业生产

传统的重农主义把劳动的一定形式——农业生产——看作创造财富的劳动，其他的活动都不能创造财富，因此并不能算真正意义上的劳动。这和中国漫长的封建历史时期的情况基本一样，也就是只把直接从事衣食住行等生活必需品生产制造的活动看作劳动，而国家社会管理、思想理论创新、文学艺术创作等其他活动都不是劳动，从事这些活动的人被认为是劳动者供养的人或者剥削劳动者的人。这种朴素的劳动观今天仍有一定的市场，但大多数人认为"劳心"或"脑力劳动"也是"劳动"。

（二）工商业生产经营

到了近代，随着资本主义工商业的发展壮大，农业生产创造的财富以及从事农业生产的人口都越来越少，因此新出现的重工主义或重商主义者着手重新定义劳动。他们虽然没有否定农业生产和经营属于劳动，但强调工业生产和商业经营是更重要的劳动，成功的商业经营是真正意义上的财富创造活动——因此也是真正意义上的劳动。农业生产劳动固然重要，但更重要的是要把农业生产的农产品卖出好价钱，否则就是"徒劳无功"。换句话说，随着生产力水平的提高，农业生产"颗粒无收"的可能性小了，"谷贱伤农"甚至"血本无归"的可能性大了，所以商业经营成为最重要的劳动。"埋头苦干"可能"有苦劳而没有功劳"，成为"无用的劳动"，几乎也就不算劳动了。

（三）创造货币财富的所有活动

随着资本主义工商业的进一步发展，货币主义把财富看成货币，只要有利于资本增值的活动都变成了劳动，因此劳动的内涵包括了能够创造财富的所有活动。反过来，只要不能创造货币财富的活动都是"徒劳无功"，实际上也就不是实质意义上的劳动，甚至是对社会资源的浪费。在这种情况下，不仅农场主的管理工作属于劳动，从事农产品期权期货交易、从事农业生产保险、从事转基因农产品开发等活动，都属于辛勤的"劳动"。同样的，从事文化、体育、医疗、金融、法律工作也属于"劳动"。总之，只要能够创造财富，那就是劳动；只要不能创造财富，那就是"徒劳"。

劳动基本内涵的历史变迁，体现了在不同的社会中统治阶级地位的变化，体现了不同历史时期社会主要矛盾的深刻变化。在经济、政治和文化上占据统治地位的阶级，总是把自己的主要活动定义为最重要的劳动形式。

知识链接 ≫ ••

比较简单的范畴，虽然在历史上可以在比较具体的范畴之前存在，但是，它在深度和广度上的充分发展恰恰只能属于一个复杂的社会形式，而比较具体的范畴在一个比较不发达的社会形式中有过比较充分的发展。

劳动似乎是一个十分简单的范畴。它在这种一般性上——作为劳动一般——的表象也是古老的。但是，在经济学上从这种简单性上来把握的"劳动"，和产生这个简单抽象的那些关系上一样，是现代的范畴。例如，货币主义把财富看成完全客观的东西，看成自身之外的物，存在于货币中。同这个观点相比，重工主义或重商主义把财富的源泉从对象转到主体的活动——商业劳动和工业劳动，已经是很大的进步，但是，他们仍然只是把这种活动本身理解为局限于取得货币的活动。同这个主义相对立的重农主义把劳动的一定形式——农业——看作创造财富的劳动，不再把对象本身看作裹在货币的外衣之中，而是看作产品一般，看作劳动的一般成果了。这种产品还与活动的局限性相应而仍然被看作自然规定的产品——农业的产品，主要是土地的产品。

亚当·斯密大大地前进了一步，他抛开了创造财富的活动的一切规定性，干脆就是劳动，既不是工业劳动，又不是商业劳动，也不是农业劳动，而既是这种劳动，又是那种劳动。有了创造财富的活动的抽象一般性，也就有了被规定为财富的对象的一般性，这就是产品一般，或者说又是劳动一般，然而是作为过去的、对象化的劳动。这一步跨得多么艰难、多么巨大，只要看看连亚当·斯密本人还时时要回到重农主义，就可想而知了……

对任何种类劳动的同样看待，以各种现实劳动组成的一个十分发达的总体为前提，在这些劳动中，任何一种劳动都不再是支配一切的劳动。所以，最一般的抽象总只是产生在最丰富的具体发展的场合，在那里，一种东西为许多东西所共有，为一切所共有。这样一来，它就不再只是在特殊形式上才能加以思考了。另一方面，劳动一般这个抽象，不仅仅是各种劳动组成的一个具体总体的精神结果。对任何种类劳动的同样看待，适合于这样一种社会形式，在这种社会形式中，个人很容易从一种劳动转到另一种劳动，一定种类的劳动对他们说来是偶然的，因而是无差别的。这里，劳动不仅在范畴上，而且在现实中都成了创造财富一般的手段，它不再是同具有某种特殊性的个人结合在一起的规定了。在资产阶级社会的最现代的存在形式——美国，这种情况最为发达。所以，在这里，"劳动""劳动一般"，直截了当的劳动这个范畴的抽象，这个现代经济学的起点，才成为实际上真实的东西。所以，这个被现代经济学提到首位的、表现出一种古老而适用于一切社会形式的关系的最简单的抽象，只有作为最现代的社会的范畴，才能在这种抽象中表现为实际上真实的东西。[①]

马克思明确指出，片面地以农业、工业、商业等某一种劳动形式理解生产，其实是生产方式落后带来的人类思想的狭隘性。农业主导的社会只把农业生产看作是劳动，工业主导的社会只把工业生产看作是劳动，服务业主导的社会只把商业服务看作是劳动。当生产力水平高度发达，人们可以在各种生产方式中自由选择时，工农差别、城乡差别、脑体差别不再成为劳动差别，迫使人被划分为不同阶级的特殊劳动就成了人类自主选择的一般劳动。

---

① 马克思，恩格斯．马克思恩格斯文集（第8卷）[M]．北京：人民出版社，2009：27-29．

▌二、劳动形式的决定因素

马克思指出："在一切社会形式中都有一种一定的生产决定其他一切生产的地位和影响，因而它的关系也决定其他一切关系的地位和影响。这是一种普照的光，它掩盖了一切其他色彩，改变着它们的特点。这是一种特殊的以太，它决定着它里面显露出来的一切存在的比重。"[①] 在我国漫长的封建社会，最主要的劳动形式一直是男耕女织。西方资本主义因为率先开始工业革命，因此也最早开始了机器大工厂劳动。到了今天，发达资本主义国家进入后工业社会，大多数人从事服务性劳动。

（一）农业与耕织劳动

当人类还处于原始社会的时候，劳动的基本内容就只能是采摘、狩猎、打鱼等体力劳动，而不可能是农耕纺织。只有当一个社会进入了农耕文明，农事女红才是男女自小都必须学习的基本劳动技能。中国历史上中原地区和草原游牧民族的冲突，主要就是这两种生产方式和生活方式的差别造成的。这时候当然也有手工业和商业，但是，由于农业是主导产业，所以绝大多数人从事耕织劳动。中国历史上一直有"重农抑商"的传统，这从根本上说是因为中国始终没有迎来工业革命和市场经济的必然结果。《牛郎织女》《天仙配》的故事，浓缩了中国古代劳动人民男耕女织的悲喜人生。如图1-1所示。

图　1-1

（二）机器大工业与工厂劳动

从18世纪末的英国开始，一场彻底改变人类生产方式的革命爆发了。这场以蒸汽机、火车、煤炭、钢铁为代表的工业革命，也完全改变了人类劳动的主要形式，从此人类社会进入工商业主导的阶段，耕织不再是劳动的主要形式了，取而代之的是工厂劳动。《雾都孤儿》浓缩了早期资本主义社会劳工子弟工厂劳动的心酸血泪，如图1-2所示。当然，直到今天还有很多地方存在着传统的农耕劳动，但这恰恰是"不发达"的典型代表。工

[①]　马克思，恩格斯.马克思恩格斯文集（第8卷）[M].北京：人民出版社，2009：31.

厂劳动也并不总是比农耕劳动更美好，但正如马克思所指出的："问题在于这些规律本身，在于这些以铁的必然性发生作用并且正在实现的趋势。工业较发达的国家向工业较不发达的国家所显示的，只是后者未来的景象。"①

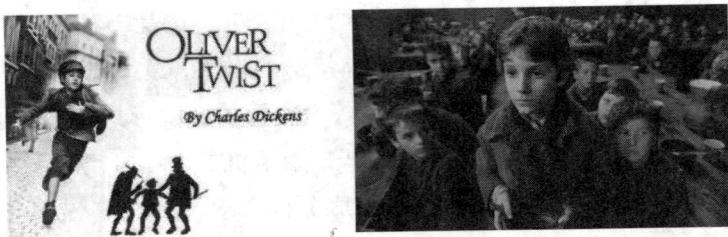

图 1-2

（三）后工业化与服务性劳动

在今天的西方发达资本主义国家，尤其是美国，金融法律、科学技术、文体健康等产业，是国民经济的支柱产业，学习成绩最优秀的学生毕业后往往到华尔街、硅谷、好莱坞从事金融法律、科学技术、文体健康等工作。农业劳动以及汽车、钢铁、煤炭等传统工业劳动，主要是由外来移民甚至偷渡者以及受教育程度低的人所从事。其结果是，一方面涌现出一批现代服务业、高科技企业和文体健康等行业的高收入者；另一方面农业严重依赖政府补贴，传统工业不断萎缩，最终导致社会两极分化和矛盾不断加深。"占领华尔街""人民需要工作"凸显金融暴利和劳动群众缺乏就业机会的矛盾，如图 1-3 所示。

图 1-3

知识链接 >>> ··

以游牧民族为例（纯粹的渔猎民族还没有达到真正发展的起点），它们偶尔从事某种形式的耕作。这样就规定了土地所有制。它是共同的，这种形式按照这些民族保持传统的程度或多或少地保留下来，如斯拉夫人中的公社所有制。在从事定居耕作（这种定居已是一大进步），而且这种耕作像在古代社会和封建社会中那样处于支配地位的民族中，

---

① 马克思，恩格斯．马克思恩格斯文集（第5卷）[M]．北京：人民出版社，2009：8．

连工业、工业的组织以及与工业相应的所有制形式都多少带着土地所有制的性质；或者像古代罗马人中那样工业完全附属于耕作；或者像在中世纪那样工业在城市中和在城市的各种关系上模仿着乡村的组织。在中世纪，甚至资本——不是指纯粹的货币资本——作为传统的手工工具等，也具有这种土地所有制的性质。

在资产阶级社会中情况则相反。农业越来越成为一个工业部门，完全由资本支配，地租也是如此。在土地所有制处于支配地位的一切社会形式中，自然联系还占优势。在资本处于支配地位的社会形式中，社会、历史所创造的因素占优势。不懂资本便不能懂地租，不懂地租却完全可以懂资本。资本是资产阶级社会中支配一切的经济权力。它必须成为起点又成为终点，必须放在土地所有制之前来说明。①

尽管农业生产和纺织永远是人类的衣食之本，但是，人类不会永远依靠男耕女织的劳动来获得衣食的满足。劳动教育要始终顺应社会生产力的发展，顺应时代发展的要求，不断推动我国产业结构优化升级和农村剩余劳动力转移，着力推进创造性劳动教育，帮助学生掌握先进的劳动技能。但与此同时，必须吸取西方国家"产业空心化"的教训，尤其是我国劳动人口数量极其庞大，不可能都从事服务性劳动。因此，必须始终重视农业的基础地位和工业的主导作用，始终强调农民和工人在劳动大军中主力军和先锋队的作用，始终强调农业和工业生产劳动技能的教育。

三、一般劳动的基本内涵

劳动在不同的社会形态有不同的内容，但不同形式的劳动也有一些共同的内涵。马克思指出，"撇开每一种特定的社会的形式来加以考察""劳动首先是人和自然之间的过程"；"劳动过程的简单要素是：有目的的活动或劳动本身，劳动对象和劳动资料"；劳动过程"是制造使用价值的有目的的活动，是为了人类的需要而对自然物的占有"。简单地说，一般意义上的劳动就是人类通过有目的的活动来满足自身生存发展需要。从一般意义上理解劳动的概念，要从劳动本身、劳动对象和劳动资料的三个方面来把握。

（一）劳动是人类有目的的活动

劳动首先是人类主观能动性的表现，劳动必须发挥人的主观能动性。我们把农民耕种粮食称作劳动，但是不把牛拉犁耕地称作"劳动"。不仅因为牛不属于人类，而且耕地绝对不是牛的目的。牛不会想要耕地种粮，是人给它架上犁耙迫使它耕地。牛为了生存需要吃草，所以它的目的只是要吃草，甚至吃掉农田里的禾苗麦穗，这是动物的生存

---

① 马克思，恩格斯. 马克思恩格斯文集（第 8 卷）[M]. 北京：人民出版社，2009：31-32.

本能。人类有目的的生产劳动，不是出于生存本能，而是出于对自然规律的认知——知道土地能长出粮食，因此，利用这一自然规律来达到自己的目标。人类即便挨饿了，也不会像牛把秧苗吃了，他会用心地培育秧苗，耐心地等待丰收的果实。正是有目的的人类劳动，把人和动物区别开来。所以说，劳动是人类的本质属性，劳动创造了人本身。

（二）劳动是人和自然之间的物质变换

人本身是自然的一部分，人类劳动一刻也离不开自然这个最基本的劳动对象。人的臂和腿、头和手在劳动中的运动，其实也是自然力的运用。原始人的采摘、狩猎，就是自然界的果实、猎物与同样是自然界的人的肉体、力量的物质变换。水灵灵的瓜果变成了水灵灵的眼睛，强健的牛肉变成强健的人肉。等人死后，尸体作为废料滋养果蔬，或变成动物的食物，人水灵灵的眼睛又变为水灵灵的瓜果，人强健的肌肉又变为动物强健的肌肉。当然，这只是变换的基本原理，真正的情况变化多端，不会那么简单地"轮回"。不论过去、现在还是未来，所有的劳动都离不开自然。人类绝不可能单凭自己的劳动创造出劳动产品，所有的劳动产品归根结底都是人和自然之间的物质变换。

（三）劳动是制造使用价值的活动

劳动是人类运用劳动资料对劳动对象进行加工改造的活动，它的目的是创造满足人类生活需要的使用价值。吃喝玩乐的人也是有目的的，他会谋划吃喝玩乐的对象、地点、时间和朋友。这些人可能创造的消费，必然拉动生产的需求。但是，他们没有制造使用价值，他们只是消耗了使用价值。粮食本来有为劳动者提供营养的使用价值，现在变成了对人类不再有使用价值的粪便。"制造使用价值"把社会的剥削者和劳动者区分开来，即便奴隶在锁链下从事的生产活动，也因为"制造使用价值"而成为"劳动"；即便是获得了巨额财富的赌徒和投机者，也因为没有"制造使用价值"而不称其为"劳动"。剥削不是劳动，玩乐也不是劳动，埋头苦干也不见得都是劳动。例如，生产和制造伤害人类健康的产品，破坏生态环境，因为没有"制造使用价值"，也不算是真正意义上的劳动。

知识链接 ▶ ‧‧

劳动首先是人和自然之间的过程，是人以自身的活动来中介、调整和控制人和自然之间的物质变换的过程。人自身作为一种自然力与自然物质相对立。为了在对自身生活有用的形式上占有自然物质，人就使他身上的自然力——臂和腿、头和手运动起来。当他通过这种运动作用于他身外的自然并改变自然时，也就同时改变他自身的自然。他使自身的自然中蕴藏着的潜力发挥出来，并且使这种力的活动受他自己控制。在这里，我们不谈最初的动物式的本能的劳动形式。现在，工人是作为他自己的劳动力的卖者出现在商品市场上。对于这种状态来说，人类劳动尚未摆脱最初的本能形式的状态已经是很久远的事了。我们要考察的是专属于人的那种形式的劳动。蜘蛛的活动与织工的活动相似，蜜蜂建筑蜂房的本领使人间的许多建筑师感到惭愧。但是，最蹩脚的建筑师从一开始就比最灵巧的蜜蜂高明的地方，是他在建筑以前，已经在自己的头脑中把它建成了。劳动过程结束时得到的结果，在这个过程开始时就已经在劳动者的表象中存在着，即已经观念地存在着。他不仅使自然物发生形式变化，同时他还在自然物中实现自己的目的，这个目的是他所知道的，是作为规律决定着他的活动的方式和方法的，他必须使他的意志服从这个目的。但是这种服从不是孤立的行为。除了从事劳动的那些器官紧张之外，在整个劳动时间内还需要有作为注意力表现出来的有目的的意志，而且，劳动的内容及其方式和方法越是不能吸引劳动者，劳动者越是不能把劳动当作他自己体力和智力的活动来享受，就越需要这种意志。

劳动过程的简单要素是：有目的的活动或劳动本身，劳动对象和劳动资料。①

……

劳动过程，就我们在上面把它描述为简单的、抽象的要素来说，是制造使用价值的有目的的活动，是为了人类的需要而对自然物的占有，是人和自然之间的物质变换的一般条件，是人类生活的永恒的自然条件，因此，它不以人类生活的任何形式为转移，倒不如说，它为人类生活的一切社会形式所共有。因此，我们不必来叙述一个劳动者与其他劳动者的关系。一边是人及其劳动，另一边是自然及其物质，这就够了。根据小麦的味道，我们尝不出它是谁种的，同样，根据劳动过程，我们看不出它是在什么条件下进行的：是在奴隶监工的残酷的鞭子下，还是在资本家的严酷的目光下；是在辛辛纳图斯耕种自己的土地的情况下，还是在野蛮人用石头击杀野兽的情况下。②

劳动是一个极其复杂的范畴，它涉及人与自然之间的物质变换、人与人之间的生产和生活交往。劳动在社会发展的不同阶段有不同的表现形式，这是由当时的社会生产力的发展水平决定的。劳动和剥削、不劳而获、享乐是有根本区别的，这种区别主要体现在劳动制造使用价值，而剥削、不劳而获、享乐都不可能制造使用价值。为了避免剥削者、不劳而获的人、享乐主义者以"消费拉动生产"进行诡辩，马克思在《1857—1858年经济学手稿》中明确指出："消费，作为必需，作为需要，本身就是生产活动的一个内在要素。但是生产活动是实现的起点，因而也是实现的起支配作用的要素，是整个过程借以重新

① 马克思，恩格斯.马克思恩格斯文集（第5卷）[M].北京：人民出版社，2009：207-208.
② 马克思，恩格斯.马克思恩格斯文集（第5卷）[M].北京：人民出版社，2009：215.

进行的行为。"① 大学生的学习生活虽然也很辛苦，但只是通过消费成为生产活动中的一个内在要素。大学生除非有服务于生产的发明创造，否则学习生活本身也不属于劳动，而只是劳动能力的积聚。因此，需要对大学生进行专门的劳动教育。

第二节　劳动教育

环境正是由人来改变的，而教育者本人一定是受教育的。

——马克思

中国古人说："天命之谓性，率性之谓道，修道之谓教。"大概是说，自然界生成事物的规律就是事物的本质属性，遵从事物发展的规律性就是当行之道，修正人们偏离当行之道的思想行为就是教育。通过几代人"出生入死闹革命""勒紧裤带搞建设""一心一意谋发展"，靠着不怕牺牲的革命精神和不怕艰苦的劳动精神，中国人民迎来了从站起来、富起来到强起来的美好前景。但是，今天很多人从一出生就过上了小康生活，没有经历过鲜血与烈火的革命洗礼以及汗水和泪水的劳动洗礼，需要通过加强劳动教育才能不偏离"人间正道是沧桑"的革命教导，才能保持"一万年太久，只争朝夕"的勤劳奋斗。否则，中国将会出现越来越多不思进取、随遇而安的"佛系青年"。"生于忧患，死于安乐"，中国人民在艰难摆脱"百年耻辱"的忧患中生存下来，切不可在稳步走向"百年复兴"的安乐中死去。

一、劳动教育的时代要求

劳动教育是新时代党对教育的新要求，是中国特色社会主义教育制度的重要内容，是全面发展教育体系的重要组成部分，是大中小学必须开展的教育活动。高等学校学生毕业后将进入社会参加生产劳动，要针对就业要求加强劳动教育。

（一）把握劳动教育的内涵和性质

马克思说："环境正是由人来改变的，而教育者本人一定是受教育的。"② 今天的教育者也可能因为生活条件好了，不自觉地改变了对劳动的看法。所谓"上梁不正下梁歪"，如果领导和教育人民的领导干部奢靡之风盛行，以追求声色犬马的安逸享乐为荣；如果

---

① 马克思，恩格斯．马克思恩格斯文集（第 8 卷）[M]．北京：人民出版社，2009：18.
② 马克思，恩格斯．马克思恩格斯文集（第 1 卷）[M]．北京：人民出版社，2009：504.

教育和培养学生的老师也染上了奢靡之风，失去了"学而不厌，诲人不倦"的辛勤园丁本色，整个社会就会变得萎靡不振、乌烟瘴气。劳动教育就是要教育人们遵循人类社会发展的客观规律，崇尚勤劳俭朴的优良美德。当然，人类也不是被动地遵循社会发展的客观规律，因为劳动本身就是人改造自然界和人类社会的活动，所以社会发展规律本身就是人类劳动发展的规律。

劳动教育，归根结底就是教育人们不断总结人类改造世界和造福人类的劳动规律，从而更加科学理性地改造自然界、人类社会和人的精神世界。劳动教育是发挥劳动的育人功能，对学生进行热爱劳动、热爱劳动人民的教育活动。劳动教育是国民教育体系的重要内容，是学生成长的必要途径，具有树德、增智、强体、育美的综合育人价值。实施劳动教育的重点是在系统的文化知识学习之外，有目的、有计划地组织学生参加日常生活劳动、生产劳动和服务性劳动，让学生动手实践、出力流汗，接受锻炼、磨炼意志，培养学生正确的劳动价值观和良好的劳动品质。

（二）理解劳动教育的重大意义和鲜明特点

劳动教育是中国特色社会主义教育制度的重要内容，直接决定社会主义建设者和接班人的劳动精神面貌、劳动价值取向和劳动技能水平。长期以来，各地区和学校坚持教育与生产劳动相结合，在实践育人方面取得了一定的成效。同时也要看到，近年来在一些青少年身上出现了不珍惜劳动成果、不想劳动、不会劳动的现象，劳动的独特育人价值在一定程度上被忽视，劳动教育正被淡化、弱化。对此，全党全社会必须高度重视，并采取有效措施切实加强劳动教育。

"子路问政，子曰：'先之，劳之。'请益，曰：'无倦。'"（《论语·子路》）子路问孔子为政之道，孔子回答说："自己先要身体力行带好头，然后让老百姓辛勤劳作。"子路请求讲得详细一些，孔子说：不要倦怠。中国共产党的根本宗旨就是全心全意为人民服务，但这绝不意味着鼓励人民安逸享乐。必须在服务人民的同时教育人民，让人民群众懂得勤劳致富的道理。子曰："其身正，不令而行；其身不正，虽令不从。"（《论语·子路》）领导者教育人民，首先要自身行为端正，以身作则就不用发布命令，事情也能行得通；如果自身行为不端正，就是发布了命令，百姓也不会听从。所以，劳动教育首先要求领导干部保持劳动人民的本色，带领这个社会形成热爱劳动的风气，而且始终如一、孜孜不倦地保持勤劳的美德，国家就会长治久安。"子曰：'放于利而行，多怨。'"（《论语·里仁》）如果人人都只依据个人利益去生活，就会产生很多怨恨。"人民对美好生活的向往，就是我们的奋斗目标"，但如果人民只懂得过美好的生活而不懂得国家社会的利益，不懂得"人世间的一切幸福都需要靠辛勤的劳动来创造"，那美好生活的目标就永远不能实现。人人致力于争权夺利，既不愿意为国家和社会牺牲奉献，也不愿意付出艰苦的劳动，这种腐朽堕落的资本主义精神决不能在社会中传播。

劳动教育就是教育人民保持劳动人民的本色，永远依靠劳动创造美好生活。学校的劳动教育是落实劳动教育的主渠道，与其他教学内容相比，劳动教育具有如下特点。

1. 鲜明的思想性

劳动教育具有鲜明的思想性，必须将马克思主义劳动观贯彻始终，强调劳动是一切财富、价值的源泉，劳动者是国家的主人，一切劳动和劳动者都应该得到鼓励和尊重；倡导通过诚实劳动创造美好生活、实现人生梦想，反对一切不劳而获、崇尚暴富、贪图享乐的错误思想。

2. 突出的社会性

劳动教育具有突出的社会性，必须加强学校教育与社会生活、生产实践的直接联系，发挥劳动在个人与社会之间的纽带作用，引导学生认识社会，增强社会责任感；同时，注重让学生学会分工合作，体会社会主义社会平等、和谐的新型劳动关系。

3. 显著的实践性

劳动教育具有显著的实践性，必须面向真实的生活世界和职业世界，引导学生以动手实践为主要方式，在认识世界的基础上，获得有积极意义的价值体验，同时学会建设世界、塑造自己，实现树德、增智、强体、育美的目的。

（三）坚持劳动教育的指导思想和基本原则

劳动教育必须坚持以习近平新时代中国特色社会主义思想为指导，全面贯彻党的教育方针，落实全国教育大会精神，坚持立德树人，坚持培育和践行社会主义核心价值观，把劳动教育纳入人才培养全过程，贯通大中小学各学段，贯穿家庭、学校、社会各方面，与德育、智育、体育、美育相融合，紧密结合经济社会发展变化和学生生活实际，积极探索具有中国特色的劳动教育模式，创新体制机制，注重教育实效，实现知行合一，促进学生形成正确的世界观、人生观、价值观。在此基础上，还必须把握以下原则。

1. 把握育人导向

坚持党的领导，围绕培养担当民族复兴大任的时代新人，着力提升学生的综合素质，促进学生全面发展、健康成长。把准劳动教育价值取向，引导学生树立正确的劳动观，崇尚劳动、尊重劳动，增强对劳动人民的感情，报效国家，奉献社会。

2. 遵循教育规律

符合学生年龄特点，以体力劳动为主，注意手脑并用、安全适度，强化实践体验，让学生亲历劳动过程，提升育人的实效性。

3. 体现时代特征

适应科技发展和产业变革，针对劳动的新形态，注重新兴技术支撑和社会服务新变化。深化产教融合，改进劳动教育方式。强化诚实合法劳动意识，培养科学精神，提高创造性劳动能力。

4. 强化综合实施

加强政府统筹，拓宽劳动教育途径，整合家庭、学校、社会各方面力量。家庭劳动教育要日常化，学校劳动教育要规范化，社会劳动教育要多样化，形成协同育人格局。

5. 坚持因地制宜

根据各地区和学校实际，结合当地在经济、文化、生态等方面的条件，充分挖掘行业企业、职业院校等可利用资源，宜工则工、宜农则农，采取多种方式开展劳动教育，避免"一刀切"。

▌二、劳动教育的总体规划

2018年9月10日全国教育大会提出："坚持中国特色社会主义教育发展道路，培养德智体美劳全面发展的社会主义建设者和接班人。"学校劳动教育是落实全国教育大会精神的具体举措。

（一）劳动教育的主要内容

劳动教育主要包括日常生活劳动、生产劳动和服务性劳动中的知识、技能与价值观。

1. 日常生活劳动教育

日常生活劳动教育立足个人生活事务处理，结合开展新时代校园爱国卫生运动，注重生活能力和良好卫生习惯的培养，树立自立自强意识。

2. 生产劳动教育

生产劳动教育要让学生在工农业生产过程中直接经历物质财富的创造过程，体验从简单劳动、原始劳动向复杂劳动、创造性劳动的发展过程，学会使用劳动工具，掌握相关技术，感受劳动创造价值，增强产品质量意识，体会平凡劳动的伟大。

3. 服务性劳动教育

服务性劳动教育让学生利用知识、技能等为他人和社会提供服务，在服务性岗位上见习实习，树立服务意识，实践服务技能；在公益劳动、志愿服务中强化社会责任感。

（二）劳动教育的总体目标

劳动教育必须准确把握社会主义建设者和接班人的劳动精神面貌、劳动价值取向和劳动技能水平的培养要求，全面提高学生的劳动素养。通过劳动教育，学生能够理解和形成马克思主义劳动观，体会劳动创造美好生活，体认劳动不分贵贱，热爱劳动，尊重普通劳动者，培养勤俭、奋斗、创新、奉献的劳动精神；具备满足生存发展需要的基本的劳动能力，形成良好的劳动习惯。

1. 树立正确的劳动观念

正确理解劳动是人类发展和社会进步的根本力量，认识劳动创造人、创造价值、创造财富、创造美好生活的道理，尊重劳动、尊重普通劳动者，牢固树立劳动光荣、劳动崇高、劳动伟大、劳动美丽的思想观念。

2. 具有必备的劳动能力

掌握基本的劳动知识和技能，正确使用常见的劳动工具，增强体力、智力和创造力，具备完成一定劳动任务所需要的设计、操作能力及团队合作能力。

3. 培育积极的劳动精神

领会"幸福是奋斗出来的"内涵与意义，继承中华民族勤俭节约、敬业奉献的优良传统，弘扬开拓创新、砥砺奋进的时代精神。

4. 养成良好的劳动习惯和品质

能够自觉自愿、认真负责、安全规范、坚持不懈地参与劳动，形成诚实守信、吃苦耐劳的品质。珍惜劳动成果，养成良好的消费习惯，杜绝浪费。

（三）劳动教育的实施方案

劳动教育必须根据教育阶段以及劳动能力分段实施。高等学校学生已经进入教育的高级阶段，也已经学习了专业的劳动技能，应该着眼于强化马克思主义劳动观教育，注重围绕创新创业，结合学科专业开展生产劳动和服务性劳动，积累职业经验，培育创造性劳动能力和诚实守信的合法劳动意识。

1. 掌握通用的劳动科学知识

深刻理解马克思主义劳动观和社会主义劳动关系，树立正确的择业就业创业观，具有到艰苦地区和行业工作的奋斗精神。

2. 巩固良好的日常生活劳动习惯

自觉做好宿舍卫生保洁，独立处理个人生活事务，积极参加勤工助学活动，提高劳动自立自强能力。

3. 强化服务性劳动

自觉参与教室、食堂、校园场所的卫生保洁、绿化美化和管理服务等，结合"三支一扶"、大学生志愿服务西部计划、"青年红色筑梦之旅""三下乡"等社会实践活动开展服务性劳动，强化公共服务意识和面对重大疫情、灾害等危机主动作为的奉献精神。

4. 重视生产劳动锻炼

积极参加实习实训、专业服务和创新创业活动，重视新知识、新技术、新工艺、新方法的运用，提高在生产实践中发现问题和创造性解决问题的能力，在动手实践的过程中创造有价值的物化劳动成果。

三、劳动教育的基本理念

习近平曾指出："理念是行动的先导，一定的发展实践都是由一定的发展理念来引领的。发展理念是否对头，从根本上决定着发展成效乃至成败。"解决发展问题，"首先要把应该树立什么样的发展理念搞清楚，发展理念是战略性、纲领性、引领性的东西，是发展思路、发展方向、发展着力点的集中体现。"①

（一）注重劳动观念和劳动精神的培养

随着科学技术的进步、社会生产力水平的不断提高，人类正在从机械化和工业化迈入自动化和智能化的时代，曾经只能由人类来完成的很多艰辛劳动都将由"人工智能"来完成。但是，这并不意味着人类将不再需要劳动，而只意味着人类的劳动形式又将迎来一次革命性变革。将有越来越多的人从事"人工智能"的研发、设计、制造、监管和服务工作，这些工作虽然和农业生产劳动、工业生产劳动以及旧式的服务性劳动都不同，但却同样需要劳动者付出艰辛的努力。到目前为止很清楚的一点就是，从事研发、设计、制造、监管和服务工作的劳动者，其实普遍比工农业生产的劳动者承受了更大的劳动强度和精神压力。如今乡村和小城镇的生活倒是相对悠闲，大都市的工作节奏总是很快。尤其是科技企业的大楼里面，所有人都是匆匆忙忙的，甚至通宵达旦地工作。华为、中兴、阿里巴巴、腾讯、百度这些科技公司，为了摆脱美国对中国 5G、AI、云计算等先进技术的扼杀，不得不加快研发工作的进程，没有类似修建"红旗渠"的拼搏精神，就很难打破"卡脖子"的禁锢。

知识链接 ≫

2019 年 3 月 27 日，一个名为"996ICU"的项目在 GitHub 上传开。程序员们揭露"996ICU"互联网公司，抵制互联网公司的 996 工作制度。2019 年 4 月 11 日，人民日报针对"996 工作制"发表评论员文章《强制加班不应成为企业文化》；2019 年 4 月 12 日，阿里巴巴通过其官方微信号分享了马云支持"996"的观点："能做'996'是一种巨大的福气，很多公司、很多人想'996'都没有机会。如果你年轻的时候不'996'，你什么时候可以'996'？你一辈子没有'996'，你觉得你就很骄傲了？这个世界上，我们每一个人都希望成功，都希望美好生活，都希望被尊重，我请问大家，你不付出超越别人的努力和时间，你怎么能够实现你想要的成功？""这世界上'996'的人很多，每天工作 12h、13h 的人很多，比我们辛苦、比我们努力、比我们聪明的人很多，并不是所有做'996'的人都有这个机会真正做一些有价值、有意义并且还能够有成就感的事。""热

---

① 习近平．习近平谈治国理政（第 2 卷）[M]．北京：外文出版社，2017：197.

爱你做的工作，如果你不热爱，哪怕8h你都嫌很长，如果你热爱，其实12h不算太长。"当天下午马云又回应称"任何公司不应该也不能强制员工'996'""不为'996'辩护，但向奋斗者致敬！"①

新时代仍然必须强化劳动观念和弘扬劳动精神，将劳动观念和劳动精神教育贯穿人才培养全过程，贯穿家庭、学校、社会各方面。注重让学生在学习和掌握基本劳动知识技能的过程中，领悟劳动的意义价值，形成勤俭、奋斗、创新、奉献的劳动精神。

（二）注重优良传统和时代精神的结合

劳动教育必须继承优良传统，彰显时代特征。在充分发挥传统劳动、传统工艺项目育人功能的同时，紧跟科技发展和产业变革，准确把握新时代劳动工具、劳动技术、劳动形态的新变化，创新劳动教育的内容、途径、方式，增强劳动教育的时代性。在我国悠久的古代历史中，有非常多感人肺腑的劳动故事，如大禹治水"三过家门而不入"。在中国共产党领导中国人民革命、建设、改革的进程中，也书写了无数鼓舞人心的劳动篇章，如面对国民党顽固派封锁"开发南泥湾"等。

知识链接 ≫·······················

1941—1942年，是中国敌后抗日最为困难的时期。面对日军的疯狂进攻和国民党顽固派的经济封锁，敌后军民进行了艰苦卓绝的斗争。1941年春，八路军第三五九旅开进南泥湾实行军垦屯田。他们发扬自力更生、奋发图强的精神，开展劳动竞赛，连排班之间、个人之间互相挑战，涌现出了许多"气死牛"式的模范人物。昔日荒凉的南泥湾变成了"粮食堆满仓，麦田翻金浪，猪牛羊肥壮"的"陕北的好江南"。在大生产运动中，中共领导人以身作则，起带头作用。毛泽东在自己的窑洞下面开垦了一块地，种上菜；朱德组织了一个生产小组，开垦菜地三亩②；1943年，中央直属机关和中央警卫团举行纺织比赛，任弼时夺得第一名，周恩来被评为纺织能手③。

毛泽东后来总结说："我们曾经弄到几乎没有衣穿，没有油吃，没有纸，没有菜，战士没有鞋袜，工作人员在冬天没有被盖。国民党用停发经费和经济封锁来对待我们，企图把我们困死，我们的困难真是大极了。但是我们渡过了困难。这不但是由于边区人民给了我们粮食吃，尤其是由于我们下决心自己动手，建立了自己的公营经济。"④一手拿枪，一手拿镐；艰苦奋斗，自力更生。如图1-4所示。

---

① 转自虎嗅网 https://www.huxiu.com/article/293998.html.

② 1亩=666.7平方米。

③ 中共中央党史研究室.中国共产党的九十年[M].北京：中共党史出版社、党建读物出版社，2016：221-229.

④ 毛泽东.毛泽东选集（第3卷）[M].北京：人民出版社，1991：892.

图 1-4

（资料来源：华为"心声社区"）

面对美国对华为的打压限制，华为启动"南泥湾"计划，提出学习"南泥湾精神"，艰苦奋斗，自力更生，打造"好江南"。① 相信中国人民发挥"自力更生、奋发图强的精神"，必定能够打破美国的技术封锁，再创新时代的"南泥湾奇迹"。

（三）注重发挥主动性和统一要求的结合

劳动教育是针对所有学生的必修课，但是劳动教育绝对不是"劳动改造"，不是让学生遭受磨难。恰恰相反，劳动教育是要帮助学生认识自然规律、社会规律和人类自身发展规律，以便更加主动、更加积极、更有能力认识自然、社会和自身，最终更好地改造自然、改造世界和造福人类。

劳动必然是辛苦的，但劳动也可以是快乐的。劳动教育必须强调身心参与，注重手脑并用。把握劳动教育的根本特征，让学生面对真实的个人生活、生产和社会性服务任务情境，亲历实际的劳动过程，善于观察思考，注重运用所学知识解决实际问题，提高劳动的质量和效率。尤其是针对正在接受高等教育的大学生，更应该强调发挥所学专业知识的作用，在劳动中做到"苦干加巧干"，帮助普通劳动者解决思想认识问题和专业技术问题，充分展现"知识就是力量"和"科学技术是第一生产力"的思想干劲。

劳动教育是每个学生的必修课，也是每个学生的自修课。劳动教育必须发挥学生的主体作用，激发学生的创新创造精神。尤其要关注学生劳动过程中的体验和感悟，引导学生感受劳动的艰辛和收获的快乐，增强获得感、成就感、荣誉感。鼓励学生在学习和借鉴他人丰富经验、技艺的基础上，尝试新方法、探索新技术，打破僵化思维方式，推陈出新。劳动教育如果最终让学生厌恶劳动，想方设法摆脱劳动，那就是彻底的失败。

---

① http://xinsheng.huawei.com/cn/index.php?app=forum&mod=Detail&act=index&id=4722701&search_result=1.

知识链接 ≫ ••

关于"996对不对"，法律自有规定摆在那里，这个问题并不是关键，关键是我们认真思考过自己的选择了没有，我们人生的意义和奋斗的方向在哪里，思考清楚了，就不会纠结，懊悔……找到喜欢的事，不存在"996"这个问题；如果不喜欢、不热爱，上班的每一分钟都是折磨。找工作如同找对象，真正的爱情你不会觉得时间长，但不合适的婚姻是度日如年。

没有人喜欢在一个强制"996"的企业里工作，既不人道，也不健康，更难以持久，而且员工、家人、法律都不允许。长期那样，即使你付再多的工资，员工也会跑光。想让员工通过"996"而获利的公司是愚蠢的，也是不可能成功的。我想员工会自然选择离开那些毫无前途、希望，瞎折腾员工的"996"公司的，因为中国可以选择的企业有几千万家。

但是这世界确实有很多"996"，甚至"007"的人。不仅仅是企业家，大部分成功或有追求的艺术家、科学家、运动员、官员、政治家基本上都是"996"以上的。不是因为他们有超常的毅力，而是因为他们超爱自己选择的事业，他们为此付出超常的奋斗和努力，才获得了常人没有的"成功"。重要的是，当一个人找到了自己热爱的事情，何止是"996"？吃饭睡觉都在思考、琢磨。他们为什么不去干点别的更轻松的？不是因为没得选，而是愿意干这个，这事的意义超越了金钱利益，干别的再轻松都不乐意，干这个再苦、再累都感觉快乐。这样的人其实不少，也正因为有这样一群人的"996""997"，才让20世纪我们有了"两弹一星"，才让我们的国家在过去短短的四十年取得了举世瞩目的成就，才会有"神五""神六"，才让我们对未来有了信心。（资料来源："乡村教师代言人马云"微博）

"子曰：'富与贵，是人之所欲也；不以其道得之，不处也。贫与贱，是人之所恶也；不以其道得之，不去也。君子去仁，恶乎成名？君子无终食之间违仁，造次必于是，颠沛必于是。'"（《论语·里仁》）劳动教育最终应该让人超越富贵与贫贱，而以劳动本身为目的，以劳动为最大的快乐。热爱劳动到了"造次必于是，颠沛必于是"，就像孔子说自己"发愤忘食，乐以忘忧，不知老之将至"。（《论语·述而》）

第三节　劳动教育教学要求

在党的坚强领导下，全面贯彻党的教育方针，坚持马克思主义指导地位，坚持中国特色社会主义教育发展道路，坚持社会主义办学方向，立足基本国情，遵循教育规律，坚持改革创新，以凝聚人心、完善人格、开发人力、培育人才、造福人民为工作目标，培养德智体美劳全面发展的社会主义建设者和接班人，加快推进教育现代化、建设教育强国、办好人民满意的教育。

——习近平

中共中央、国务院《关于全面加强新时代大中小学劳动教育的意见》明确指出，普通高等学校要明确劳动教育主要依托课程，其中本科阶段不少于 32 学时。除劳动教育必修课程外，其他课程结合学科、专业特点，有机融入劳动教育内容。大中小学每学年设立劳动周，可在学年内或寒暑假自主安排，以集体劳动为主。高等学校也可安排劳动月，集中落实各学年劳动周的要求。

▌ 一、劳动教育教学方式

按照教育部关于印发《大中小学劳动教育指导纲要（试行）》的通知，要将劳动教育纳入人才培养全过程，丰富、拓展劳动教育实施途径。普通高等学校要将劳动教育纳入专业人才培养方案，明确主要依托的课程，可在已有课程中专设劳动教育模块，也可专门开设劳动专题教育必修课，本科阶段不少于 32 学时；课程内容应加强马克思主义劳动观教育，普及与学生职业发展密切相关的通用劳动科学知识，并经历必要的实践体验。

本书就是为"专门开设劳动专题教育必修课"准备的教材，也可以作为"在已有课程中专设劳动教育模块"的教学参考用书，本书的主要任务是"加强马克思主义劳动观教育"。也即是说，本书并不能完成劳动教育课程的全部任务，它主要承担的是基础理论教学的任务或课堂教学的任务。关于实践教学环节涉及的讲解说明、淬炼操作、项目实践、反思交流、榜样激励等内容，需要各专业学院按照专业特点编写指导手册。建议使用本书的教师把 32 学时划分出 12 学时用于课堂教学，4 学时用于实践教学后的交流讨论，这两部分共计 1 学分。其余 16 学时用于实践教学，共计 1 学分。为了开展好"劳动教育"课程，必须在使用本书进行教师讲授为主的课堂教学外，注意多渠道开展教学以形成整体合力。

（一）在学科专业中有机渗透劳动教育

普通高等学校要将劳动教育有机地纳入专业教育、创新创业教育，不断深化产教融合，强化劳动锻炼要求，加强高等学校与行业骨干企业、高新企业、中小微企业紧密协同，推动人才培养模式改革。专业类课程主要与服务学习、实习实训、科学实验、社会实践、毕业设计等相结合开展各类劳动实践，注重分析相关劳动形态的发展趋势，强化劳动品质培养。在公共必修课中，要进一步强化马克思主义劳动观教育、与劳动相关的法律法规与政策教育。

（二）在课外校外活动中安排劳动实践

将劳动教育与学生的个人生活、校园生活和社会生活有机结合起来，丰富劳动体验，提高劳动能力，深化对劳动价值的理解。普通高等学校要明确生活中的劳动事项和时间，并纳入学生日常管理工作。大中小学每学年设立劳动周，采用专题讲座、主题演讲、劳动技能竞赛、劳动成果展示、劳动项目实践等形式进行。普通高等学校兼顾校内外，可在学年内或寒暑假安排，以集体劳动为主，由学校组织实施。高等学校也可安排劳动月，集中落实各学年劳动周要求。

（三）在校园文化建设中强化劳动文化

学校要将劳动习惯、劳动品质的养成教育融入校园文化建设之中。要通过制定劳动公约、每日劳动常规、学期劳动任务单，采取与劳动教育有关的兴趣小组、社团等组织形式，结合植树节、学雷锋纪念日、五一劳动节、农民丰收节、志愿者日等，开展丰富的劳动主题教育活动，营造劳动光荣、创造伟大的校园文化氛围。

要举办"劳模大讲堂""大国工匠进校园"、优秀毕业生报告会等劳动榜样人物进校园活动，组织劳动技能和劳动成果展示，综合运用讲座、宣传栏、新媒体等，广泛宣传劳动榜样人物事迹，特别是身边的普通劳动者的事迹，让师生在校园里近距离接触劳动模范，聆听劳模故事，观摩精湛技艺，感受并领悟勤勉敬业的劳动精神，争做新时代的奋斗者。

二、学习本课程需要处理好的关系

本课程是按照"德智体美劳"全面发展的目标设置的新课程，它承担着素质教育的一个重要方面，即劳动素质。但是，素质教育的各个方面并不是彼此分割的，所以在教学中必须努力形成德、智、体、美、劳相互协调、相互促进的教育格局。与此同时，劳动本身的形式和内涵也不是一成不变的，劳动教育在内容和形式上都必须注意继承和创新。

（一）理论学习和实践锻炼的关系

理论学习和实践锻炼都是劳动教育的必要内容。理论学习重在让学生理解和掌握"劳动创造了人本身""劳动创造世界"等历史唯物主义基本原理以及劳动相关法律、法规、政策，并作为行动的指南。实践锻炼重在将所学知识转化为真正有用的实际本领，形成良好的劳动习惯，弘扬劳动精神。规划劳动教育时，要两者兼顾，坚持以实践锻炼为主，切实保证每一个学生都有必要的劳动实践经历，不能只是口头上喊劳动、课堂上讲劳动。要通过学生实践前的计划构想、实践中的观察思考和实践后的反思交流，加深对有关思想理论、法规政策的理解，实现理论学习和实践锻炼的统一。

（二）劳动教育与其他教育活动的关系

在开足专门劳动教育必修课的同时，中小学劳动教育必修课实践环节中与综合实践活动的社会服务、设计制作、职业体验重叠部分，可整合实施。职业院校、普通高等学校劳动教育中学生生产劳动和服务性劳动可以通过专业实习、实训、创新创业等实践环节完成，日常生活劳动可以通过学生管理落实。

（三）劳动的传统形态与新形态的关系

将日常生活劳动教育贯穿大中小学始终。在安排生产劳动和服务性劳动项目时，中小学要以使用传统工具、传统工艺的劳动为主，引导学生体会劳动人民的艰辛与智慧，传承中华优秀传统文化，兼顾使用新知识、新技术、新工艺、新方法的劳动。职业院校、普通高等学校要注重结合产业新业态、劳动新形态，选择现代农业、工业、服务业项目，提升创造性劳动能力。

三、完善学生劳动素养评价

将劳动素养纳入学生综合素质评价体系。以劳动教育目标、内容要求为依据，将过程性评价和结果性评价结合起来，健全和完善学生劳动素养评价标准、程序和方法，鼓励、支持各地利用大数据、云平台、物联网等现代信息技术手段，开展劳动教育过程监测与即时评价，发挥评价的育人导向和反馈改进功能。

（一）理论学习评价

运用本书进行理论讲解部分可设置为 1 学分，按照其他公共必修课程类似的评价方式进行评价。其中，包括完成 12 学时的课堂教学或网络教学，4 学时的实践教学之后的反思交流。课堂教学部分应该采取考试的方式，主要考查学生是否准确掌握马克思主义劳动观。

（二）实践能力评价

要在平时的劳动教育实践活动中及时进行评价，以评价促进学生发展。要覆盖各类型劳动教育活动，明确学年劳动实践的类型、次数、时间等考核要求。关注学生在劳动教育活动中的实际表现，注重从行为表现中分析、把握劳动观念的形成情况。以自我评价为主，辅以教师、同伴、家长、服务对象、用人单位等其他评价方式，指导学生进行反思改进。要指导学生如实记录劳动教育活动情况，收集整理相关制品、作品等，选择代表性的写实记录，纳入综合素质档案，作为学生学年评优评先的重要参考。

（三）毕业综合评价

大学生在毕业之前，要依据大学生劳动教育的目标和内容，结合综合素质档案分析，兼顾必修课学习和课外劳动实践，对劳动观念、劳动能力、劳动精神、劳动习惯和品质等劳动素养发展状况进行综合评定。建立诚信机制，实行写实记录抽查制度，对弄虚作假者在评优、评先方面一票否决，性质严重的应依法、依规严肃处理。

课后习题

一、简答题

1. 劳动的主要内涵是什么？
2. 劳动教育的主要内容是什么？
3. 劳动教育的基本理念是什么？

二、劳动实训

1. 与学校后勤集团合作组织一次校内体力劳动实训，从一般意义上理解劳动。
2. 与图书馆、校史馆或学校科技园合作，组织一次一般服务性或科技服务劳动体验，以了解劳动的更多内涵。

第 二 章
树立正确的劳动观念

1. 了解中国传统的劳动观念。
2. 掌握马克思主义劳动观。
3. 理解劳动观随时代变化的原因。

子路问政，子曰："先之，劳之。"请益，曰："无倦。"

——《论语·子路》

子路问孔子为政之道。孔子回答说："身体力行带好头，让老百姓辛勤劳动。"子路请求讲详细一些，孔子说："不要有所松懈倦怠。"一个国家如果在领导者的带领下确立了以辛勤劳动为荣、以好逸恶劳为耻的风气，就能蒸蒸日上、繁荣昌盛。反之，如果统治者腐朽堕落、贪图享受，整个社会也会世风日下、每况愈下。

孟子曾被一个叫彭更的人责问："后车数十乘，从者数百人，以传食于诸侯，不以泰乎？"（《孟子·滕文公下》）意思是说你跟从的车子数十辆，跟从的人达好几百，从这个诸侯国吃到那个诸侯国，不是太过分了吗？在彭更看来，"士无事而食，不可也"（《孟子·滕文公下》），读书人不干事却白吃饭，不可以的。用今天的话说，读书人不能不劳而获，或者靠耍嘴皮子混饭吃。在另一场合，有一个叫陈相的人提出"贤者与民并耕而食，饔飧而治"，贤明的国君应该和民众一起耕种土地养活自己，并且亲自下厨做饭同时治理好国家。孟子反驳说"或劳心，或劳力，劳心者治人，劳力者治于人；治于人者食人，治人者食于人，天下之通义"（《孟子·滕文公下》）。孟子说有些人的劳动是用心，有些人的劳动是出力。用今天的话说，就是劳动分为脑力劳动和体力劳动。脑力劳动者统治人，体力劳动者被人统治。被人统治的人养活别人，统治别人的人被人养活，这是天下通行的道理。陈相的观点今天看来固然很荒谬，但是，孟子的观点绝大多数人也不能接受。孟子因为这句话没少挨骂。确实，在古代，陈相的观点是比较普遍的，也就是说读书人和当官的人即便"劳心"，通常也不能被认为是"劳动者"。商人经商和工人做工也不被认为是"劳动"，只有农人种地才算"劳动"。当然，因为"劳动者"就是"小人"或"小民"，多数人也不想争"劳动者"这个当时并不见得美的名。

虽然不是每个人都想从事工人和农民的"劳动"，但没有人愿意被认为是"不劳而获"。所以今天仍然有这样的问题：读书算不算"劳动"呢？领导工作算不算"劳动"？企业管理算不算"劳动"？证券公司的员工每天上班算不算"劳动"？澳门赌场的员工每天上班算不算"劳动"？个人炒房、炒股、买彩票算不算"劳动"？劳动之所以必须纳入国民教育体系，就是因为劳动这个问题看似不言而喻，实则是一个复杂而普遍的实践和理论问题。通过劳动教育，首要目标就是要使学生能够理解和形成马克思主义劳动观，牢固树立劳动光荣、劳动崇高、劳动伟大、劳动美丽的观念。

第一节　中国传统文化关于劳动的基本观点

南宫适问于孔子曰："羿善射，奡荡舟，俱不得其死然；禹、稷躬稼而有天下。"夫子不答。南宫适出，子曰："君子哉若人！尚德哉若人！"

——《论语·宪问》

南宫适询问孔子说："羿擅长射箭，奡善于水战，都没有得到善终。禹和稷亲自耕作庄稼，却得到了天下。"孔子没有回答。南宫适退出去后，孔子说："这个人是君子啊！这个人崇尚道德啊！"中国传统文化中历来重视赞美劳动和歌颂劳动者，而不似作为西方文化源头的古希腊文明赞美征战和歌颂战神。这当然不是说战争和战争英雄不值得赞美歌颂，而是说中国人认为人类文明的进步归根结底要靠生产劳动去创造。

一、生产劳动开创华夏文明

中国人称自己是"炎黄子孙"，黄帝被看作是"人文始祖"。炎帝就是传说的"神农"，他之所以能成为传说中"三皇五帝"之一，就是因为领导人民开创了农业生产。黄帝之所以能打败炎帝，主要原因是因为他把农业提高到更高的水平。

《周易》作为中国的"群经之首"，在《系辞》下篇记载了中国人的远祖通过劳动开创华夏文明的过程。

知识链接 >> ···

古者包牺氏之王天下也，仰则观象于天，俯则观法于地，观鸟兽之文与地之宜，近取诸身，远取诸物，于是始作八卦，以通神明之德，以类万物之情。作结绳而为网罟，以佃以渔，盖取诸《离》。包牺氏没，神农氏作，斫木为耜，揉木为耒，耒耨之利，以教天下，盖取诸《益》。日中为市，致天下之民，聚天下之货，交易而退，各得其所，盖取诸《噬嗑》。神农氏没，黄帝、尧、舜氏作，通其变，使民不倦，神而化之，使民宜之。《易》穷则变，变则通，通则久。是以"自天佑之，吉无不利"。黄帝、尧、舜垂衣裳而天下治，盖取诸《乾》、《坤》。刳木为舟，剡木为楫，舟楫之利，以济不通，致远以利天下，盖取诸《涣》。服牛乘马，引重致远，以利天下，盖取诸《随》。重门击柝，以待暴客，盖取诸《豫》。断木为杵，掘地为臼，杵臼之利，万民以济，盖取诸《小过》。弦木为弧，剡木为矢，弧矢之利，以威天下，盖取诸《睽》。上古穴居而野处，后世圣人易之以宫室，上栋下宇，以待风雨，盖取诸《大壮》。古之葬者，厚衣之以薪，葬之中野，不封不树，丧期无数。后世圣人易之以棺椁，盖取诸《大过》。上古结绳而治，后世圣人易之以书契，百官以治，万民以察，盖取诸《夬》。（摘自《周易·系辞下》）

中华文明是在中国先祖制造劳动工具进行劳动生产的过程中，不断积累的物质和精神成果。大致来说，经历了结绳为网与渔猎、制造耜耒与农耕和生产劳动全面发展与中华文明初步形成几个阶段。

1. 结绳为网与渔猎

相传伏羲人首蛇身，与女娲兄妹相婚，生儿育女。伏羲（包牺氏）是最先教人结绳为网而开始打鱼捕猎生活的人，他也是最早通过观察天文地理、虫鱼鸟兽而创立阴阳八卦学说的人，据说伏羲也是创造文字从而结束"结绳记事"的人。

2. 制造耜耒与农耕

在伏羲后，神农教人伐木制造耜耒而开始了农耕文明，同时也设立集市开始货物交易。《淮南子·修务训》说："古者，民茹草饮水，采树木之实，食蠃蜯之肉。时多疾病毒伤之害，于是神农乃始教民播种五谷，相土地宜，燥湿肥墝高下，尝百草之滋味，水泉之甘苦，令民知所辟就。"也就是说，过去人民以野草、野果、野兽为食，也不知道饮水之干净与否，因此经常生病中毒；神农教会人民播种五种谷物，选择适宜的土地耕种；通过亲尝百草让人民知道哪些草可以食用，通过亲饮泉水让人民知道哪里的水可以饮用。《白虎通义》也讲："古之人皆食禽兽肉，至于神农，人民众多而禽兽不足，于是神农因天之时，分地之利，制耒耜，教民农耕。"这是说随着人口的增长，狩猎所得不足以维持人类生存，因此神农顺应天时地利，发明农具耒耜，开创了农业文明。从采摘狩猎到农业耕作，这是人类生产发展和文明进步的第一次革命。

3. 劳动分工多样化与中华文明初步形成

黄帝、尧、舜把伏羲、神农的功绩全面发扬光大。"制作舟楫，以济不通""服牛乘马，引重致远"，发明舟楫车与使水陆交通得以便利化。"重门击柝，以待暴客""弦木为弧，剡木为矢"，发明城防弓箭使人民的生活安全有了保障。"断木为杵，掘地为臼""上古穴居而野处，后世圣人易之以宫室，上栋下宇，以待风雨"，发明杵臼房舍使人民的生活变得健康舒适。"古之葬者，厚衣之以薪，葬之中野，不封不树，丧期无数。后世圣人易之以棺椁。"在人民安居乐业的基础上，又教之以丧葬礼仪。"上古结绳而治，后世圣人易之以书契，百官以治，万民以察"，华夏文教政治最终得以形成。

知识链接 ≫ ···

黄帝者，少典之子，姓公孙，名曰轩辕。生而神灵，弱而能言，幼而徇齐，长而敦敏，成而聪明。

轩辕之时，神农氏世衰。诸侯相侵伐，暴虐百姓，而神农氏弗能征。于是轩辕乃习用干戈，以征不享，诸侯咸来宾从。而蚩尤最为暴，莫能伐。炎帝欲侵陵诸侯，诸侯咸归轩辕。轩辕乃修德振兵，治五气，蓺五种，抚万民，度四方，教熊罴貔貅䝙虎，以与炎帝战于阪泉之野。三战，然后得其志。蚩尤作乱，不用帝命。于是黄帝乃征师诸侯，与蚩尤战于涿鹿之野，遂禽杀蚩尤。而诸侯咸尊轩辕为天子，代神农氏，是为黄帝。天下有不顺者，黄帝从而征之，平者去之，披山通道，未尝宁居。

东至于海，登丸山，及岱宗。西至于空桐，登鸡头。南至于江，登熊、湘。北逐荤粥，合符釜山，而邑于涿鹿之阿。迁徙往来无常处，以师兵为营卫。官名皆以云命，为云师。置左右大监，监于万国。万国和，而鬼神山川封禅与为多焉。获宝鼎，迎日推策。举风后、力牧、常先、大鸿以治民。顺天地之纪，幽明之占，死生之说，存亡之难。时播百谷草木，淳化鸟兽虫蛾，旁罗日月星辰水波土石金玉，劳勤心力耳目，节用水火材物。有土德之瑞，故号黄帝。（摘自《史记·五帝本纪》）

今天，通常认为炎帝、黄帝与蚩尤是"中华三祖"，讲的是炎帝后期战乱不止，形成炎帝、黄帝、蚩尤三足鼎立之势，最终黄帝联合炎帝打败蚩尤，统一中原。毫无疑问，人类文明的进步从来免不了战争，缔造华夏文明绝对离不开统一战争。但是，战争本身就是生产力与生产关系发生矛盾的结果，也是为了进一步推动经济发展的需要。黄帝完成并巩固了中原的统一，"时播百谷草木，淳化鸟兽虫蛾"，开创了安居乐业的农耕生活。

▌二、农业劳动奠定农耕文明

　　伏羲、神农、黄帝、尧、舜的故事大体来说都属于神话传说，所以对"三皇五帝"各种不同的说法难以考证，这段时期也就是中华文明的萌芽阶段。禹是"禅让制"的最后一位首领，他死后传位给自己的儿子启，由此开启了中国"家天下"王朝的时代，也开始了比较确切的中华文明。

　　1. 从"大禹治水"到"九州大同"

　　禹并不是靠军事斗争赢得天下，而是靠治理洪水和躬耕稼穑。《尚书·虞书·皋陶谟》记载了当时舜帝让禹发表对促进国家繁荣昌盛的看法，大禹回答说自己说不出太多，只是想着每天孜孜不倦地劳作。当时洪水滔天，吞没了山川，淹没了丘陵，裹挟人民沉入水底。大禹乘坐各种交通工具，随山勘查，立木为记，并与益一起把猎物与民分食。大禹领导人民疏通了九州大河，使淹没田地的洪水通过沟渠流入江河湖海。进而又教百姓耕作播种，使人民有了粮食肉类。又通过发展贸易，实现互通有无。百姓万民因此能够安居乐业，天下诸侯邦国亦得以大治。这就是大禹治水的故事，其实就是通过治理危害人民的洪水，使人民的生产生活能够有安全保障，如此就能实现人民安居乐业、国家长治久安。这就是实现天下太平的治世昌言。

知识链接 ▶▶•••

　　帝曰："来！禹，汝亦昌言。"禹拜曰："都！帝，予何言？予思日孜孜。"皋陶曰："吁！如何？"禹曰："洪水滔天，浩浩怀山襄陵，下民昏垫。予乘四载，随山刊木，暨益奏庶鲜食。予决九川距四海，浚畎浍距川；暨稷播，奏庶艰食鲜食。懋迁有无化居。烝民乃粒，万邦作乂。"皋陶曰："俞！师汝昌言。"（摘自《尚书·虞书·皋陶谟》）

　　2. 从"收获劳动"到"生产劳动"

　　大禹治水最直接的结果就是为农业生产创造了水利条件，从此，中华文明进入农耕为主的农业文明，这是人类生产方式和劳动方式的第一次革命。过去劳动就是采摘、狩猎、打鱼等活动，是直接从大自然收获"劳动"产品，"劳动"就是"收获"。但是，农业生产意味着"劳动"首先是"生产"，也就是"播种""耕种""耕耘"。"收获"当然也是"劳动"，但是，决不允许直接参与"收获"，不"播种"就想"收获"就变成"不劳而获"。

　　在采摘狩猎阶段，人人都可以采摘自己发现的野果和猎杀野兽，但是，在农业牧业阶段，并不是人人都可以收割自己发现的庄稼或猎杀牲畜。这就是草原游牧民族和中原农耕民族的"文明冲突"，也是美洲土著印第安人和欧洲移民之间的"文明冲突"。对于游牧民族来说，大地上所有的动物和植物都是上天赐予人类的生命之源，所谓劳动就是努力地去得到它们。但是对于农民来说，我种的庄稼怎么能让你收割或者放牧？我养的牛群怎么能让你射杀？这就难免发生"生产劳动"和"收获劳动"两种劳动方式之战，最终"生产劳动"战胜了"收获劳动"。

从采摘狩猎到农业文明，天下已经没有"伊甸园"供人们采摘果实，人类必须靠自己的劳动生产果实。从此，人类生产和生活的根本问题是：你的生产对象和生产资料是公有的，还是私人所有的？你获得生活必需品是靠劳动所得——确切地说是耕种所得，还是不劳而获——不曾耕种却要收获？

3. 从"天下为公"到"天下为家"

禹死后传位于子启，从而开始了我国历史上第一个王朝——夏。很多人会觉得禹违背了尧、舜、禹一贯的"禅让制"，使"天下为公"变成了"天下为家"。不过，这背后的更重要原因，其实是农业生产发展必然带来的生产关系变革，进而经济基础的变革又必然导致上层建筑的变革。

在采摘狩猎的"生产"方式下，大自然生长的所有野果、野兽理当所有人采摘、狩猎，因此生产资料很自然是公有的，生产劳动和劳动产品也自然是公有的，这就是原始共产主义。但是，农业生产就不一样了，因为粮食都是人们通过劳动种植的，所以决不允许任何人任意收割，而只能是付出了劳动的种植者收获劳动果实。这时候，国家的首要职责就是保护这种私人生产，以及由此形成的私有财产。因此，也就不可能让一个允许任意采摘狩猎的游牧部落首领，担当保护私人生产和私人财产的责任。从此，劳动不再是共同劳动，而是家庭集体劳动；劳动产品也不再是共同所有，而是归家庭集体所有。

知识链接 ▶▶•••

昔者仲尼与于蜡宾，事毕，出游于观之上，喟然而叹。仲尼之叹，盖叹鲁也。言偃在侧曰："君子何叹？"孔子曰："大道之行也，与三代之英，丘未之逮也，而有志焉。大道之行也，天下为公。选贤与能，讲信修睦，故人不独亲其亲，不独子其子，使老有所终，壮有所用，幼有所长，矜寡孤独废疾者，皆有所养。男有分，女有归。货，恶其弃于地也，不必藏于己；力，恶其不出于身也，不必为己。是故谋闭而不兴，盗窃乱贼而不作，故外户而不闭，是谓大同。今大道既隐，天下为家，各亲其亲，各子其子，货力为己，大人世及以为礼。城郭沟池以为固，礼义以为纪；以正君臣，以笃父子，以睦兄弟，以和夫妇，以设制度，以立田里，以贤勇知，以功为己。故谋用是作，而兵由此起。禹汤文武成王周公，由此其选也。此六君子者，未有不谨于礼者也。以著其义，以考其信，著有过，刑仁讲让，示民有常。如有不由此者，在执者去，众以为殃，是谓小康。"（摘自《礼记·礼运》）

禹结束了从尧、舜相传的"禅让制"，但发扬光大了他们开创的经济制度。据《史记·五帝本纪》记载："舜耕历山，历山之人皆让畔；渔雷泽，雷泽上人皆让居；陶河滨，河滨器皆不苦窳。一年而所居成聚，二年成邑，三年成都。"舜曾在历山耕种田地，历山民众都学会了不侵犯别人的田产；曾在雷泽织网打鱼，雷泽边上的民众都学会了不侵犯别人的家产；曾在河滨挖窑制陶，河滨的器用就没有假冒伪劣。尊重农田产出、房屋产权和诚实地进行生产劳动、开展产品交易，这是农耕文明确立的根基。到文武周公又确立了与农业经济基础相适应的政治文化上层建筑，中国的农耕文明从此确定了坚实的基础。

三、重农政策创造先进的农业文明

"溥天之下莫非王土，率土之滨莫非王臣"，是从"天下为公"到"天下为家"的生动概括。这时候的土地说到底是君王的土地，这时候的人说到底是君王的人；所有的诸侯国都是天子分封的，所有人种的都是天子的土地。随着天子和诸侯的势力此消彼长，生产关系也不免出现变革。但不管怎么变革，只要农业是社会主导产业没有变，农业就是社会经济基础。促进农业发展才能保证国家长治久安和人民安居乐业，这是统治阶级普遍的认识。

1. 奖励耕战

春秋战国是我国历史上的一次大变革时期，其在政治上表现为诸侯纷争，在文化上表现为百家争鸣，但在经济上却基本一致地强调耕战。其中，秦国最终横扫六国，商鞅推行奖励农耕和抑制商业的做法，可以说一直延续了 2 000 多年，甚至今天还有重要影响。

知识链接 >>>···

善为国者，其教民也，皆作壹而得官爵，是故不官无爵。国去言，则民朴；民朴，则不淫。民见上利之从壹空出也，则作壹；作壹，则民不偷营；民不偷营，则多力；多力，则国强。今境内之民皆曰："农战可避，而官爵可得也。"是故豪杰皆可变业，务学《诗》《书》，随从外权，上可以得显，下可以求官爵；要靡事商贾，为技艺，皆以避农战。具备，国之危也。民以此为教者，其国必削。

今为国者多无要。朝廷之言治也，纷纷焉务相易也。是以其君惛于说，其官乱于言，其民惰而不农。故其境内之民，皆化而好辩、乐学，事商贾，为技艺，避农战。如此，则不远矣。国有事，则学民恶法，商民善化，技艺之民不用，故其国易破也。夫农者寡而游食者众，故其国贫危。今夫螟、螣、蚼蠋春生秋死，一出而民数年不食。今一人耕而百人食之，此其为螟、螣、蚼蠋亦大矣。虽有《诗》《书》，乡一束，家一员，犹无益于治也，非所以反之之术也。故先王反之于农战。故曰：百人农、一人居者王，十人农、一人居者强，半农半居者危。故治国者欲民者之农也。国不农，则与诸侯争权不能自持也，则众力不足也。故诸侯挠其弱，乘其衰，土地侵削而不振，则无及已。

圣人知治国之要，故令民归心于农。归心于农，则民朴而可正也，纷纷则易使也，信可以守战也。壹则少诈而重居，壹则可以赏罚进也，壹则可以外用也。夫民之亲上死制也，以其旦暮从事于农。夫民之不可用也，见言谈游士事君之可以尊身也、商贾之可以富家也、技艺之足以口也。民见此三者之便且利也，则必避农。避农，则民轻其居。轻其居，则必不为上守战也。（摘自《商君书·农战》）

商鞅是在战争和革命的时代推行变法，其目的是克敌制胜和统一国家。基本意思是首先要政治上实行"大一统"，也就是通过"官爵"统管经济、政治、文化、社会等方方面面，也就是我们今天说的"官本位"或"高度集中的计划管理"。在这个"官本位"的前提下，农业和战争的功绩，成为获得官爵的唯一标准。因此，农人耕种贡献粮食可以加官晋爵，士兵战功卓著可以加官晋爵，但诗书、商贾、技艺之人等都被认为是"不劳而获"的寄生虫受到唾弃。没有农人劳作就没有充足的粮草，没有士兵作战就没有征战能力，农战被认为是真正的"劳动"，其他人都是对国家实力的无形消耗。"百人农、一人居者王，十人农、一人居者强，半农半居者危"，农民要养活的人越多，国家就越危险。"圣人知治国之要，故令民归心于农。"如果战争没有真正发生，养兵也是国力的无形消耗，所以，圣人治国之要只在于让人民专心于农业。

2. 天子亲耕藉田

农业革命是工业革命之前人类生产方式的一次伟大革命，而中国的神农被认为是这次革命的开创者，由此也造就了中国辉煌灿烂的古代文明。"重农尊祖、报本返始，让肇造农耕的农神享受到人间的礼献，是古人朴素的哲学思想。后人为追念神农的丰功伟绩，尊称他为先农。于是，每年春耕季节到来之际，天子诸侯躬耕藉田祭祀先农。一方面是对中华民族神农始祖的祭祀朝拜、祈佑五谷丰登，另一方面表示以身作则重农立国。"[1]《礼记·祭统》讲"天子亲耕於南郊，以共齐盛"，《春秋穀梁传》有"天子亲耕以共粢盛，王后亲蚕以共祭服"。最早有确切纪年的皇帝耕藉礼是汉代，汉文帝即位之初，贾谊上《积贮疏》，言积贮为"天下之大命"，"于是上感谊言，始开藉田，躬耕以劝百姓"，并于前元二年（公元前178年）正月丁亥下诏曰："夫农，天下之本也。其开藉田，朕亲率耕……"汉桓宽《盐铁论·授时》中也提到"故春亲耕以劝农"。后来逐步形成了"耕藉礼"。其中，《白虎通义·桑耕》比较完整地记载了天子亲耕、后妃亲桑的礼仪。

知识链接 ≫

　　王者所以亲耕、后亲桑何？以率天下农蚕也。天子亲耕以供郊庙之祭，后之亲桑以供祭服。《祭义》曰："天子三推，三公五推，卿大夫七推。"耕于东郊何？东方少阳，农事始起。桑于西郊？西方少阴，女功所成。故《曾子问》曰："天子耕东田而三反之。"《周官》

---

① 北京古代建筑博物馆. 回眸盛典 [M]. 北京：学苑出版社，2016：7.

曰："后亲桑，率外内妇蚕于北郊。"《礼祭义》曰："古者天子诸侯，必有公桑蚕室，近外水为之，筑周棘墙，而外闭之者也。"（摘自《白虎通义·桑耕》）

雍正帝先农坛亲耕图，如图 2-1 所示。

图 2-1

3. 耕织为本

南宋时的楼俦在任于潜令时，绘制《耕织图诗》45 幅，包括耕图 21 幅、织图 24 幅，这可以说是当时的一本劳动教育教科书。清朝康熙南巡，见到《耕织图诗》后，感慨于农夫织女耕织之苦，传命内廷供奉焦秉贞在楼绘的基础上，重新绘制耕图和织图各 23 幅，并亲自题写了序言，还为每幅图题诗一篇，称为《御制耕织图》。序言说道，"生民之本，以衣食为天""农事伤，则饥之本也；女红害，则寒之源也"。因此，"稼穑蚕桑""男耕女织"就是劳动的最基本内涵。其时之劳动教育，就是教天下人都知"农人胼手胝足之劳、蚕女茧丝机杼之瘁""粒食维艰，授衣匪易"；教天下人都能"衣帛当思织女之寒，食粟当念农夫之苦"；为此，甚至"天子亲耕，后妃亲蚕""欲令寰宇之内，皆敦崇本业，勤以徕之，俭以积之，衣食丰饶，以共跻于安和富寿之域"。也就是要教育天下官员百姓以耕织为本，政府官员、读书人、商人都要重视农业劳动，唯有如此才能丰衣足食，共享天下太平。这是地主阶级占据统治地位的封建社会的劳动教育。

知识链接 >>···

朕早夜勤毖，研求治理。念生民之本，以衣食为天。尝读《豳风》《无逸》诸篇，其言稼穑蚕桑，纤悉具备。昔人以此被之管弦，列于典诰，有天下国家者，洵不可不留连三复于其际也。西汉诏令，最为近古，其言曰：农事伤，则饥之本也；女红害，则寒之源也。又曰：老者以寿终，幼孤得遂长。欲臻斯理者，舍本务，其曷以奉！朕每巡省风谣，乐观农事，于南北土疆之性，黍稷播种之宜，节候早晚之殊，螟螣捕治之法，素爱咨询，知此甚晰，听政时恒与诸臣工言之。于丰泽园之侧治田数畦，环以溪水，阡陌井然在目，桔槔之声盈耳，岁收嘉禾数十种。陇畔树桑，傍列蚕舍，浴茧缫丝，恍然如茅檐蔀屋。因构"知稼轩""秋云亭"以临观之。古人有言：衣帛当思织女之寒，食粟当念农夫之苦。朕惓惓于此，至深且切也。爰绘耕、织图各二十三幅，朕于每幅制诗一章，以吟咏其勤苦，而书之于图。自始事迄终事，农人胼手胝足之劳、蚕女茧丝机杼之瘁咸备，极其情状。复命镂板流传，用以示子孙臣庶，俾知粒食维艰，授衣匪易。《书》曰："惟土物爱，厥心臧。"庶于斯图有所感发焉。且欲令寰宇之内，皆敦崇本业，勤以徕之，俭以积之，衣食丰饶，以共跻于安和富寿之域，斯则朕嘉画元元之至意也夫。（摘自《御制耕织图》，如图 2-2 所示）

图 2-2

贬斥知识分子、科技人员和文体艺人，在今天看来很荒谬。但是，即便今天也不是没有人认为知识分子——尤其是文科生和艺人是"不劳而获"，商人就是剥削者的观念更是根深蒂固。在中国古代，由于生产力水平低下，社会确实没有能力供养太多的读书人、手艺人和文化艺人，商业投机也确实可能伤害社会根基。因此，"重农抑商"非但不是落后思想，它恰恰是使中国创造世界一流农业文明的根本。

第二节　马克思主义经典作家关于劳动的基本观点

劳动是整个人类生活的第一个基本条件，而且达到这样的程度，以致我们在某种意义上不得不说：劳动创造了人本身。

——恩格斯

马克思和恩格斯说："当人开始生产自己的生活资料，即迈出由他们的肉体组织所决定的这一步的时候，人本身就开始把自己和动物区别开来。人们生产自己的生活资料，同时间接地生产着自己的物质生活本身。"也就是说，唯有人类能够创造自己的生活资料，而动物只能从大自然获取生活资料，生产劳动是区分人和动物的根本标志。

一、社会生产方式决定个人劳动方式

理解马克思主义劳动观，必须把生产和劳动联系起来，把生产方式和劳动生产力联系起来。劳动是人类独有的创造性活动，劳动的最伟大意义是创造了人类美好生活。人类生产方式的变革是人类劳动创造性的集中体现，也是人类文明进步的集中体现。

1. 从"集体劳动"到"个体劳动"

人类生产自己的生活资料的方式，决定了每个人劳动的方式。我们今天说到"劳动"，首先想到的是"就业"，"劳动"好像是每一个"个人"的大事。道理很简单，如果找不到"就业"单位，也就没有"劳动"机会。但是，在古代，绝大多数人并不上学，男孩从小跟着父亲在田地里"耕种"，女孩从小跟着母亲学习"纺织"。大多数人都先去上学，完成"学业"再"就业"，这才开始生产"劳动"，而且每个人各有自己的就业行业和劳动方式，这是从农业社会向工业社会、从封建社会向资本主义社会转变的结果。从此，以家庭为主体的"集体劳动"，被以个人为主体的"个体劳动"所取代。

知识链接 >>···

在社会中进行生产的个人，——因而，这些个人的一定社会性质的生产，当然是出发点。被斯密和李嘉图当作出发点的单个的、孤立的猎人和渔夫，属于18世纪的缺乏想象力的虚构。这是鲁滨逊一类的故事，这类故事绝不像文化史家想象的那样，仅仅表示对过度文明的反动和要回到被误解了的自然生活中去。同样，卢梭的通过契约来建立天生独立的主体之间的关系和联系的"社会契约"，也不是以这种自然主义为基础的。这是假象，只是大大小小的鲁滨逊一类故事所造成的美学上的假象。其实，这是对16世纪以来就作了准备、而在18世纪大踏步走向成熟的"市民社会"的预感。在这个自由竞争的社会里，单个的人表现为摆脱了自然联系等，而在过去的历史时代，自然联系等等使他成为一定的狭隘人群的附属物。这种18世纪的个人，一方面是封建社会形式解体的产物，另一方面是16世纪以来新兴生产力的产物，而在18世纪的预言家看来（斯密和李嘉图还完全以这些预言家为依据），这种个人是曾在过去存在过的理想，在他们看来，这种个人不是历史的结果，而是历史的起点。因为按照他们关于人性的观点，这种合乎自然的个人并不是从历史中产生的，而是由自然造成的。这样的错觉是到现在为止的每个新时代所具有的。斯图亚特在许多方面同18世纪对立并作为贵族比较多地站在历史的基础上，从而避免了这种局限性。

我们越往前追溯历史，个人，从而也是进行生产的个人，就越表现为不独立，从属于一个较大的整体：最初还是十分自然地在家庭和扩大成为氏族的家庭中；后来是在由氏族间的冲突和融合而产生的各种形式的公社中。只有到18世纪，在"市民社会"中，社会联系的各种形式，对个人来说，才表现为只是达到他私人目的的手段，才表现为外在的必然性。但是，产生这种孤立个人的观点的时代，正是具有迄今为止最发达的社会关系（从这种观点来看是一般关系）的时代。人是最名副其实的政治动物，不仅是一种合群的动物，而且只有在社会中才能独立的动物。孤立的一个人在社会之外进行生产——这是罕见的事，在已经内在地具有社会力量的文明人偶然落到荒野时，可能会发生这种事情——就像许多个人不在一切生活和彼此交谈而竟有语言发展一样，是不可思议的。（摘自《1857—1858 年经济学手稿摘选》）

2. 从"农业劳动"到"工业劳动"

"脸朝黄土背朝天""三朝三暮，黄牛如故"，这是中国传统农业的真实写照。欧洲资产阶级却是以自给自足为主的、依靠人畜风水等自然力的、小规模小范围的生产劳动，逐步变成以满足市场需求为主的、依靠蒸汽和机器的、世界规模和超大规模的商业化、机械化、全球化生产劳动。这是人类历史上从未有过的生产方式，从而也带来人类劳动的革命。

资产阶级之所以是新兴阶级，就在于它很快摆脱了传统的劳动人民，如牧民、渔民、农民和工人的命运。资产阶级也从事畜牧业、渔业、农业和工业，但它不是像祖祖辈辈一样放牧、打鱼、种田和做工。资产阶级曾经是劳动人民的一分子，也曾经是被压迫阶级。马克思和恩格斯在《共产党宣言》中明确指出，"从中世纪的农奴中产生了初期城市的城关市民，从这个市民等级中发展出最初的资产阶级分子"，也就是说现代资产阶级社会是"从封建社会的灭亡中产生出来的"。

知识链接 ▶▶ ···

美洲的发现、绕过非洲的航行，给新兴的资产阶级开辟了新天地。东印度和中国的市场、美洲的殖民化、对殖民地的贸易、交换手段和一般商品的增加，使商业、航海业和工业空前高涨，因而使正在崩溃的封建社会内部的革命因素迅速发展。

以前那种封建的或行会的工业经营方式已经不能满足随着新市场的出现而增加的需求了。工场手工业代替了这种经营方式。行会师傅被工业的中间等级排挤掉了；各种行业组织之间的分工随着各个作坊内部的分工的出现而消失了。

但是，市场总是在扩大，需求总是在增加。甚至工场手工业也不再能满足需要了。于是，蒸汽和机器引起了工业生产的革命。现代大工业代替了工场手工业；工业中的百万富翁、一支一支产业大军的首领、现代资产者，代替了工业的中间等级。

大工业建立了由美洲的发现所准备好的世界市场。世界市场使商业、航海业和陆路交通得到了巨大的发展。这种发展又反过来促进了工业的扩展，同时，随着工业、商业、航海业和铁路的扩展，资产阶级也在同一程度上发展起来，增加自己的资本，把中世纪遗留下来的一切阶级排挤到后面去。

由此可见，现代资产阶级本身是一个长期发展过程的产物，是生产方式和交换方式的一系列变革的产物。

资产阶级的这种发展的每一个阶段，都伴随着相应的政治上的进展。它在封建主统治下是被压迫的等级，在公社里是武装的和自治的团体，在一些地方组成独立的城市共和国，在另一些地方组成君主国中的纳税的第三等级；后来，在工场手工业时期，它是等级君主国或专制君主国中同贵族抗衡的势力，而且是大君主国的主要基础；最后，从大工业和世界市场建立的时候起，它在现代的代议制国家里夺得了独占的政治统治。现代的国家政权不过是管理整个资产阶级的共同事务的委员会罢了。（摘自《共产党宣言》）

毫无疑问，资产阶级兴起，一方面是靠东印度和对中国的鸦片走私、美洲的殖民化和贩卖黑奴、对殖民地的军事征服和贸易掠夺等罪恶的行径；但另一方面，资产阶级推动科技革命、工业革命、世界市场和商业、航海业和铁路交通相互促进，共同推动资本主义经济不断发展壮大，最终造成了人类生产方式和交换方式的革命性变革。封建时代也曾出现过地跨欧亚非的大帝国，但是，没有一个封建帝国带来了生产方式和交换方式的根本变化，而只是带来了帝国疆域的改变，最终人类还是没有改变农耕、畜牧、渔猎等传统劳动和生活方式。

3. 从"产品劳动"到"商品劳动"

马克思在《资本论》中指出："资本主义生产方式占统治地位的社会的财富，表现为'庞大的商品堆积'，单个的商品表现为这种财富的元素形式。"过去劳动都是为了生产产品、农产品或者手工产品，也用于销售，但主要是自给自足。但是，资本主义的生产劳动完全是为了生产商品，也就是生产满足他人需要的销售品。商品具有使用价值和交换价值二重性，因此生产商品的劳动也具有个人有用劳动和社会必要劳动二重性。个人有用劳动创造商品的使用价值，社会必要劳动创造商品的交换价值。马克思的《资本论》从商品出发，分析了劳动在商品生产中的价值创造作用。

知识链接 ≫ ···

商品首先是一个外界的对象，一个靠自己的属性来满足人的某种需要的物。这种需要的性质如何，如是由胃产生还是由幻想产生，是与问题无关的。这里的问题也不在于物怎样来满足人的需要，是作为生活资料即消费品来直接满足，还是作为生产资料来间接满足。

······物的有用性使物成为使用价值。······交换价值首先表现为一种使用价值同另一种使用价值相互交换的量的关系或比例······如果把商品体的使用价值撇开，商品体就只剩下一个属性，即劳动产品这个属性。……随着劳动产品的有用性质的消失，体现在劳动产品中的各种劳动的有用性也消失了，因而这些劳动的各种具体形式也消失了。各种劳动不再有什么差别，全都化为相同的人类劳动，抽象人类劳动……这些物现在只是表示，在它们的生产上耗费了人类劳动力，积累了人类劳动。这些物，作为他们共有的这个社会实体的结晶，就是价值——商品价值。……在商品的交换关系或交换价值中表现出来的共同东西，也就是商品的价值。

可见，使用价值或财物具有价值，只是因为有抽象人类劳动对象化或物化在里面。那么，它的价值量是怎样计量的呢？是用它所包含的"形成价值的实体"即劳动的量来计量。……可能有人会这样认为，既然商品的价值由生产商品所耗费的劳动量来决定，那么一个人越懒，越不熟练，他的商品就越有价值，因为他制造商品需要花费的时间越多。但是，形成价值实体的劳动是相同的社会的全部劳动力，在这里是当作一个同一的人类劳动力，虽然它是由无数单个劳动力构成的。每一个这种单个劳动力，同另一个劳动力一样，都是统一的人类劳动力，只要它具有社会平均劳动力的性质，起着这种社会平均劳动力的作用，从而在商品的生产上只使用平均必要劳动时间或社会必要劳动时间。社会必要劳动时间使在现有的社会正常的生产条件下，在社会平均的劳动熟练程度和劳动强度下制造某些使用价值所需要的时间。……可见，只是社会必要劳动量，或生产使用价值的社会必要劳动时间，决定该使用价值的价值量。……因此，含有等量劳动或能在同样劳动时间内生产出来的商品，具有同样的价值量。一种商品的价值同其他任何一种商品的价值的比例，就是生产前者的必要劳动时间同生产后者的必要劳动时间的比例。"作为价值，一切商品都只是一定量的凝固的劳动时间。"因此，如果生产商品所需要的劳动时间不变，商品的价值量也就不变。但是，生产商品所需要的劳动时间随着劳动生产力的每一变动而变动。劳动生产力是由多种情况决定的，其中包括：工人的平均熟练程度，科学的发展水平和它在工艺上运用的程度，生产过程的社会结合，生产资料的规模和效能，以及自然条件……总之，劳动生产力越高，生产一种物品所需要的劳动时间越少，凝结在该物品中的劳动量就越小，该物品的价值就越小。相反地，劳动生产力越低，生产一种物品的必要劳动时间就越多，该物品的价值就越大。可见，商品的价值量与实现在商品中的劳动的量成正比地变动，与这一劳动的生产力成反比地变动。

一个物可以是使用价值而不是价值。在这个物不是以劳动为中介而对人有用的情况下就是这样。例如，空气、处女地、天然草地、野生林等。一个物可以有用，而且是人类劳动产品，但不是商品。谁用自己的产品来满足自己的需要，他生产的虽然是使用价值，但不是商品。要生产商品，他不仅要生产使用价值，而且要为别人生产使用价值，即生产社会的使用价值，而且不只是简单地为别人。中世纪农民为封建主生产作为代役租的粮食，为神父生产作为什一税的粮食。但不管作为代役租的粮食，还是作为什一税的粮食，都并不因为是为别人生产的，就成为商品。要成为商品，产品必须通过交换，转到把它当做使用价值使用的人手里。最后，没有一个物可以是价值而不是使用物品。如果物没有用，那么其中包含的劳动也没有用，不能算做劳动，因此不形成价值。（摘自《资本论》）

从此，劳动不仅仅是付出体力和脑力，也不只是生产出劳动产品，还必须使劳动产品销售出去被别人使用。即便付出了很多精力，即便产品质量也很好，如果没有人购买使用，这样的劳动也是没有任何价值的"徒劳"，因此也不能算作劳动并获得劳动报酬。

▎二、资本主义生产劳动的"革命"和"异化"

在封建主义农业生产劳动中，丰收通常就是喜悦，很少出现劳动产品没有价值的情况，劳动的价值因此也是显而易见的。但是，在资本主义工商业生产中，生产出来的商品很可能销售不出去，最后不仅"颗粒无收"而且"血本无归"，所以有了"苦劳"和"功劳"的明确区分。只要市场销售好，资本家可能"一夜暴富"，工人的工资也可能"水涨船高"；一旦市场萎缩，资本家可能"倾家荡产"，工人也迅速被"扫地出门"。资本主义工商业是人类生产方式的一次革命，也是人类生产劳动的一次异化。

1. 资本和劳动的对立

资产阶级确实也出自普通劳动群众，甚至是最穷苦的劳动群众。但是，使这些过去的劳动阶级成为资产阶级的却不是"劳动"赚取的"工资"收入，而是资本家通过"资本"剥削劳动者创造的"剩余价值"。我们在现实生活中看不到一个劳动者光凭自己的"劳动"成为资本家，资本家都是靠"资本"雇佣"劳动"赚取"利润"而成功的。

但是，为了隐藏"剥削"，资本家总要把自己的致富说成是"劳动致富"，把资本说成"也是生产工具，也是过去的、客体化了的劳动"。仿佛有些劳动者仅仅靠更勤劳而成为资产阶级。德国社会学家马克斯·韦伯在《新教伦理与资本主义精神》中，引用富兰克林的话来说明资本主义精神。

知识链接 ≫ ···

牢记，时间就是金钱。一个人如果一天靠自己的劳动可以赚10先令，这天他歇工外出或者闲待半天，即使他在外出消遣或者闲待着的过程中只是花了6便士，那也不应该将其算作他这天的全部开销；而他真正花费或者更确切地说白白扔掉的，应该再加上5先令。

牢记，金钱有增殖和衍生的性质。……一个人如果杀了一只下崽的母猪，那就是毁了它之后所要繁衍的千代万代。一个人如果糟蹋了5先令硬币，就等于抹杀了它可能创造的价值，这甚至可能是20英镑。

牢记这一名言：精明的掌钱人是他人的钱包的主宰者。一个人如果因为准时或者恪守约定的时间付款而得名，那么他就可以在任何时候、任何情况下筹到他身边朋友的所有闲钱。这一点有时大有用处。除去勤劳节俭，对一个年轻人安身立命最有益处的就是保证他的所有行为都是守时和正义的……

不论多么微不足道的行为，只要它影响了信誉都应引起注意。如果一个债权人在早上五点或者晚上八点听到你敲击锤子的声音，那会使他踏实放心6个月；但如果他看到你在应该工作的时间打台球或者听到你的声音出现在小酒馆时，那么他第二天就会派人去讨还债务；并且在他能接受这一行为之前，要求你一次性付清欠款……（摘自《新教伦理与资本主义精神》）

正义和"劳动"自古以来就是唯一的致富手段，这就是资产阶级自己塑造的"资本主义精神"。确实，从生产劳动想要达到的目标来说，资本家想要钱生钱和农民想要母猪多生小猪没有多少不同，如果有不同也只是更加强烈而已。但是，问题并不在于愿望强烈与否，而在于养猪户是怎么变成资本家的？就像一个快递员无论如何拼命跑快递也成不了资本家，只有资本才能让他成为资本家，成就资本家的根本原因不是劳动而是资本。固然，有资本不一定能成为一个成功的资本家，但没有资本只靠自己的劳动一定不会成为资本家。劳动确实是成为资本家的关键，但那就是通过资本剥削的别人的"剩余劳动"。这就是马克思《资本论》中"原始积累的秘密"所揭示的真相。

知识链接 ≫••

这种原始积累在政治经济学中所起的作用，同原罪在神学中所起的作用几乎是一样的。亚当吃了苹果，人类有了原罪。人们在解释这种原始积累的起源的时候，就像在谈论过去的奇闻逸事。在很久很久以前有两种人，一种是勤劳的、聪明的，而且首先是节俭的精英，另一种是懒惰的，耗尽了自己的一切，甚至耗费过了头的无赖汉。诚然，神学中关于原罪的传说告诉我们，人怎样被注定必须汗流满面才得糊口；而经济学中关于原罪的故事则向我们揭示，怎么会有人根本不需要这样做。但是，这无关紧要。于是出现了这样的局面：第一种人积累财富，而第二种人最后除了自己的皮以外没有可以出卖的东西。大多数人的贫穷和少数人的富有就是从这种原罪开始的；前者无论怎样劳动，除了自己本身以外仍然没有可出卖的东西，而后者虽然早就不再劳动，但他们的财富却不断增加。……大家知道，在真正的历史上，征服、奴役、劫掠、杀戮，总之，暴力起着巨大的作用。但是在温和的政治经济学中，从来就是田园诗占统治地位。正义和"劳动"自古以来就是唯一的致富手段，自然，"当前这一年"总是例外。事实上，原始积累的方法绝不是田园诗式的东西。

货币和商品，正如生产资料和生活资料一样，开始并不是资本。它们需要转化为资本。但是这种转化本身只有在一定的情况下才能发生，这些情况归结起来就是：两种极不相同的商品占有者必须互相对立和发生接触；一方面是货币、生产资料和生活资料的所有者，他们要购买他人的劳动力来增殖自己所占有的价值总额；另一方面是自由劳动者，自己劳动力的出卖者，也就是劳动的出卖者。自由劳动者有双重意义：他们本身既不像奴隶、农奴等等那样，直接属于生产资料之列，也不像自耕农等等那样，有生产资料属于他们，相反地，他们脱离生产资料而自由了，同生产资料分离了，失去了生产资料。商品市场的这种两极分化，造成了资本主义生产的基本条件。资本主义生产关系以劳动者和劳动实现条件的所有权之间的分离为前提。资本主义生产一旦站稳脚跟，它就不仅保持这种分离，而且以不断扩大的规模再生产这种分离。因此，创造资本主义关系的过程，只能是劳动者和他的劳动条件的所有权的分离的过程，这个过程一方面使社会的生活资料和生产资料转化为资本，另一方面使直接生产者转化为雇佣工人。因此，所谓原始积累只不过是生产者和生产资料分离的历史过程。（摘自《资本论》）

也就是说，资产阶级确实可能来自劳动人民，而且他们把劳动人民的勤俭节约、精打细算、诚实守信等美德发展到极致。但是，"资本主义精神"，从本质上说并不是"勤劳致富"，而是"资本增值"，由此也就把资产阶级和劳动人民区别开了。但是，在资产阶级上升时期，也就是在他们从封建社会的农奴、农民、手工业者开始发家致富和积累资本，直到成为占据经济、政治、社会和文化统治地位的过程中，资产阶级极力宣扬勤俭节约、精打细算、诚实守信等美德。这些美德其实是劳动人民的一贯美德，封建贵族在腐朽堕落之前也曾经拥有；这些美德也是生产发展的必然要求，是劳动教育题中应有之义。我们应该认清资本原始积累的真相，但应该肯定包括资本家在内的所有人宣扬这些美德。在当今时代，不论对于资产阶级还是无产阶级，高效管理时间、快速筹集资金、塑造品牌形象，都是开展生产和服务不可缺少的劳动。高校劳动教育固然要以工农业生产劳动为重点，培养普通劳动群众吃苦耐劳的美德。但是，如果只是培养学生在重复性生产中吃苦耐劳，那就没有完全达到时代的要求。符合时代要求的高校劳动教育，理所当然包括时间、金钱、品牌等的管理、经营、设计等创新性劳动。

美国作为一个新兴资本主义国家，和旧大陆欧洲老牌资本主义相比，确实也曾有过一些值得肯定的劳动创造和劳动精神。牛仔服和牛仔帽、麦当劳和肯德基、小木屋和大别墅、流水线生产汽车和全美铁路网建设，是美国人在衣、食、住、行等方面的创新性劳动成果，正是这些创新性劳动成果使得美国成功超越欧洲老牌帝国主义国家。应该说这些创新性劳动成果，也曾在一定程度上造福普通劳动群众，并且一度提高了普通劳动群众的社会地位。在历史上还从未有过上流社会的人以穿农牧民的服装为美，也未曾有过上流社会的人和普通民众同在一个餐馆就餐，并经常共同乘坐一样的交通工具。美国民众曾把牛仔服、麦当劳、肯德基、汽车、铁路看作民主的象征，应该说相对封建等级制度有一定的历史进步性。正因为如此，1979年邓小平访问美国时，很高兴地接受并戴上骑手送上来的牛仔帽。由此，劳动教育也应该教导学生认识我们国家现在大量建设的有利国计民生的基础设施。

农民辛勤劳动一年总是会杀猪过年的，但资本家却可能让所有小猪都再生小猪，而且四处筹借购买更多的母猪来生小猪。人和人之间其实本身没有多大的区别，农民和资本家不同的价值取向归根到底来自于市场需求的扩大，是不断扩大的市场需求给了资本家不断扩大生产的动力。也就是说，资本家只是暂时克制了消费的欲望，他把消费转为投资是为了赢取更大的利润。这种人为的暂时遏制欲望，也注定了一旦资产阶级占据统治地位，终将比地主阶级更加贪婪、更加奢靡。

2. 资产阶级在历史上曾经起过非常革命的作用

资产阶级在上升为统治阶级的过程中非常重视劳动的创造作用，正是资产阶级经济学家率先提出，"劳动是人用来增加自然产品的价值的唯一东西，劳动是人的能动的财产……劳动是唯一不变的价格""劳动是一切财富的源泉""资本是积蓄的劳动"。马克思和恩格斯对此给予充分肯定，并明确指出，"资产阶级在它的不到一百年的阶级统治中所创造的生产力，比过去一切时代创造的全部生产力还要多，还要大"。"现代资产阶级本身是一个长期发展过程的产物，是生产方式和交换方式的一系列变革的产物"，推动了生产方式和交换方式的变革，创造了人类历史上前所未有的巨大生产力，这就是资产阶级在人类历史上的革命作用。马克思、恩格斯在《共产党宣言》中明确指出：

资产阶级在历史上曾经起过非常革命的作用。

资产阶级在它已经取得了统治的地方把一切封建的、宗法的和田园诗般的关系都破坏了……资产阶级，由于开拓了世界市场，使一切国家的生产和消费都成为世界性的了。……物质的生产是如此，精神的生产也是如此。各民族的精神产品成了公共的财产。民族的片面性和局限性日益成为不可能，于是由许多民族的和地方的文学形成了一种世界的文学。

资产阶级，由于一切生产工具的迅速改进，由于交通的极其便利，把一切民族甚至最野蛮的民族都卷到文明中来了。

……

资产阶级在它的不到一百年的阶级统治中所创造的生产力，比过去一切时代创造的全部生产力还要多、还要大。自然力的征服，机器的采用，化学在工业和农业中的应用，轮船的行驶，铁路的通行，电报的使用，整个大陆的开垦，河川的通航，仿佛用法术从地下呼唤出来的大量的人口——过去哪一个世纪料想到在社会劳动里蕴藏有这样的生产力呢？

资产阶级起过的革命作用，说到底就是社会劳动的生产力的革命。过去的生产劳动主要依靠人力和畜力，现在变为主要依靠机器和科技。生产劳动最伟大的进步就是生产方式的革命，从采摘和狩猎到农业和畜牧业是人类生产方式的第一次革命，从农业和畜牧业到工业和商业是人类生产方式的第二次革命。

3. 资本主义社会存在严重的劳动异化

农民辛勤劳动收获丰收的果实，通常都是充满喜悦。但是，工人辛苦劳动生产出巨量的产品，却可能没有丝毫的喜悦。因为自给自足的农民能够占用和享用自己的劳动果实，但是，工人却通常不能占有和享用自己的劳动果实。固然，"遍身罗绮者，不是养蚕人"，古代也常是劳动者不能占有和享用劳动果实；但是，"年年道我蚕辛苦，底事浑身着苎麻"，劳动者生活日用的通常还是自己的劳动产品。然而到了资本主义社会，生产完全是为了满足市场需要，因此工人普遍地和劳动产品相分离了。而且，封建社会的劳动产品交易的主体通常是生产者自身，资本主义社会的劳动产品交易主体则不是生产产品的工人。总之，作为生产者的工人，对自己的劳动产品没有占有、交易和分配的权利，但却不得不按资本家的要求参与劳动生产。所以，工人完全没有控制劳动产品的权利，劳动产品却控制着工人每天的生活。这就是马克思说的劳动产品的异化，或者"物的异化"，也即是"劳动所生产的对象，即劳动产品，作为异己的东西，作为不依赖于生产者的独立力量，是同劳动对立的"。

知识链接 ≫ ●●●

工人对自己的劳动的产品的关系就是对一个异己的对象的关系……工人在劳动中耗费的力量越多，他亲手创造出来反对自身的、异己的对象世界的力量就越强大，他自身、他内部世界就越贫乏，归他所有的东西就越少。……工人把自己的生命投入对象；但现在这个生命已不再属于他而属于对象了。因此，这种活动越多，工人就越丧失对象。凡是成为他的劳动的产品的东西，就不再是他自身的东西。因此，这个产品越多，他自身的东西就越少。工人在他的产品中的外化，不仅意味着他的劳动成为对象，成为外部的存在，而且意味着他的劳动作为一种与他相异的东西不依赖于他而在他之外存在，并且成为同他对立的独立力量；意味着他给予对象的生命是作为敌对的和相异的东西同他对立。

……

劳动为富人生产了奇迹般的东西，但是为工人生产了赤贫。劳动生产了宫殿，但是给工人生产了棚舍。劳动生产了美，但是使工人变成畸形。劳动用机器代替了手工劳动，但是使一部分人回到野蛮的劳动，并使一部分工人变成机器。劳动生产了智慧，但是给工人生产了愚钝和痴呆。（摘自《1844年经济学哲学手稿》）

劳动者加班加点辛勤工作，当然会挣得更多的工资。但是，他也因此丧失了更多享有劳动果实的时间，他也就越成为劳动产品的奴隶。为了工资就得加班，但挣了钱却没有时间享用。劳动产品仿佛就是一个奴隶主，钞票仿佛是空头支票，工人俨然像被奴隶主用工资这条锁链牢牢锁住的奴隶。

知识链接 ≫

异化不仅表现在结果上，而且表现在生产行为中，表现在生产活动本身中。如果工人不是在生产行为本身中使自身异化，那末工人活动的产品怎么会作为相异己的东西同工人对立呢？产品不过是活动、生产的总结。因此，如果劳动的产品是外化，那末生产本身必然是能动的外化，活动的外化，外化的活动。在劳动对象中的异化不过总结了劳动本身的异化，外化。

那末，劳动的外化表现在什么地方呢？

首先，劳动对工人来说是外在的东西，也就是说，不属于他的本质；因此，他在自己的劳动中不是肯定自己，而是否定自己，不是感到幸福，而是感到不幸，不是自由地发挥自己的体力和智力，而是使自己的肉体受折磨、精神遭摧残。因此，工人只有在劳动之外才感到自在，而在劳动中则感到不自在，他在不劳动时觉得舒畅，而在劳动时就觉得不舒畅。因此，他的劳动不是自愿的劳动，而是被迫的强制劳动。因而，这种劳动不是满足一种需要，而只是满足劳动以外的那些需要的一种手段。劳动的异己性质完全表现在：只要肉体的强制或其他强制一停止，人们就会像逃避瘟疫那样逃避劳动。外在的劳动，人在其中使自己外化的劳动，是一种自我牺牲、自我折磨的劳动。最后，对工人说来，劳动的外在性质表现在：这种劳动不是他自己的，而是别人的；劳动不属于；他在劳动中也不属于他自己，而是属于别人。……他的活动属于别人，这种活动是他自身的丧失。

因此，结果是，人（工人）只有在运用自己的动物机能——吃、喝、生殖，至多还有居住、修饰等——的时候，才觉得自己在自由活动，而在运用人的机能时，觉得自己只不过是动物。动物的东西成为人的东西，而人的东西成为动物的东西。

吃、喝、生殖等，固然也是真正的人的机能。但是，如果加以抽象，使这些机能脱离了人的其他活动领域并成为最后的和唯一的终极目的，那它们就是动物的机能。

……在这里，活动就是受动；力量就是虚弱；生殖就是去势；工人自己的体力和智力，他个人的生命——因为，生命如果不是活动，又是什么呢？——是不依赖于他、不属于他、转过来反对他自身的活动。这是自我异化，而上面说的是物的异化。（摘自《1844年经济学哲学手稿》）

恩格斯指出："政治经济学家说：劳动是一切财富的源泉。其实，劳动和自然界在一起才是一切财富的源泉，自然界为劳动提供材料，劳动把材料转变为财富。"[①] 由于认识不到这点，资本主义生产方式下的劳动最终也使人与自然关系产生异化。

知识链接 ≫••

　　动物仅仅利用外部自然界，简单地通过自身的存在在自然界中引起变化；而人则通过他所作出的改变来使自然界为自己的目的服务，来支配自然界。这便是人同其他动物的最终的本质的差别，而造成这一差别的又是劳动。

　　但是我们不要过分陶醉于我们人类对自然界的胜利。对于每一次这样的胜利，自然界都对我们进行报复。每一次胜利，起初确实取得了我们预期的结果，但是往后和再往后却发生完全不同的、出乎预料的影响，常常把最初的结果又消除了。美索不达米亚、希腊、小亚细亚以及其他各地的居民，为了得到耕地，毁灭了森林，但是他们做梦也想不到，这些地方今天竟因此而成为不毛之地，因为他们使这些地方失去了森林，也就失去了水分的积聚中心和储藏库。阿尔卑斯山的意大利人，当他们在山南坡把那些在山北坡得到精心保护的枞树林砍光用尽时，没有预料到，这样一来，他们就把本地区的高山畜牧业的根基毁掉了，他们更没有料到，他们这样做，竟使山泉在一年中的大部分时间里枯竭了，同时在雨季又使更加凶猛的洪水倾泻到平原上。在欧洲推广马铃薯的人，并不知道他们在推广这种含粉块茎的同时也使瘰疬症传播开来了。因此我们每走一步都要记住：我们决不像征服统治异族人那样支配自然界，决不像站在自然界之外的人似的去支配自然界，相反，我们连同我们的肉、血和头脑都是属于自然界和存在于自然界之中的；我们对自然界的整个支配作用，就在于我们比其他一切生物强，能够认识和正确运用自然规律。

　　事实上，我们一天天地学会更正确地理解自然规律，学会认识我们对自然界的干预所造成的较近或较远的后果。特别自 21 世纪自然科学大踏步前进以来，我们越来越有可能会认识并从而控制那些至少是由我们的最常见的生产行为所造成的较远的自然后果。而这种事情发生得越多，人们就越是不仅再次感觉到，而且也认识到自身和自然界的一体性，那种关于精神和物质、人类和自然、灵魂和肉体之间的对立的、荒谬的、反自然的观点，也就越不可能成立了，这种观点自古典古代衰落以后出现在欧洲并在基督教中得到最高的发展。

　　但是，如果说我们需要经过几千年的劳动才多少学会估计我们的生产行为在自然方面的较远的影响，那么我们想学会预见这些行为在社会方面的较远的影响就更加困难得多了。

　　总之，"到目前为止的一切生产方式，都仅仅以取得劳动的最近的、最直接的效益

_____

① 马克思恩格斯文集（第 9 卷）[M].北京：人民出版社，2009：550.

为目的。……在西欧现今占统治地位的资本主义生产方式中，这一点表现得最为充分。支配着生产和交换的一个个资本家所关心的，只是他们的行为的最直接的效益。不仅如此，甚至连这种效益——就所制造的或交换的产品的效用而言——也完全退居次要地位了，销售时可获得的利润成了唯一的动力。……只要获得普通的利润，他就满意了，至于商品和买主以后会怎样，他并不关心。关于这些行为在自然方面的影响，情况也是这样。"（摘自《自然辩证法》）

▍三、共产主义将实现劳动者的自我解放

资本主义一方面创造了前所未有的生产力，另一方面造成了前所未有的异化劳动。共产主义将在生产力高度发达的基础上，实现劳动者的自我解放，实现人自由全面的发展。

1. 自愿的劳动分工

所谓"异化"，归根到底是非自愿的劳动分工。人类不可能靠"好逸恶劳"实现幸福，只有在自愿的分工和热爱的工作中实现人生价值和生活幸福，才是共产主义理想的真正体现。

知识链接 >>

只要分工还不是出于自愿，而是自然形成的，那么人本身的活动对人来说就成为一种异己的、同他对立的力量，这种力量压迫着人，而不是人驾驭着这种力量。原来，当分工一出现之后，任何人都有自己一定的特殊的活动范围，这个范围是强加于他的，他不能超出这个范围：他是一个猎人、渔夫或牧人，或者是一个批判的批评者，只要他不想失去生活资料，他就始终应该是这样的人。而在共产主义社会里，任何人都没有特殊的活动范围，而是都可以在任何部门内发展，社会调节着整个生产，因而使我有可能随着自己的兴趣今天干这事，明天干那事，上午打猎，下午捕鱼，傍晚从事畜牧，晚饭后从事批判，这样就不会使我老是一个猎人、渔夫、牧人或批评者。（摘自《德意志意识形态》）

2. 按劳分配

社会主义制度确立后，资本主义生产资料私有制被消灭，资产阶级作为一个剥削阶级也被消灭。从此，劳动成了所有人收入分配的主要依据。按劳分配消除了分配中的不公平现象，但不能消灭不平等，人们还会因为劳动能力不同、家庭负担不同等诸多原因产生贫富差别。人为地消灭这种差别将不利于调动劳动者的积极性、主动性和创造性。

知识链接 ▶▶▶ ···

　　我们这里所说的是这样的共产主义社会，它不是在它自身基础上已经发展了的，恰好相反，是刚刚从资本主义社会中产生出来的，因此它在各方面，在经济、道德和精神方面都还带着它脱胎出来的那个旧社会的痕迹。所以，每一个生产者，在作了各项扣除以后，从社会领回的，正好是他给予社会的。他给予社会的，就是他个人的劳动量。例如，社会劳动日是由全部个人劳动小时构成的，各个生产者的个人劳动时间就是社会劳动日中他所提供的部分，就是社会劳动日中他的一份。

　　······

　　生产者的权利是同他们提供的劳动成比例的；平等就在于以同一尺度——劳动——来计量。但是，一个人在体力或智力上胜过另一个人，因此在同一时间内提供较多的劳动，或者能够劳动较长的世间；而劳动，要当做尺度来用，就必须按照它的时间或强度来确定，不然它就不成其为尺度了。这种平等的权利，对不同等的劳动来说是不平等的权利。它不承认任何阶级差别，因为每个人都像其他人一样只是劳动者；但是它默认，劳动者的不同等的个人天赋，从而不同等的工作能力，是天然特权。所以就它的内容来讲，它像一切权利一样是一种不平等的权利。权利，就它的本性来讲，只在于使用同一尺度；但是不同等的个人（而如果他们不是不同等的，他们就不成其为不同的个人）要用同一尺度去计量，就只有从同一角度去看待他们，从一个特定的方面去对待他们，例如在现在所讲的这个场合，把他们只当做劳动者，再不把他们看作别的什么，把其他一切都撇开了。其次，一个劳动者已经结婚，另一个则没有；一个劳动者的子女较多，另一个的子女较少，如此等等。因此，在提供的劳动相同，从而由社会消费基金中分得的份额相同的条件下，某一个人事实上所得到的比另一个人多些，也就比另一个人富些，如此等等。要避免所有这些弊病，权利就不应当是平等的，而应当是不平等的。（摘自《哥达纲领批判》）

　　由于我国经济没有经历资本主义生产力高度发展的阶段，还必须充分利用资本主义的经营管理体制为社会主义现代化建设服务，因此也会更多地出现资本主义生产劳动的一些弊病。但是，总的来说，这是在社会主义制度下对资本主义文明成果的利用，终究是有利于解放社会主义社会生产力和创造劳动就业的机会。

　　3. 劳动成为生活的第一需要

　　共产主义的最终理想是通过无产阶级的自我解放实现全人类的自由解放，这种解放是从被迫的劳动中解放，而不是从劳动本身中解放。劳动是社会存在和发展的力量之源，就像运动是人类生存和发展的生命之源。人类不能消除劳动的必要，但可以消除劳动的苦难。

知识链接 ▶ •••

　　在共产主义社会的高级阶段，在迫使个人奴隶般地服从分工的情形已经消失，从而脑力劳动和体力劳动的对立也随之消失之后；在劳动已经不仅仅是谋生的手段，而且本身成了生活的第一需要之后；在随着个人的全面发展，他们的生产力也增长起来，而集体财富的一切源泉都充分涌流之后，只有在那个时候，才能完全超出资产阶级权利的狭隘眼界，社会才能在自己的旗帜上写上：各尽所能，按需分配！（摘自《哥达纲领批判》）

　　总之，正如马克思在《资本论》中指出："未来教育对所有已满一定年龄的儿童来说，就是生产劳动同智育和体育相结合，它不仅是提高社会生产的一种方法，而且是造就全面发展的人的唯一方法。"

第三节　中国特色社会主义劳动观

　　人民创造历史，劳动开创未来。劳动是推动人类社会进步的根本力量。实现我们的奋斗目标，开创我们的美好未来，必须紧紧依靠人民、始终为了人民，必须依靠辛勤劳动、诚实劳动、创造性劳动。劳动是财富的源泉，也是幸福的源泉。人世间的美好梦想，只有通过诚实劳动才能实现；发展中的各种难题，只有通过诚实劳动才能破解；生命里的一切辉煌，只有通过诚实劳动才能铸就。

——习近平

　　"劳动"，首先是相对"剥削"而言的，是劳动者对剥削者的正义批判。马克思的伟大功绩之一，就是创立了"劳动价值论"，指明了资产阶级赖以致富的"利润"其实是无产阶级创造而被资产阶级无偿占有的"剩余价值"。共产党人最伟大的历史贡献，就是消灭了资产阶级的剥削，使按劳分配成为社会分配的主要形式。

▌一、实现劳动人民翻身做主人

　　"不劳而获"，按说很难说得过去，可是为什么这种现象长期存在呢？这是因为劳动者与生产资料的分离：地主占有农业生产最重要的生产资料——土地，因此，农民的劳动成果归地主所有。同样的道理，工人的劳动归资本家所有。因此，消灭生产资料私有制是劳动者获得解放的前提条件。

1. 反对教育与生产劳动相脱节

"樊迟请学稼，子曰：'吾不如老农。'请学为圃。曰：'吾不如老圃。'"（《论语·子路》）樊迟向孔子请教学习种庄稼，孔子说："我不如老农民。"又请教孔子学习种果蔬。孔子说："我不如老园丁。"樊迟出。子曰："小人哉，樊须也！上好礼，则民莫敢不敬；上好义，则民莫敢不服；上好信，则民莫敢不用情。夫如是，则四方之民襁负其子而至矣，焉用稼？"（《论语·子路》）樊迟退出去。孔子说："真是小人啊！樊迟这个人！在上位的人喜好礼节，百姓就不敢不恭敬的；在上位的人喜好道义，百姓就不敢不服从的；在上位的人喜好诚信，百姓就不敢不诚实的。如果做到这样，那么，各国百姓就会背着襁褓中的孩子纷沓至来，哪里用得着人人亲自种庄稼呢？"

1939 年 5 月 4 日，毛泽东在延安青年群众举行的五四运动二十周年纪念会上的讲话既肯定了孔子办学育人的努力又批评了孔子片面注重理论知识的缺点：

知识链接 〉〉••

孔子办学校的时候，他的学生也不少，"贤人七十，弟子三千"，可谓盛矣。但是他的学生比起延安来就少得多，而且不喜欢什么生产运动。他的学生向他请教如何耕田，他就说："不知道，我不如农民。"又问如何种菜，他又说："不知道，我不如种菜的。"中国古代在圣人那里读书的青年们，不但没有学过革命的理论，而且不实行劳动。现在全国广大地方的学校，革命理论不多，生产运动也不讲。只有我们延安和各敌后抗日根据地的青年们根本不同，他们真是抗日救国的先锋，因为他们的政治方向是正确的，工作方法也是正确的。所以我说，延安的青年运动是全国青年运动的模范。（摘自《毛泽东选集·第 2 卷》）

对于长久不从事工农业生产的人来说，其实很难切实关爱工农大众。尤其是如果不进行深入调查研究的话，所谓的"关爱民众"可能成为"强奸民意"。据《论语》载，"子路从而后，遇丈人，以杖荷蓧。子路问曰：'子见夫子乎？'丈人曰：'四体不勤，五谷不分，孰为夫子？'植其杖而芸。"（《论语·微子》）这是说有一次子路随从孔子出行落在后面，于是向一个用木杖挑着除草农具的老汉打探道："您见到孔夫子了吗？"老者说："就像你们这些人四肢不勤劳，五谷（五种主要粮食作物）都分不清，我一个种田老汉又哪里知道什么夫子？"说完把他的木杖插在地上开始锄草。老汉讽刺得有道理呀，你们这些四体不勤、五谷不分的不知道我们庄稼汉，就像我们庄稼汉哪里知道你们那些读书人？《论语》记载这件事，大概也是孔门弟子认识到了理论知识和生产劳动完全脱离的危害吧。

2. 坚持劳动果实归劳动者所有

要获得生产资料的所有权，就必须推翻统治阶级的统治。在此之前，劳动者只能争取劳动果实的所有权。1945 年 8 月 13 日，毛泽东在延安干部会议上的讲演《抗日战争胜利后的时局和我们的方针》虽然是讲抗日果实归谁所有，但也生动地阐释了劳动者付出了生产劳动而应当获得劳动果实的劳动观。

知识链接 〉〉 ∙∙

抗战胜利的果实应该属谁？这是很明白的。比如一棵桃树，树上结了桃子，这桃子就是胜利果实。桃子该由谁摘？这要问桃树是谁栽的，谁挑水浇的。蒋介石蹲在山上一担水也不挑，现在他却把手伸得老长老长地要摘桃子。他说，此桃子的所有权属于我蒋介石，我是地主，你们是农奴，我不准你们摘。我们在报上驳了他。我们说，你没有挑过水，所以没有摘桃子的权利。我们解放区的人民天天浇水，最有权利摘的应该是我们。
（摘自《毛泽东选集·第 4 卷》）

当然，正如毛泽东说的，"抗战胜利的果实应该属于人民，这是一个问题；但是，胜利果实究竟落到谁手，能不能归于人民，这是另一个问题"。在历史的大多数时期，劳动的果实都是落到地主、资本家手中的，因为农民、工人没有能力维护自己的劳动果实。

3. 使劳动者成为生产资料所有者

要保证劳动不被剥削，能够拥有自己的劳动果实，就必须使劳动者成为生产资料所有者。1940 年，毛泽东在《新民主主义论》中就明确提出："中国的经济，一定要走'节制资本'和'平均地权'的路，决不能是'少数人所得而私'，决不能让少数资本家少数地主'操纵国民生计'，决不能建立欧美式的资本主义社会，也决不能还是旧的半封建社会。"[①] 新中国成立后开展"土地改革"运动，实现了农民几千年来梦寐以求的"耕者有其田"。1956 年社会主义改造完成，又为农民走向共同富裕和现代化开辟了广阔的道路。

二、坚持按劳分配为主体、多种分配方式并存

生产资料所有制的社会主义改造完成，生产资料归全体劳动者或劳动集体所有，劳动成果实行按劳分配。由此，劳动者成为生产资料和劳动成果的主人，积极性、主动性和创造性得到极大提高。但是，单一的按劳分配不足以充分调动劳动者的积极性、主动性和创造性，所以改革开放以后逐步形成了按劳分配为主体、多种分配方式并存的分配制度。

1. 培养有觉悟的劳动者

推翻剥削和压迫劳动人民的旧制度本身并不会创造劳动果实，它只是为劳动人民创

---

① 毛泽东选集·第 2 卷 [M]. 北京：人民出版社，1991：678-679.

造劳动果实破除了障碍，幸福生活还得靠劳动者的辛勤劳动创造。1957 年 2 月，毛泽东在《关于正确处理人民内部矛盾的问题》中提出：

　　我们的教育方针，应该使受教育者在德育、智育、体育几方面都得到发展，成为有社会主义觉悟的有文化的劳动者。要提倡勤俭建国。要使全体青年们懂得，我们的国家现在还是一个很穷的国家，并且不可能在短时间内根本改变这种状态，全靠青年和全体人民在几十年时间内，团结奋斗，用自己的双手创造出一个富强的国家。社会主义制度的建立给我们开辟了一条到达理想境界的道路，而理想境界的实现还要靠我们的辛勤劳动。有些青年人以为到了社会主义社会就应当什么都好，就可以不费气力享受现成的幸福生活了，这是一种不切实际的想法。（摘自《毛泽东选集·第 7 卷》）

　　由于我国历史上形成了"不患寡而患不均"的传统，再加上革命时期形成的"同甘共苦"的革命情感，新中国特别重视"共同富裕"，在分配中存在一定程度的"平均主义"现象。由此也造成了一些"干活磨洋工""干多干少一个样"的现象，甚至把积极干、干得好的当作资本主义批评，使劳动者的积极性、主动性和创造性没有得到充分发挥。

　　2. 强调按劳分配的原则

　　中国改革首要的目标就是调动人的积极性，加快社会主义经济发展速度，为此必须把分配制度改革作为切入点。在党的十一届三中全会召开之前，邓小平就提出了坚持按劳分配的原则，他说："我们一定要坚持按劳分配的社会主义原则。按劳分配就是按照劳动的数量和质量进行分配。根据这个原则，评定职工工资级别时，主要是看他的劳动好坏、技术高低、贡献大小。政治态度也要看，但要讲清楚，政治态度好主要应该表现在为社会主义劳动得好，作出贡献大。处理分配问题如果主要不是看劳动，而是看政治，那就不是按劳分配，而是按政分配了。总之，只能是按劳，不能是按政，也不能是按资格。"[①] 他说："不讲多劳多得，不重视物质利益，对少数先进分子可以，对广大群众不行，一段时间可以，长期不行。"[②] 因此，"看一个经济部门的党委善不善于领导，领导得好不好，应该主要看这个经济部门实行了先进的管理方法没有，技术革新进行得怎么样，劳动生产率提高了多少，利润增长了多少，劳动者的个人收入和集体福利增加了多少"[③]。

　　3. 坚持多种分配方式并存

　　改革开放前，因为实行单一的所有制和分配制度，也就是公有制和按劳分配，虽然避免了贫富两极分化，但是导致了实际上的"平均主义"和"吃大锅饭"现象。表现为"干

①　邓小平文选（第 2 卷）[M]. 北京：人民出版社，1994：101.
②　邓小平文选（第 2 卷）[M]. 北京：人民出版社，1994：146.
③　邓小平文选（第 2 卷）[M]. 北京：人民出版社，1994：150.

和不干一个样，甚至干得好的反而受到打击，什么是不干的，四平八稳的，却成了'不倒翁'"[1]。邓小平指出："搞平均主义，吃'大锅饭'，人民生活永远改善不了，积极性永远调动不起来。我们现在采取的措施，都是为社会主义发展生产力服务的。"[2] 正是为了搞活经济和加快发展生产力，国家允许人民离开国有经济或集体经济中的按劳分配，探寻新的就业形式和收入方式。由此，开启了中国"下海"和"农民工"的大潮，最终形成了多种所有制和多种分配方式。

三、强调尊重劳动、尊重知识、尊重人才、尊重创造

多种所有制和分配制度的出现，给很多人带来了"劳动观"的困惑。例如，个体经营者完全靠自己的劳动赚取收入，在大多数人看来理所当然地属于劳动者，但是，雇佣工人的私营企业主是不是劳动者？如果不是，他们是资本家吗？

1. 社会分工多样化

马克思说："一个民族的生产力发展的水平，最明显地表现于该民族分工的发展程度。任何新的生产力，只要它不是迄今已知的生产力单纯的量的扩大（例如，开垦土地），都会引起分工的进一步发展。"[3] 随着我国生产力水平提高而出现的民营科技企业的创业人员和技术人员、受聘于外资企业的管理技术人员、个体户、私营企业主、中介组织的从业人员、自由职业人员等新兴社会阶层，是我国生产力发展和分工多样化的集中体现，为我国人民提供了更多的就业选择和更高的收入分配。

恩格斯在《美国工人运动》中指出："在中世纪，封建剥削的根源不是由于人民被剥夺而离开了土地，相反地，是由于他们占用土地而离不开它。农民保有自己的土地，但是他们作为农奴或依附农被束缚在土地上，而且必须给地主服劳役或交纳产品。直到近代的黎明时期，即15世纪末，农民的大规模被剥夺才给现代雇用工人阶级奠定了基础。"改革开放前，绝大多数中国劳动者都是农民，而且农民几乎都是"不是出于自愿，而是自然形成的"，因此"人本身的活动对人来说就成为一种异己的、同他对立的力量，这种力量压迫着人，而不是人驾驭着这种力量"。农民渴望离开土地，进入城市生活，只是苦于没有机会。

改革开放后，大量的农民工进城打工甚至在城市中安居乐业，中国的劳动者有了更多的选择机会，这是向共产主义理想迈进的坚实步伐。

2. 生产要素多样化

正像威廉·配第所说，劳动是财富之父，土地是财富之母。马克思在《资本论》中

---

① 邓小平文选（第2卷）[M]. 北京：人民出版社，1994：142.
② 邓小平文选（第3卷）[M]. 北京：人民出版社，1993：157.
③ 马克思恩格斯文集（第1卷）[M]. 北京：人民出版社，2009：520.

明确指出："劳动并不是它所生产的使用价值即物质财富的唯一源泉。"在《哥达纲领批判》批评"劳动是一切财富和一切文化的源泉"的基础上，进一步指出："劳动不是一切财富的源泉。自然界同劳动一样也是使用价值（而物质财富就是由使用价值构成的）的源泉，劳动本身不过是一种自然力即人的劳动力的表现。"随着生产力的进一步发展，这一点变得越来越明显。比如信息，在农业社会可能就不是财富的源泉，至少不是主要源泉，但在信息化的今天它却成了主要源泉。如果我们强调按劳分配，但不允许提供信息服务而获得分配，那就会被历史所淘汰。党的十六大报告指出："要形成与社会主义初级阶段基本经济制度相适应的思想观念和创业机制，营造鼓励人们干事业、支持人们干成事业的社会氛围，放手让一切劳动、知识、技术、管理和资本的活力竞相迸发，让一切创造社会财富的源泉充分涌流，以造福于人民。"

3. 尊重各种劳动形式

过去，劳动主要指的是体力劳动，劳动者主要指工人和农民。随着生产力水平的提高和社会分工的发展，今天劳动的形式已经越来越多样化。脑力劳动，尤其是创造性脑力劳动，将是决定未来发展趋势的关键力量。因此，每个人都需要顺时而变，学会尊重劳动、尊重知识、尊重人才、尊重创造。

2015 年 4 月 28 日，习近平在庆祝"五一"国际劳动节暨表彰全国劳动模范和先进工作者大会上的讲话中明确提出：

我们的根扎在劳动人民之中。在我们社会主义国家，一切劳动，无论是体力劳动还是脑力劳动，都值得尊重和鼓励；一切创造，无论是个人创造还是集体创造，也都值得尊重和鼓励。全社会都要贯彻尊重劳动、尊重知识、尊重人才、尊重创造的重大方针，全社会都要以辛勤劳动为荣、以好逸恶劳为耻，任何时候任何人都不能看不起普通劳动者，都不能贪图不劳而获的生活。

总之，劳动教育之所以必要，从根本上说就是因为劳动本身是一个不断发展变化的过程。如果不能顺应社会生产力发展变化的需要，实时更新劳动观念，及时改进劳动技能，即便恪守勤劳俭朴、艰苦奋斗的古训，也终将"碌碌无为"。

课后习题

一、简答题

1. 中国古人的劳动观的主要内容是什么？
2. 马克思主义劳动观的主要内容是什么？
3. 中国共产党人的劳动观的主要内容是什么？

二、劳动实训

1. 结合当前世界可能出现的粮食危机，组织一次农业生产劳动，以了解古人的劳动观。

2. 组织一次传统的流水线生产劳动，以体验可能存在的劳动"异化"，并引导学生思考如何帮助工人获得更好的劳动体验。

3. 组织一次与被美国"卡脖子"直接相关的高科技企业劳动实训，以体验艰苦奋斗的劳动精神在当代的价值。

第 三 章
形成必备的劳动能力

1. 了解必备的劳动能力内涵包括日常生活能力、生产劳动能力和服务性劳动能力。
2. 理解不同时代对劳动能力的不同要求。
3. 通过学习培训切实掌握基本的劳动能力。

子曰："爱之，能勿劳乎？忠焉，能勿诲乎？"

——《论语·宪问》

孔子说："爱他，能不让他劳动吗？忠于他，能不教诲他吗？"人应该靠什么生活？只能靠自己的劳动能力！孔子认为，教导人民热爱劳动，就是对百姓的仁爱，就是对百姓的忠诚。2013 年 4 月 28 日，习近平同全国劳动模范代表座谈时指出："劳动是财富的源泉，也是幸福的源泉。人世间的美好梦想，只有通过诚实劳动才能实现；发展中的各种难题，只有通过诚实劳动才能破解；生命里的一切辉煌，只有通过诚实劳动才能铸就。"因此，通过劳动教育形成必备的劳动能力，就是帮助学生获得幸福的基本条件。

第一节 日常生活劳动能力

三代之隆，其法寝备，然后王宫、国都以及闾巷，莫不有学。人生八岁，则自王公以下，至于庶人之子弟，皆入小学，而教之以洒扫、应对、进退之节，礼、乐、射、御、书、数之文。

——朱熹

夏、商、周三代兴旺发达的时候，礼法已经历时久远、内容完备了，然而天子王宫、诸侯国都以及庶民闾巷，没有不设置学堂开展教学的。孩子长到八岁，从王公贵族往下，直到庶人百姓的子弟，都要进入小学，接受洒扫庭院、应对作答、进退出入等劳动习惯和生活礼节，同时也学习执礼、奏乐、射箭、驾车、书法和算术等文化技艺。可见在古代，像打扫居室卫生、独立应对生活、学会待人接物，不仅是人人必备的基本生活能力，也是做人必备的基本道德品行。

一、中国古代的生活教育

教育说到底是教人依靠自己的生活能力成长发育，所以日常生活劳动能力教育是第一位的。如果不教育学生依靠自己的生活能力堂堂正正做人，聪明才智就可能被用来危害他人和社会。古代有一个著名的案例：逢蒙学射于羿，尽羿之道，思天下惟羿为愈己，于是杀羿。孟子曰："是亦羿有罪焉。"公明仪曰："宜若无罪焉。"曰："薄乎云尔，恶得无罪？"（《孟子·离娄下》）逢蒙向羿学习射箭，把羿射箭的技能都学了，就认为天下唯有羿一人超过自己，于是把羿杀了。孟子指责做师傅的羿有罪，因为他只教逢蒙射箭的技能而没有教他靠自己生活的道理。生活教育应该是技能教育的出发点，技能应该用来创造美好生活。当然，这个道理羿自己也不懂，他就是因为善于射箭而图谋篡位自立，逢蒙杀羿可说是"以其人之道还治其人之身"，羿可说是"自作孽，不可活"。古人之所以特别重视生活教育，就是因为认识到了日常生活不想也不能靠自己的劳动去应对的人，为了实现更大的目的必定要不择手段利用和奴役甚至杀害他人。日常生活劳动确实只是生活小节，但是，其中包含着贯通一切的大道理。

1. 从自己的日常生活做起

"子曰：'弟子，入则孝，出则悌，谨而信，泛爱众，而亲仁。行有余力，则以学文。'"（《论语·学而》）做好"洒扫、应对、进退之节"，实在比"礼、乐、射、御、书、数之文"还重要。一个连"洒扫、应对、进退"等日常生活能力都没有的人，怎么能指望他学好"礼、乐、射、御、书、数之文"去"齐家、治国、平天下"呢？

《大学》开宗明义就是告诫大学生们：大学之道，修身为本。毫无疑问，大学是研究高深学问的地方，到大学接受高等教育绝对不是来学习打扫宿舍卫生、参加宿舍卫生评比的，而是为了探明人类当行的人间大道、天地大德。但是，大道大德都需要有人去行，只是"明"而不能"行"没有任何意义。"明明德"的目的是为了"亲民"，为了改进自己的道德品行，改造世道人心，最终达到"至善尽美"境界。"明德"和"至善"是崇高理想，有了崇高理想、美好梦想就有了明确的人生目标，由此人生变得充满希望，人生之路也会变得坚定不移。勤劳奋斗是本，劳动果实是末，空谈丰收的果实对己对人都没有用，只有从我做起去勤劳奋斗才能收获丰硕的果实。

知识链接 ≫ ∙∙

大学之道，在明明德，在亲民，在止于至善。知止而后有定，定而后能静，静而后能安，安而后能虑，虑而后能得。物有本末，事有终始。知所先后，则近道矣。

古之欲明明德于天下者，先治其国。欲治其国者，先齐其家。欲齐其家者，先修其身。欲修其身者，先正其心。欲正其心者，先诚其意。欲诚其意者，先致其知。致知在格物。物格而后知至，知至而后意诚，意诚而后心正，心正而后身修，身修而后家齐，家齐而后国治，国治而后天下平。

自天子以至于庶人，壹是皆以修身为本。其本乱而末治者否矣。其所厚者薄，而其所薄者厚，未之有也。此谓知本，此谓知之至也。（摘自《大学》）

————————————————————————————————

所谓"物格而后知至，知至而后意诚，意诚而后心正，心正而后身修，身修而后家齐，家齐而后国治，国治而后天下平"，就是说认识和改造世界要从认识和改造具体事物开始；所谓"自天子以至于庶人，壹是皆以修身为本"，就是说不论是天子还是百姓，都要从自身的日常生活做起。"从我做起"就是"治本"，知道"本"就是"知之至也"。中庸有言："《诗》云：'不显惟德！百辟其刑之。'是故君子笃恭而天下平。"明德并不是用来"探明"的，而是用来"照明"的。杰出人物就像太阳、月亮、星辰一样，通过自己高尚的人生实践彰显美德，让天下百姓苍生都得到光明的引导。因此说，高尚的君子是靠自己笃信躬行美德而促进天下和平的。

今天很多大学生，喜欢高谈阔论，以为这就是"指点江山，激扬文字"，但却不能从自身做起，总是让自己"置之度外"，高高在上地指责他人品行低下，批评社会世风日下。对这些大学生，我们应该送他一句：大学之道，修身为本！如果批评环境脏乱差的同学都能从打扫宿舍卫生开始、从做好垃圾分类开始，那么爱护环境的社会风气就一定会流行，创造美好环境的愿望也就一定会实现。

2. 日常生活劳动中自有高深道理

孔子关于"行有余力，则以学文"的观点论述听起来很有道理，但是，普通人也会感觉其中好像有问题。比如，我们今天做父母会满足于让孩子只是做好日常生活规范吗？会同意"行有余力，则以学文"吗？肯定不会！子路使子羔为费宰，子曰："贼夫人之子。"子路曰："有民人焉，有社稷焉，何必读书然后为学。"子曰："是故恶夫佞者。"子路推荐子羔去做费地的长官，孔子说："这是害人家的子弟。"子路说："那里有百姓，有土地宗庙，何必读书才算学习过呢？"子说："这就是为什么我讨厌那些能说会道的人。"这里好像孔子又把读书学习放在第一位了。其实涉及一个大问题：读书明理和日常做事到底哪个是本哪个是末？孔子的态度好像前后矛盾，孔子的两个学生子游和子夏就为此发生了争论。

"子游曰：'子夏之门人小子，当洒扫应对进退则可矣。抑末也，本之则无，如之何？'""子夏闻之，曰：'噫，言游过矣！君子之道，孰先传焉？孰后倦焉？譬诸草木，区以别矣。君子之道焉可诬也？有始有卒者，其惟圣人乎！'"（《论语·子张》）子游说："子夏的学生们，做好日常的洒水扫地、接待客人、引进退下一类的事还是可以的。不过这些都只是细枝末节的事，要说根本的学问却没有，这怎么能行呢？"子夏听到这话，说："咳！言游错了！君子教人的方法，到底哪些需要优先传授？哪些可以放在后面不太重视？就好比草木一样，需要区分为各种类别。君子教人的方法怎么可以乱说呢？能做到有始有终，大概只有圣人吧！"子游认为"洒扫应对进退"这些都是细枝末节，但是并没有说出本究竟是什么，但猜得出来大概是思想理论。而子夏并不认为"洒扫应对进退"就是细枝末节，它只不过是初始的教育，就像草木总得从幼苗开始成长。教育如果能从生活教育开始，逐步推进到"止于至善"，大概就是圣人了。这是教育教学中的重大问题，朱熹《论语集注》对此有长篇注解：

子游讥子夏弟子，于威仪容节之间则可矣。然此小学之末耳，推其本，如大学正心诚意之事，则无有。

言君子之道，非以其末为先而传之，非以其本为后而倦教。但学者所至，自有浅深，如草木之有大小，其类固有别矣。若不量其浅深，不问其生熟，而概以高且远者强而语之，则是诬之而已。君子之道，岂可如此？若夫始终本末一以贯之，则惟圣人为然，岂可责之门人小子乎？程子曰："君子教人有序，先传以小者近者，而后教以大者远者。非先传以近小，而后不教以远大也。"又曰："洒扫应对，便是形而上者，理无大小故也。故君子只在慎独。"又曰："圣人之道，更无精粗。从洒扫应对，与精义入神贯通只一理。虽洒扫应对，只看所以然如何。"又曰："凡物有本末，不可分本末为两段事。洒扫应对是其然，必有所以然。"又曰："自洒扫应对上，便可到圣人事。"愚按：程子第一条，说此章文意，最为详尽。其后四条，皆以明精粗本末。其分虽殊，而理则一。学者当循序而渐进，不可厌末而求本。盖与第一条之意，实相表里。非谓末即是本，但学其末而本便在此也。

"大学"和"小学"，容易被误解为"大"的才是"本"，"小"的就是"末"，子游就是这种观点的代表。子游认为日常生活中的"洒扫应对进退"小事都属于"小学之末"，唯有"如大学正心诚意之事"才是"大学之本"。子夏的反驳显然得到了朱熹的认同，并且引用程子的话进一步论证。首先，教育理当循序渐进，先传授贴近生活的小事项，后传授高深远大的道理，重视生活小节并不意味着不教授高深远大的道理；其次，"洒扫应对进退"本身也包含着形而上的道，小节正是应该在独自一人时谨慎修养的道；再次，道并没有精粗小大之分，从洒扫应对到精义入神应一以贯之；另外，物有本末，但并不是说本和末是截然分开的两件事，洒扫应对之所以要遵循这样的礼，其中必有应该如此的理；最后，从洒扫应对这些生活之礼向上修炼，最终就能到达圣人的境界。朱熹最后概括说学习应该循序渐进，绝不可厌烦生活中的细枝末节而汲汲以求所谓大本大源，把生活中的所谓细节末节之事学好了就已经包含大本大源了。朱熹这段引述可以说完整地呈现了儒家的"生活教育"理念。

我们今天的人会觉得，打扫卫生有扫地机器人，洗衣服有洗衣机，刷洗碗筷有刷碗机，哪里用得着自己动手去打扫卫生、洗衣服、刷洗碗筷？这种看法是很荒谬的！古人告诉我们了，这些日常生活劳动当中自有当行之道，这其中的"道"正是设计和制造机器的基础理论。从来不从事这些日常生活的人，也设计和制造不出好用的机器，甚至作为消费者购买了也不见得会用。

3. 自觉形成日常劳动能力

"太宰问于子贡曰：'夫子圣者与？何其多能也？'子贡曰：'固天纵之将圣，又多能也。'子闻之，曰：'太宰知我乎？吾少也贱，故多能鄙事。君子多乎哉，不多也。'"（《论语·子罕》）太宰向子贡询问："老师是圣人吗？为什么有这么多才能？"子贡说："想必老天要他成为圣人，所以又让他多才多艺。"孔子听说后，说："太宰了解我吗？我小时候生活卑贱，所以不得不从事各种各样的辛苦劳作。你觉得出身良好的贵族会有这么多技艺吗？不会有的。"子曰："贤哉回也！一箪食，一瓢饮，在陋巷，人不堪其忧，回也不改其乐。贤哉，回也！"（《论语·雍也》）孔子赞赏颜回是个大贤人，每天靠着一箪饭、一瓢水，生活在简陋的巷子里，别人大概都会充满忧愁，他却能照样快活。读书人能安贫乐道，靠自己独立生活，这自然是个大贤人！孔子因为自小生活艰难，能够理解和同情普通劳动者。他的学生多半也出身贫寒，也能独立自主应对生活。但孔子因为家道中落而且父亲早亡，受生活所迫学会了各种生活劳动，如果不是因为家道中落，而是生在王公贵族家庭，通常不会干那些卑鄙下贱的体力劳动。"樊迟请学稼。子曰：'吾不如老农。'请学为圃。曰：'吾不如老圃。'樊迟出。子曰：'小人哉，樊须也！上好礼，则民莫敢不敬；上好义，则民莫敢不服；上好信，则民莫敢不用情。夫如是，则四方之民襁负其子而至矣，焉用稼？'"《论语·子路》由此可见，孔子思想深处也确实存在鄙视体力劳动的观念。当然，也有可能孔子是在表明学稼、学为圃只需向老农、老圃学。

由于社会地位的改变，尤其是社会分工的改变，人们可能不再从事原来的体力劳动，但不能因此就看不起体力劳动，以为体力劳动不重要。孟子曰："舜之饭糗茹草也，若将终身焉。及其为天子也，被袗衣，鼓琴，二女果，若固有之。"（《孟子·尽心下》）孟子说："当舜啃干粮吃野菜的时候，好像一生就将这样度过。等他做了天子后，穿着有纹饰的衣服，弹奏音色优美的琴弦，还有娥皇女英在身边服侍，又好像他生活中原本就有这一切。"这就是舜的"知本"和"不忘本"。

二、现代日常生活劳动教育

由孔子开创的中国古代教育其实就是生活教育，它的基本目的是教人成就更美好的人生。但后来受选拔官员的科举考试制度影响，教育逐步演变为应对科举的考试教育。西方传统的教育制度则深受神学影响，教学的首要目的是培养神职人员。现代教育最根本的转变，就是重新强调教育为生活服务。美国教育家约翰·杜威明确提出："教育是生活的过程，而不是将来生活的预备。""不通过各种生活形式或者不通过那些本身就值得生活的生活形式来实现的教育，不过只是真正现实的贫乏的代替物，结果只会呆板而死气沉沉。"① 杜威的观点和孔子的观点具有相通之处，都强调要从生活中形成教化。只不过，古代的生活形成的主要是文明礼仪的教化，现代的生活形成的是科学理性的教化。

1. 提升个人独立生活能力

人类越是出于历史的早期越难以独立自主地生活，没有人能够离开氏族、家庭、国家、教会独立生活。现代西方从批判"神本主义"和赞扬"人本主义"的"文艺复兴运动"开始，历经"启蒙运动""政治革命""工业革命""科技革命"，逐步开创了人类独立自主生活的现代社会。完成环球航行的哥伦布、麦哲伦、达伽马是时代的英雄，鲁滨逊、罗宾汉、索亚则是文学中的偶像。是否拥有开拓创新精神以及独立自主的生存和生活能力，是现代生活区别于古代生活的典型特征。

人独立自主的生活能力，除了直接受益于思想解放运动以外，最主要的是因为掌握了认识和利用自然规律的科学技术。我们听说过阿基米德在洗澡时发现了浮力定律、牛顿从苹果掉落中发现万有引力定律、瓦特通过壶水沸腾顶开壶盖发现蒸汽机原理，这些故事很可能是文学创作，但是，正如爱因斯坦所言，"整个科学不过是日常思维的一种提炼"，日常生活中无疑随处都是"科学原理"，从日常生活中确实可以发现科学原理，至少可以更好地理解科学原理。现代科学科技不是让人变成科学技术的附庸，而是让人类成为自然界和人类社会的主人。

现代社会的日常生活教育必须教会人认识和尊重自然规律，学会运用现代技术过一种科学理性的生活。现代西方普遍流行的"DIY"（自己动手）就表明了现代人独立生活能力的巨大进步，这种能力建立在人们对一般科学常识和基本技术普遍掌握的基础上。当然，更能体现人们生存和生活能力的是"野外生存能力"，很多西方国家通过"童子军"等组织训练学生野外生存能力。值得注意的是，西方冒险家的冒险精神带给土著居民的是屠杀和掠夺，现代"越野运动"在很多时候也给自然环境造成了破坏。

《鲁滨逊漂流记》和《荒野求生》，如图 3-1 所示。

---

① 赵祥麟，王承绪. 杜威教育名篇 [M]. 北京：教育科学出版社，2014：3.

图　3-1

2. 拥有现代复杂社会生活能力

古代人的生活以家庭为中心，现代人必须走出家庭去社会中生活。现代生活是一个复杂得多的生活模式，要求每个人有更高的个人生活能力和组织协调能力。美国福特汽车创始人亨利·福特提出，一个人首先应该掌握谋生的本领，如果任何教育不能达到这样的目标，那么都是无用的。其次，真正的教育就是培训人们如何劳动，而不是脱离劳动，是训练他们的思考能力，从而让自己更好地生活，使他们为周围的人作出贡献。[①] 这是 20 世纪初资本主义蓬勃发展的美国非常有代表性的观点。福特公司最大的贡献是开创了标准化大规模流水线生产方式，通过这种生产方式大批量生产 T 型车使美国成为"安装在轮子上的国家"，"T 型车产生的汽车文化永远改变了普通美国人民的日常生活方式"。[②]

在我们最初组装汽车的时候，我们只是简单地把一辆车放在地上安装，工人们把需要的部件装在车上需要的地方，完全像建房子一样。……而当时未受训练的工人们走来走去找材料和工具的时间，比他们实际工作的时间还多，因而他们得到的报酬很低，因为步行并不是一份需要高工资的工作。当我们开始依据工作来选择工人，而不是让工人去选择工作时，便迈出了走向生产流水线的第一步。我们现在所有的工作都贯彻两条原则——如果不必要，一个人就决不多走一步，也没有人需要一直弯着腰工作。流水线工作的原则主要是以下这些：按照操作程序安排工人和工具，这样在整个生产成品的过程中，每个零部件都将走尽可能最短的距离。运用传送带或别的传送工具，这样当一个工人完成他的操作后，他可以把零部件放在同样的地方，这个地方是他放起来最方便的地方。如果有可能，可以运用重力把零部件送到下一个工人工作之处，供他操作。运用滑动装配线，把需要装配的零部件放在最方便取到的地方。运用这些原则的结果是，减少了工人思考和步行的必要，把他的动作减少到最低程度。在工作时，他几乎只用一个动作即可。

在科学研究的帮助下，一个人现在能做几年前 4 倍之多的工作。[③]

和陶渊明"采菊东篱下，悠然见南山"那恬淡舒缓的农耕生活完全不同，现代社会

---

① ［美］亨利·福特 . 我的财富人生 [M]. 北京：中国城市出版社，2006：173.
② ［美］史蒂芬·沃兹 . 亨利·福特 [M]. 北京：国际文化出版公司，2007：103.
③ ［美］亨利·福特 . 我的生活和事业 [M]. 北京：中国城市出版社，2005：84-87.

生活的基本特征就是有组织、高效率、流程化。今天我们大多数人都生活在组织中，所有组织都要求高效率工作，工作往往都是"流程化"。大学生从入学注册开始就知道"走流程"，去校医院看病也知道"走流程"，办理毕业离校也是"走流程"。从机械化时代的汽车企业的"流水线"生产到信息化时代所有组织的"程序化"工作，这是人类生产生活方式和效率的革命。现代大学生不仅必须学会井然有序地处理自己的日常生活，而且必须学会适应在组织中按照工作流程高效率工作的生活模式。因此，像驾驶汽车、操作电脑、熟悉流程等，都是满足现代社会生活的最基本生活能力。当然，在大规模标准化流水线生产方式带来生产率提高的同时，也使工人成为机器的一部分，使人类劳动"异化"为机械运动。马克思的《1844年经济学哲学手稿》和卓别林的电影《摩登时代》早就有很深刻、尖锐的批评和反映。但是，在人类社会的生产力水平达到智能化之前，人们只能主动适应这种不够理想的生活。

3. 根据现代生活需要开展学校教育

作为美国著名的教育家，杜威在教育思想史上的最主要贡献就是提出了"教育即生活"的观点。也就是认为学校就是一个"小社会"，学校教育就是按照真实的社会生活教会学生适应社会生活的能力，包括社会生活中必备的劳动、创造、交往、休闲以及生老病死等一切方面的能力。在他看来，学校和社会不应该有区别，如果有区别也只是局部和整体或小或大的区别，它们说到底是同一的、同步的、同质的。

作为一种社会组织，学校应归把现实的社会生活简化起来，缩小到一种雏形的状态……应当从家庭生活里逐渐发展出来；它应当接手并继续儿童在家庭里已经熟悉的活动。学校应当把这些活动呈现给儿童，并且以各种方式把他们再现出来，使儿童逐渐地了解它们的意义，并能在其中起着自己的作用。这是一种心理学的需要，因为这是使儿童获得继续生长的唯一方法，也是对学校所授新观念赋予旧经验背景的唯一方法。这也是一种社会的需要，因为家庭是社会生活的一种形式，儿童在其中获得教养和道德的训练。加深和扩展儿童关于与家庭生活相联系的价值观念，是学校的任务。

现在教育上许多方面的失败，是由于教育忽视了把学校作为社会生活的一种形式这个基本原则。现在的教育把学校当作一个传授某些知识、学习某些课业或养成某些习惯的场所。这些东西的价值被认为多半要取决于遥远的将来；儿童之所以必须做这些事情，是为了他将来要做某些别的事情；这些事情只是预备而已。结果是，它们并不能成为儿童生活经验的一部分，因而并不具备真正的教育作用。

……教育最根本的基础在于儿童活动的能力，这种能力是沿着现代文明所由来的同一的、总的建设线路而活动的。使儿童认识到他的社会遗产的唯一方法是促成其去实践，尤其是到那些使文明成为文明的主要而典型的活动中去实践。因此，所谓表现的和建设的活动便是相互联系的中心。这便为学校衡量烹调、缝纫和手工等科目的地位提供了一个标准。这些科目并不是附加在其他许多科目之外的、作为一种娱乐和休息的手段，或作为次要技能的特殊科目而提出的。我相信，从类型上讲，它们是代表社会活动的基本形态的；而且，以这些活动作为媒介把儿童引入更正式的课程中，既是可能的，也是值得向往的。……我们不应当把科学作为新的教材介绍给儿童，而应当作为用来显示已经包含在旧经验里的因素和作为提供更容易、更有效地调整经验的工具。

现在我们丧失了许多文学和语言科目的价值，这是因为我们抛弃了社会的因素。在教育学著作里，我们差不多总是把语言只当作思想的表现。语言固然是一种逻辑的工具，但最基本、最重要的是一种社会的工具。语言是一种交往的手段，是一个人用以分享别人的思想和情感的工具。如果只是把它当作个人获得知识或当作表达已经学到知识的工具，那就会失去它的社会动机和目的。

……如果教育即生活，那么一切生活一开始就具有科学的一面、艺术和文化的一面以及相互交往的一面[①]。

杜威所说的"教育即生活"，也意味着学校教育不过是家庭教育的延续，都是为了学生更好地适应社会生活。因此，学校不应该脱离现实生活教授学生科学、技术、语言、文学、历史等知识，相反，要通过真实的生活情景引导学生学习科学、技术、语言、文学、历史等科目。因此，他认为烹调、缝纫和手工等"劳动教育"科目，"并不是附加在其他许多科目之外的、作为一种娱乐和休息的手段，或作为次要技能的特殊科目而提出的"，恰恰相反，它们是所有其他科目的出发点和落脚点。让学生在烹饪的过程中发现燃气改造、油烟排放等科学技术问题，形成"舌尖上的中国"的文学创意，确定"方太"品牌形象的艺术设计……这样，就从生活劳动教育扩展成为生产劳动和创造教育，就像一棵小树苗壮成长，最终开出美丽的花朵，结出丰硕的果实！

▌三、现代中国的生活教育

陶行知是杜威的学生，杜威和陶行知都极力推行"生活教育"，只不过杜威的理解是"教育即生活"，陶行知则认为"生活即教育"。[②]杜威是从学校教育入手，陶行知则是走出校门进入社会，从社会生活着手教育，也就是开展平民教育。

生活教育是生活所原有，生活所自营，生活所必须的教育。教育的根本意义是生活之变化。生活无时不变，即生活无时不含有教育的意义。因此，我们又可以说："社会即学校。"在这个理论指导下，我们承认过什么生活便是受什么教育；过好的生活，便

---

① 赵祥麟，王承绪. 杜威教育名篇 [M]. 北京：教育科学出版社，2014：3-6.
② 陶行知，陈彬. 教育的本质 [M]. 长沙：湖南人民出版社，2019：58.

是受好的教育；过坏的生活，便是受坏的教育；过有目的的生活，便是受有目的的教育；过糊里糊涂的生活，便是受稀里糊涂的教育；过有组织的生活，便是受有组织的教育；过有计划的生活，便是受有计划的教育；过乱七八糟的生活，便是受乱七八糟的教育。换个说法，过的是少爷生活，虽然天天读劳动的书籍，不算是受着劳动教育；过的是迷信生活，虽天天听科学的演讲，不算是受着科学教育；过的是随地吐痰的生活，虽天天写卫生笔记，不算受着卫生的教育；过的是开倒车的生活，虽天天谈革命的行动，不算是受着革命的教育。我们要想受什么教育，便须过什么生活。

生活教育与生俱来，与生同去。出世便是破蒙；进棺材才算毕业。在社会的伟大的学校里，人人可以做我们的先生，人人可以做我们的同学，人人可以做我们的学生。随手抓来都是活书，都是学问，都是本领。

自有人类以来，社会即是学校，生活即是教育。士大夫其所以不承认它，是因为他们有特殊的学校给他们的子弟受特殊的教育，从大众的立场上看，社会是大众唯一的学校，生活是大众唯一的教育。大众必须正式承认它，并且运用它来增加自己的知识，增加自己的力量，增加自己的信仰。

生活教育是下层建筑。何以呢？我们有吃饭的生活，便有吃饭的教育；有穿衣的生活，便有穿衣的教育；有男女的生活，便有男女的教育。它与装饰品之传统教育根本不同。它不是摩登女郎之金刚钻戒指，而是冰天雪地里的穷人的窝窝头和破棉袄。

生活与生活摩擦才能起教育的作用，我们把自己放在社会的生活里，即社会的磁力线里转动便能通出教育的电流，射出光，放出热，发出力。

生活教育是早已普及了。自有人类以来，便是人人过生活，人人受教育，自然而然的，生活是普及在人间，即是教育普及在人间。但有些人是超时代，有些人是时代落伍，有些人是到了现在还是过着几百年前的生活，便是受着几百年前的教育，教时代落伍的人一齐赶上时代的前线是普及教育运动的目标。做一个现代人必须取得现代的知识，学会现代的技能，感觉现代问题，并以现代的方法发挥我们的力量。时代是继续不断地进，我们必得参加在现代生活里面，与时俱进，才能做一个长久的现代人。否则，再过几年又要时代落伍了。因此，我们必须拿着现代文明的钥匙才能继续不断地去开发现代文明的宝库，保证川流不息的现代化。这个钥匙便是活用的文字符号和求进的科学方法。普及教育运动之最大使命便是把这个钥匙从少数人的手里拿出来交给大众[①]。

陶行知的"生活即教育"师承杜威"教育即生活"的理念，结合儒家开创的"平民教育"的传统，形成了独具中国特色的教育理念。

1. 生活即教育

陶行知认为"教育即生活"是觉察到了"学校里的教育太枯燥了，必须把社会里的

---

① 陶行知，陈彬. 教育的本质 [M]. 长沙：湖南人民出版社，2019：107-109.

生活搬一些进来"，"这好比一个笼子里面囚着几只小鸟，养鸟者顾念鸟儿寂寞，搬一两枝树枝进笼，以便鸟儿跳得好玩，或者再捉几只生物来，给鸟儿做伴。小鸟是比较的舒服了。然而鸟笼毕竟还是鸟笼，绝不是鸟的世界。所奇怪的是养鸟者偏偏说鸟笼是鸟世界，而对于真正的鸟的世界的树木反而一概抹杀，不加承认。假使笼里的鸟，习惯成自然，也随声附和地说，鸟笼便是我的世界，又假使笼外的鸟都鄙视树林，而羡慕笼中生活，甚至以不得其门而入为憾，那么，这些鸟才算是和人一样的荒唐了"①。

2. 社会即学校

生活教育不是什么新教育理念，它是人类有史以来的最古老的教育形式，所以中国古人有生活教育的理念一点儿也不奇怪。只不过，有了专门的学校教育以后，教育就脱离了社会生活。提倡生活教育理念，其实就是提倡教育重新回到与现实社会相结合的正轨。

3. 教育改善生活

当然，生活教育的关键是什么样的生活教育，陶行知曾发表《生活教育之特质》一文，概括了他所倡导的"生活教育"具有"生活的""行动的""大众的""前进的""世界的""有历史联系的"6个特点。他提出："生活与生活一摩擦便立刻起教育的作用，摩擦者与被摩擦者都起了变化，便都受了教育"；"受过某种教育的生活与没有受过某种教育的生活，摩擦起来，便发出生活的火花，即教育的火花；发出生活的变化，即教育的变化"；"为行动而读书，在行动上读书"；"行是知之始，即行即知"；"生活教育是大众的教育，大众自己办的教育，大众为生活解放而办的教育"；"用前进的生活来引导落后的生活，要大家一起来过前进的生活，受前进的教育"；"倘使一个人停留在自我或少数同伴的生活上，而拒绝广大人类的历史教训，那便是懒惰不长进，跌在狭义的经验论的泥沟里，甘心情愿的做一只小泥鳅"；"我们所失掉的是鸟笼，而所得的倒是伟大无比的森林了。为着要过有意义的生活，我们的生活力是必然地冲开校门，冲开村门，冲开城门，冲开国门，冲开无论什么自私自利的人所造的铁门"。②

陶行知的生活教育融合了中国古代的"平民教育"和现代西方的"人本主义"，又贴合了当时中国人口众多、教育资源贫乏的客观实际，最为完整地阐释了独具中国特色的教育理想，至今仍然具有重要的启发意义。尤其值得敬佩的是，陶行知先生不仅反对王阳明"知是行之始，行是知之成"的观点，并提出"行是知之始，知是行之成"③，而且终生践行自己提出的教育理念，走出校门深入社会和人民当中。今天中国从事教育工作的人，包括绝大多数教育工作者，都忙于考试升学，忙于发表科研论文，以为有了"知"就能"行"遍天下。在忙碌的学习生活中，如果有片刻时间思考，通常都要问："时间都到哪里去了？"时间当然都到学习和工作中去了。或许，今天的中国人还需要问的是：

① 陶行知，陈彬.教育的本质[M].长沙：湖南人民出版社，2019：107.
② 陶行知，方明.陶行知教育名篇[M].北京：教育科学出版社，2013：165-167.
③ 陶行知，方明.陶行知教育名篇[M].北京：教育科学出版社，2013：75.

"生活都到哪里去了？"在生活、学习、工作三者中，我们的教育只重视了教人学习和工作，而忽视了生活本身的教育。"活到老，学到老""老骥伏枥，志在千里""生命不息，奋斗不止"，这些教诲都是对的，但并不是生活的全部，生活教育尚待发掘。

第二节　生产劳动能力

无论是脱离生产劳动的教学和教育，或是没有同时进行教学和教育的生产劳动，都不能达到现代技术水平和科学知识现状所要求的高度。

——列宁

中国共产党是中国工人阶级的先锋队，新民主主义革命是无产阶级领导的、人民大众的、反对帝国主义、封建主义、官僚资本主义的革命。中国是一个落后的农业国，农民在全国人口中占绝大多数，农民是中国革命的主力军。新中国是依靠千千万万劳动人民的浴血奋战建立起来的，也是依靠千千万万中国劳动人民的艰苦奋斗发展起来的。

一、避免"学术"教育和"职业"教育相分离

在过去，只有少部分统治阶级和富人的子女才能接受教育，大多数人都没有受教育的机会，或者只能受到"学徒"教育。今天，大多数人都有一定的受教育机会，在经济发达的国家，教育甚至得到一定程度的普及。但是，有些人受到的是"学术"教育，有些人受到的是"职业"教育。其结果是农民和工人阶级的子弟永远是农民和工人，而上流社会则通过教育延续子女的上流社会地位。美国教育学家杜威就曾敏锐地发现教育造成的"阶级固化"。

知识链接 >>·······························

劳动在教育中的地位，不是为了具体的行业而仓促加快培养学生。劳动应该为每个学生必须掌握的理论知识提供实际的价值，应该让学生理解自身所处的环境条件及其制度。一旦做到这一点，学生就会具备必要的知识和智力，从而正确地选择工作，并努力获取必要的技能。他的选择并不会因为他已经知道如何做一件事（唯一的一件事）而受到限制，决定他进行选择的将仅仅是他自己的本领和自然倾向。

行业学校和继续教育学校招收的学生年龄都不太大，他们对自己的选择能力也没有足够的了解，仅仅在一个狭窄的方面接受理论与动手技能的培训，结果，学生会发现自

己仅仅对某一种工作具备足够的能力。如果这个工作后来证明不适合他做，那也仍然是他唯一受过培训的工作。这种体制不能为个人能力的最佳发展提供机会，而且容易把人固定在某个阶级里面……

对形成固定的阶级采取默许的态度，这对一个民主社会来说是致命的。财产的差距、大量无技能者的存在、轻视体力劳动者、不能为促进人生发展的培训提供保障，等等，所有这一切都共同促成了阶级的产生，并且扩大了阶级之间的鸿沟。在消除阶级分化的问题上，政治家和立法机构应该有所作为。明智的慈善机构也可以有所作为。但是，公立教育系统才是唯一能够一劳永逸地解决这一问题的基本组织。过去，美国在成分多样的人口中培养了一种团结互助的精神，共同的利益感和目标感压倒了力图把人民划分为不同阶级的强大力量，每个美国人为这些方面所取得的成就感到自豪。我们的生活变得越来越复杂，在社会的一端，是财富大量的聚集；在社会的另一端，则是差不多仅有维持生活必需品的状况，这使得民主的任务变得更加艰巨。过去只有一个社会体系，个体混合在这个体系之中，它所提供的东西足以满足人们的需求，可这样的岁月正在迅速消失。因此，教学的内容和教学的方法必须积极主动地适应民主社会的目标。

有钱人家的孩子属于一个系统，劳苦人家的孩子属于另一个系统，这样的情况是不能允许的。尽管这种安排所强加的结构性分割不利于培养一种应有的相互同情之心，但还不是最坏的。与其相比，更坏的是一些人接受书本教育，另一些人接受"实践"教育，由此造成理智习惯与道德习惯的分离，并导致理想与世界观的脱节。

注重学术的教育所培养出来的未来公民，对体力劳动丝毫没有同情心；也绝对没有接受过有关的培训，所以无法理解当代最严重的社会及政治难题。与没有接受培训时相比，行业培训培养出来的未来工人可能掌握了更多立竿见影的技能，但他们的头脑并没有得到拓展，他们对自己所从事的工作的科学意义和社会意义缺乏洞见，他们所接受的教育并不能帮助他们在探究中前进，也无助于他们作出独立的判断。把公立学校系统一分为二，让一部分采用传统方法，而用传统方法来改进教学是很难的；让另一部分培养未来的体力劳动者，这意味着我们制订了一个命定社会成员的计划。这样的计划与民主的精神是格格不入的。

民主社会宣称，机会均等是民主的理想，这就要求建立一种教育体系，让学习与社会运用、思想与实践、工作与对工作意义的理解等从一开始就结合在一起，而且向所有人开放。[①]

杜威发现资本主义教育体系存在以下严重的缺陷：

1. 职业教育限制职业发展机会

劳动教育并不是所有学生都必须学习的课程，而是专门为行业需要和体力劳动者做

---

① 杜威，何克勇. 明日的学校 [M]. 上海：华东师范大学出版社，2019：240-242.

准备。其结果是进入行业学校和继续教育学校的学生最终只学得一项技能，即便日后自己不喜欢依靠这项职业技能生存，他也不再有学习能力去学习其他知识和技能。他们不了解科学技术的一般原理，对社会制度、国家法律、企业运营等都不得而知。

2. 学术教育脱离具体职业技能

那些家庭出身较好或父母接受良好教育的孩子，总是想方设法进入综合性大学接受学术培训。他们受到良好的学术训练，可以从事教育、研究、管理、设计和分析等工作，而不必从事依靠具体职业技能的体力工作。他们认为那些体力劳动者是自己糊涂而且学业无能，在职场上理所当然被"管理"，并且不应该有太多要求。问题是，这些管理者完全不了解职业技能，又瞧不起这些技术工人，他们怎么能推动行业发展呢？

3. 激化体力劳动和脑力劳动矛盾

事实表明，绝大多数体力劳动者的子女进入职业技术学校接受"劳动"教育，他们即便获得了受教育的机会也不能改变重复父母的命运。而父母地位显赫的子女，则从小学到大学都在接受"学术"教育，他们自己根本瞧不起"劳动"教育，不理解也不尊重普通劳动者。统治阶级和被统治阶级的地位通过教育而形成，并依靠教育进一步巩固。与此同时，统治阶级和被统治阶级的矛盾也在教育机会中形成，并因机会不公而被进一步激化。

杜威观察到的美国教育体系分化和固化阶级阶层的现象，其实在所有国家都不同程度地存在，是人类教育事业和社会建设事业中的一大难题。蓝翔技校校长在毕业典礼上的一段讲话："同学们，咱们蓝翔技校就是实打实的学本领，咱们不玩虚的，你学挖掘机就把地挖好，你学厨师就把菜做好，你学裁缝就把衣服做好。咱们蓝翔如果不踏踏实实学本事，那跟清华北大还有什么区别呢？"蓝翔技校找准自己的定位本身没有错，但是，蓝翔技校学生也要学一些自然、社会、人文科学原理才有发展潜力，而清华北大的学生也需要接受一定的劳动教育才能对劳动者有所理解。

▌二、推进教育与生产劳动相结合

今天中国已经成为"世界工厂"，必然需要众多像蓝翔技校以及各种高职学校来培养劳动者。与此同时，农业仍然是国民经济的基础，农业现代化也需要培养新型农民。工农业生产劳动是国泰民安的根基，绝不可以忽视工农业生产劳动教育。

1. 正视教育与生产劳动相分离的弊病

1920年彭璜、毛泽东等人在上海发起组织"工读互助团"，就曾批判中国教育和生产劳动完全分离，造就了流氓和奴隶两类人。虽然"半工半读、互助协助的办法"已经被证明并不可行，但是，毛泽东提出的是现实的突出问题，直到今天也不能说很好地解决了。

现在的社会，是受教育的人不能做工，做工的人不能受教育。受教育的不做工，所以教育几乎成为一种造就流氓的东西；做工的不受教育，所以职业几乎成为一种造就奴隶的东西。

现在的学制，是求学的时代不能谋生活，谋生活的时代不能求学。求学的时代不谋生活，学问就变成形式的、机械的了；谋生活的时代不求学，学问就是不永续的——不进步的了。

像这样看来，教育与职业是相冲突，生活与学问是相冲突，怎么能算为合理的教育、正当的生活呢？因为要想一个教育与职业合一、学问与生计合一的法子，就来发起这个工读互助团，使上海一般有新思想的青年男女，可以解除旧社会旧家庭种种经济上、意志上的束缚，而另外产生一种新生活新组织出来，以实行那半工半读、互助协助的办法。这要算是我们发起人的唯一宗旨 ①。

2. 理解教育与生产劳动相结合的目标

陶行知先生曾在解释自己"教学做合一"的理念时强调，劳动技能和科学知识是不能分开的，劳动技能教育也不是要把人培养成为铁匠、木匠、农夫，科学知识教育也不是不需要学习劳动技能。教育与生产劳动相结合，其实就是"劳心"和"劳力"的统一，教人既不要"百无一用是书生"，也不要一辈子"做牛做马"。

技能与知识是分不开的。把大家教成铁匠、木匠一样，实未足以尽教育之能事。一因为中国的一般铁匠、木匠实在是有一部分教错了。因为他们劳力而不劳心，所以技能与知识都不能充分发展。二因为他们除了呆板的职业训练以外，其余关于人生需要的教育都被漠视了。假使中国的铁匠、木匠都做得不错，学得不错，教得不错，在劳力上劳心，各方面生活需要都顾到，那么，铁匠、木匠所应受的教育，便是人人应受的教育了。王木匠要有技能和知识，也如同达尔文要有技能与知识。达尔文没有辨别物种变异的技能便不能发现天择的学说。王木匠若没有尤克雷地的几何知识，便要做出七斜八歪的桌子来。可是达尔文与王木匠有个不同之点：王木匠把知识化成技能，达尔文则用技能产生知识。不过，王木匠倘使能用知识所变成的技能进一步去产生新知识，那么，王木匠亦成为达尔文一样的人物了。倘使达尔文停止在观察生物的技能上，而不能用它去发现天择学说，那么，终达尔文之身，也不过是王木匠的兄弟罢了 ②。

3. 加强艰苦创业和创造精神教育

1957 年，毛泽东在普通教育工作座谈会上的讲话特别提出，"中学办在农村是先进经验，农民子弟可以就近上学"，"这些学校主要是解决农民生产劳动中需要的知识"。其中尤其强调进行"艰苦创业"和"创造精神"教育。

---

① 毛泽东. 毛泽东早期文稿 [M]. 长沙：湖南人民出版社，2008：605-606.
② 陶行知，方明. 陶行知教育名篇 [M]. 北京：教育科学出版社，2013：102.

学校要大力进行思想教育，进行遵守纪律、艰苦创业的教育。学生要能耐艰苦，要能白手起家。我们不都是经历过困难的人吗？社会主义是艰苦的事业，我们以后对工人、农民、士兵、学生都应该宣传艰苦奋斗的精神。在学校要提倡教师与学生同甘共苦，一起办好学校。应当重视培养学生的创造精神，不要使他们像温室里的花朵一样。今后无论谁去招生都不要乱吹，不要把一切都讲得春光明媚，要讲困难，给学生泼点冷水，使他们有思想准备。教育部应当编写一些课文，专门论述艰苦奋斗的，从小学到大学都要讲①。

党和国家领导人也以身作则，积极参加工农业生产劳动。1958 年 5 月 25 日，中共八届五中全会在北京召开。25 日下午，毛泽东、周恩来、刘少奇、朱德及全体中央委员到十三陵水库工地参加义务劳动。

毫无疑问，随着我国生产力水平的提高，工农业生产在国民经济中的比重会下降，从事工农业生产劳动的人口也会减少，但是，从几千年的农业文明和近代工业文明中沉淀下来的"艰苦创业"和"创新创造"精神永远不会过时！"艰苦创业"和"创新创造"教育，不论什么时代都具有价值！

▎三、新时代的教育与生产劳动相结合

随着社会生产力的不断发展进步，劳动的主要形式也必然发生变化。今天从事农业生产的中国人已经比过去少多了，大量的农村剩余劳动力都转移到城镇和工商业。生产劳动能力教育也要顺应这一时代变化的要求。

1. 反思"知识青年到农村去，接受贫下中农的再教育"

1968 年 12 月 22 日，《人民日报》（见图 3-2）传达了毛泽东的指示："知识青年到农村去，接受贫下中农的再教育，很有必要。"各地立即掀起了知识青年上山下乡的热潮。"文化大革命"期间，上山下乡的知识青年达 1 600 多万，国家和企事业单位为安置知识青年上山下乡所支出的经费超过 100 亿元。②

"知识青年上山下乡"的本意是教育与农业生产相结合，2002 年，习近平公开发表过一篇回忆文章《我是黄土地的儿子》，认为"接受贫下中农再教育"确实给自己带来洗心革面的影响。习近平的知青生

图　3-2

① 毛泽东. 毛泽东文集（第 7 卷）[M]. 北京：人民出版社，1999：246-247.
② 中华人民共和国国务院新闻办公室，http://www.scio.gov.cn/zhzc/6/2/Document/1069343/1069343.htm.

活，如图 3-3 所示。

图　3-3

（左图：延安文安驿镇梁家河村知青旧址外景；右图：延川县文安驿镇梁家河村"知青旧居"大通铺）

刚开始干活时，我挣 6 个工分，没有妇女高。两年后，我就拿到壮劳力的 10 个工分，成了种地的好把式；

……

现在有的作家在作品中把知青写得很惨，我的感觉并不完全是这样。我只是开始时感到惨，但是当我适应了当地的生活，特别是和群众融为一体时，就感到自己活得很充实。

我的成长进步起始于陕北。最大的收获一是懂得了什么叫实际；二是培养了我的自信心。

……

常言说，刀在石上磨，人在难中练。

艰难困苦能够磨炼一个人的意志。7 年上山下乡的艰苦生活对我的锻炼很大，后来遇到什么困难，就想起那个时候在那样的困难条件下还可以干事，现在干吗不干？你再难都没有难到那个程度。这个对人的作用很大。一个人要有一股气，遇到任何事情都有挑战的勇气，什么事都不信邪，就能处变不惊、知难而进。

……

在这一批知青中，出了不少人才。1993 年我应邀回去了一次，当时我是省委常委、福州市委书记。延安行署专员给我讲，你们知青来了 2.6 万人，号称 3 万人。现在出了省部级干部 8 个，厅局级干部大概二三百个，处级干部有 3 000 多个，这是一笔大资源。在 8 个省部级干部里，我了解的有王岐山。此外，还出了一批作家，像陶正，写《魂兮归来》《逍遥之乐》，他是去延川的知青。还有路遥，他是延川的本地知青，写了《人生》。还有个作家叫史铁生，写了《我那遥远的清平湾》，这个清平湾就是过去他插队的延川县关家庄。另外出了一批企业家。前几年，延安搞了一次聚会，大概回去了上千人，拖儿带女的让下一代去体会一下，还拍了个片子，他们送了我一套。

上山下乡的经历对我们影响是相当深的，形成了一种情结叫"黄土情结"。在遇到困难时想到这些，就会感到没有解决不了的问题。人生的道路要靠自己来选择，如何选择一条正确的道路，关键是要有坚定的理想信念。否则，环境再好照样会走错路。①

毫无疑问，有些知识青年因为"上山下乡"耽误了学习，因为缺乏现代生产劳动技术后来成为下岗职工。这其中固然有国家政策"一刀切"造成的不良影响，但是，正如习近平说的，"人生的道路要靠自己来选择，如何选择一条正确的道路，关键是要有坚定的理想信念。否则，环境再好照样会走错路"，即便没有"上山下乡"耽误学习也会有人下岗。习近平、李克强、王岐山等众多党和国家领导人都曾是"知青"，上山下乡的经历让他们建立了与劳动人民的深情厚谊，让他们了解中国的国情实际，这是做好领导工作的根本前提。

2. 全面推进教育与生产劳动相结合

1978年4月22日，在全国教育工作会议上，邓小平提出了教育事业必须同国民经济发展的要求相适应的问题。他引用列宁的话说："无论是脱离生产劳动的教学和教育，或是没有同时进行教学和教育的生产劳动，都不能达到现代技术水平和科学知识现状所要求的高度。"② 教育与生产劳动相结合，就是陶行知先生提出了"教学做合一"的观点。

比如种田这件事是要在田里做的，便须在田里学，在田里教。游泳也是如此。游水是在水里做的事，便须在水里学，在水里教。再进一步说，关于种稻的讲解，不是为讲解而讲解，乃是为种稻而讲解；关于种稻的看书，不是为看书而看书，乃是为种稻而看书；想把种稻教得好，要讲什么话就讲什么话，要看什么书就看什么书。我们不能说种稻是做，看书是学，讲解是教。为种稻而讲解，讲解也是做，为种稻而看书，看书也是做。这是种稻的教学做合一。一切生活的教学做都要如此，方为一贯。否则教自教，学自学，连做也不是真做了。所以做是学的中心，也就是教的中心。③

今天的教育与生产劳动相结合，大致类似于农业大学的师生教学与农业生产劳动结合起来，而绝不只是像上面说的搞专门的"职业教育"，只让职业学校和生产劳动相结合，高等学校则从事"学术"教育。我国现在已经有职业教育和学术教育的严格区分，研究生教育又进一步发展出"学术研究生"和"专业研究生"两种教育模式。必须强调教育与生产劳动相结合是针对所有学生的，尤其是弥补"学术"教育长期缺失的"劳动"教育。

3. 紧紧围绕生产劳动开展教学活动

除了走出校门实现教育与生产劳动相结合以外，更通常可行的是把真实的生产劳动

① http://politics.people.com.cn/n/2015/0214/c1001-26567403.html.
② 邓小平.邓小平文选（第2卷）[M].北京：人民出版社，1994：107.
③ 陶行知.中国教育改造[M].北京：商务印书馆，2014：102-103.

引入课程，围绕真实的生产劳动开展教学活动。在从事生产劳动的过程中认识科学知识、理解其社会价值以及体验劳动者的生活，这样的教育既实现了教、学、做的统一，也实现了真、善、美的统一，是真正德、智、体、美、劳统一的教育。

人类基本的共同事务，集中于衣、食、住、家具以及与生产、交换和消费有联系的工具。这些东西代表生活的必需品和装饰品，这种事情接触到本能的深处；它们充满了具有社会性质的事实和原理。

学校的园艺、纺织、木工、金工、烹饪等活动，就是把上面所说的人类基本事务引用到学校课程中去。如果指责这些活动仅有谋生糊口的价值，那就失去其本意了。即使广大群众常常觉得他们所从事的工业职业不过是维持生计，是不得不忍受的灾难，这也不能归咎于职业，而只能归咎于这种职业所处的情况。当代生活中经济因素的日益重要，更有必要使教育揭示职业的科学内容和它们的社会价值。……例如园艺的教学，并不需要为了培养未来的园林工人，也不是用来作为舒适的消遣方法。园艺的作业，为了解农业和园艺在人类历史上的和在现在社会组织中所占的位置，提供了一个研究的途径。在从教育观点加以控制的环境中进行园艺的作业，可以研究有关生长的事实、土壤化学、光线、空气和水分的作用，以及有害的和有益的动物生活，等等。在初学植物学时，没有一件事不能和培养种子的生长生动地联系起来。这样的材料，不是属于称之为植物学的奇异的研究，而是属于生活的……当学生长大时，就能不受原来对园艺的直接兴趣支配，并看出为了发明目的而可以进行研究的各种有兴趣的问题……

应该指出，在人类历史上，各门科学都是从有用的社会作业发展起来的，例如，物理学就是慢慢地从应用工具和机械发展起来的……①

第三节 服务性劳动能力

公孙丑曰："《诗》曰：'不素餐兮！'君子之不耕而食，何也？"孟子曰："君子居是国也，其君用之，则安富尊荣；其子弟从之，则孝悌忠信。'不素餐兮！'孰大于是？"

——《孟子·尽心上》

公孙丑说："《诗经》说：'不能白吃饭啊！'可君子不耕种也吃饭，为什么呢？"孟子说："君子居住在一个国家，国君采用他的政见，就能获得安定富足和尊贵荣耀；

---

① 赵祥麟，王承绪.杜威教育名篇[M].北京：教育科学出版社，2014：142-143.

学生们跟随他学习，就懂得孝敬父母、尊敬兄长而且忠诚国家、遵守信用。'不能白吃饭啊！'还有什么比这贡献更大呢？"孟子的意思是服务于国家治理、社会和谐的工作也是劳动，从事国家和社会服务的人并不是"不劳而获"。

一、国家治理服务

认为国家治理不是劳动，主要原因是旧社会的统治阶级确实不可能把公共服务放在第一位，而总是把维护阶级统治放在首位。当人民看清了统治阶级的反动统治的本质之后，理所当然不认为"统治"也是劳动。

1. 正确认识国家治理工作

国家治理或管理工作最主要的是做人的工作，所以古代也把它称作"治人"或"牧人"。当时的知识分子即"士"，主要的工作就是为统治阶级出谋划策，也属于"治人"的人。"治人"被孟子称作是"劳心"，它与"治于人"者的"劳力"相对。

知识链接 ≫ ···

陈相见孟子，道许行之言曰："滕君则诚贤君也；虽然，未闻道也。贤者与民并耕而食，饔飧而治。今也滕有仓廪府库，则是厉民而以自养也，恶得贤？"

孟子曰："许子必种粟而后食乎？"

曰："然。"

"许子必织布而后衣乎？"

曰："否，许子衣褐。"

"许子冠乎？"

曰："冠。"

曰："奚冠？"

曰："冠素。"

曰："自织之与？"

曰："否，以粟易之。"

曰："许子奚为不自织？"

曰："害于耕。"

曰："许子以釜甑爨，以铁耕乎？"

曰："然。"

"自为之与？"

曰："否，以粟易之。"

"以粟易械器者，不为厉陶冶；陶冶亦以其械器易粟者，岂为厉农夫哉？且许子何不为陶冶，舍皆取诸其宫中而用之？何为纷纷然与百工交易？何许子之不惮烦？"

　　曰："百工之事固不可耕且为也。"

　　"然则治天下独可耕且为与？有大人之事，有小人之事。且一人之身，而百工之所为备，如必自为而后用之，是率天下而路也。故曰，或劳心，或劳力；劳心者治人，劳力者治于人；治于人者食人，治人者食于人；天下之通义也。"（摘自《孟子·滕文公章句上》）

　　陈相把"自食其力"理解为自己耕种粮食、自己生火做饭，君王如果做不到这条就不能算贤明。孟子用事实来驳斥他，问他崇敬的先生许行是否"必种粟而后食"，陈相给出骄傲的肯定回答。但是，当问到许行的帽子、家具、农具时，陈相都回答"以粟易之"，孟子问他为什么不自己制造？陈相回答说哪能一边耕种一边做各种各样的工匠做的事？由此孟子就引导到"然则治天下独可耕且为与？"的结论上来了。治理国家天下这事难道就可以一边耕种一边顺便做吗？治理天下国家绝对比"百工之事"更复杂，需要专门的学习才能治理得好。

知识链接 ≫∙∙∙

　　孟子见齐宣王曰："为巨室，则必使工师求大木。工师得大木。则王喜，以为能胜其任也。匠人斲而小之，则王怒，以为不胜其任矣。夫人幼而学之，壮而欲行之。王曰'姑舍女所学而从我'，则何如？今有璞玉于此，虽万镒，必使玉人雕琢之。至于治国家，则曰'姑舍女所学而从我'，则何以异于教玉人雕琢玉哉？"（摘自《孟子·滕文公章句上》）

　　孟子拜见齐宣王说："建造大房子，就必定要叫工师去寻找大木料。工师找到了大木料，大王就高兴，认为工师是称职的。木匠砍削木料，把木料砍小了，大王就发怒，认为木匠是不称职的。一个人从小学到了一种本领，长大了想运用它，大王却说：'暂且放弃你所学的本领来听我的'，那样行吗？设想现在有块璞玉在这里，虽然价值万金，也必定要叫玉人来雕琢加工。至于治理国家，却说：'暂且放弃你所学的本领来听我的'，那么，这和非要玉匠按您的意愿去雕琢玉石有什么不同呢？"治国之所以被认为不是"劳动"，就是因为君主和官员往往不是按照人民的意愿来治理国家，而是按照自己的意愿独断专行。

　　2. 全心全意为人民服务宗旨教育

　　为社会主义国家提供治理服务，首先要有全心全意为人民服务的宗旨意识，否则公共服务就会变成"争权夺利"。1941 年 11 月 6 日，毛泽东在陕甘宁边区参议会的演说中提出，"共产党是为民族、为人民谋利益的政党，它本身决无私利可图。它应该受人民的监督，而决不应该违背人民的意旨。它的党员应该站在民众之中，而决不应该站在民众之上。"[1]1942 年，毛泽东在《在延安文艺座谈会上的讲话》中借用列宁"为千千万万劳动人民服务"的话[2]，强调文艺应该为人民大众服务。1944 年 9 月 8 日，毛泽东在《为人民服务》一文中强调"我们的共产党和共产党所领导的八路军、新四军，是革命的队伍。我们这个队伍完全是为着解放人民的，是彻底地为人民的利益工作的"[3]。1945 年 4 月 24 日，毛泽东在党的七大上做《论联合政府》的政治报告指出："这个军队之所以有力量，是因为所有参加这个军队的人，都具有自觉的纪律；他们不是为着少数人的或狭隘集团的私利，而是为着广大人民群众的利益，为着全民族的利益，而结合，而战斗的。紧紧地和中国人民站在一起，全心全意地为中国人民服务，就是这个军队的唯一的宗旨。"[4] 最后，《党章》明确规定"中国共产党党员必须全心全意为人民服务，不惜牺牲个人的一切，为实现共产主义奋斗终身。中国共产党党员永远是劳动人民的普通一员。除了法律和政策规定范围内的个人利益和工作职权以外，所有共产党员都不得谋求任何私利和特权"。

习近平在《我是黄土地的儿子》中说：

对于我们共产党人来说，老百姓是我们的衣食父母，我们必须牢记"全心全意为人民服务"的宗旨，党和政府的一切方针政策都要以是否符合最广大人民群众的利益为最高标准，要时刻牢记自己是人民的公仆，时刻将人民群众的衣食、冷暖放在心上，把"人民拥护不拥护，人民赞成不赞成、人民高兴不高兴、人民答应不答应"作为想问题、干事业的出发点和落脚点，像爱自己的父母那样爱老百姓，为老百姓谋利益，带着老百姓奔好日子，绝不能高高在上，鱼肉老百姓，这是我们共产党与那些反动统治者的根本区别。封建社会的官吏还讲究"为官一任，造福一方"，我们共产党人不干点对人民有益的事情，说得过去吗？[5]

3. 全心全意为人民服务能力锻炼

2013 年 3 月 19 日，习近平在接受金砖国家媒体联合采访时说，中国有句古话："宰相必起于州部，猛将必发于卒伍。"我们现在的干部遴选机制也是一级一级的，比如，我在农村干过，担任过大队党支部书记，在县、市、省、中央都工作过。干部有了丰富的基层经历，就能更好地树立群众观点，知道国情，知道人民需要什么，在实践中不断积累各方面的经验和专业知识，增强工作能力和才干，这是做好工作的基本条件。

---

① 毛泽东 . 毛泽东选集（第 3 卷）[M]. 北京：人民出版社，1991：809.
② 毛泽东 . 毛泽东选集（第 3 卷）[M]. 北京：人民出版社，1991：854.
③ 毛泽东 . 毛泽东选集（第 3 卷）[M]. 北京：人民出版社，1991：1004.
④ 毛泽东 . 毛泽东选集（第 3 卷）[M]. 北京：人民出版社，1991：1039.
⑤ http://politics.people.com.cn/n/2015/0214/c1001-26567403.html.

引导学生面向基层就业，是培养学生全心全意为人民服务能力的良好渠道。2005年7月，中共中央办公厅、国务院办公厅下发《关于引导和鼓励高校毕业生面向基层就业的意见》。2006年2月，中央组织部、人事部、教育部等8部委下发通知，联合组织开展高校毕业生到农村基层从事支教、支农、支医和扶贫工作。2008年3月，中央组织部同教育部、财政部、人力资源和社会保障部召开选聘高校毕业生到农村任职工作座谈会。2010年4月，中央组织部下发通知，由5年内选聘10万大学生村官增长为5年内选聘20万大学生村官。随着这些文件和政策的落实，可以预见会有越来越多的优秀大学生到农村基层组织去接受锻炼，也可以预见未来中国领导人还会大量地来自中国中西部的农村基层组织。

2008年12月22日，习近平在主持召开大学生"村官"代表座谈会上的讲话中指出："农村基层是青年学生熟悉当代中国社会、了解中国基本国情的最好课堂，也是我们党培养人才、锻炼人才的重要阵地。"2014年1月28日，习近平总书记给大学生村官张广秀回信说："希望你和所有大学生村官热爱基层、扎根基层，增长见识、增长才干，促农村发展，让农民受益，让青春无悔。"2014年5月4日，习近平给河北保定学院西部支教毕业生群体代表回信说："同人民一道拼搏、同祖国一道前进，服务人民、奉献祖国，是当代中国青年的正确方向。好儿女志在四方，有志者奋斗无悔。希望越来越多的青年人以你们为榜样，到基层和人民中去建功立业，让青春之花绽放在祖国最需要的地方，在实现中国梦的伟大实践中书写别样精彩的人生。"这些朴实诚恳的话语，表达了党和国家最高领导人对当代青年大学生提出的殷切期盼。

二、企业生产建设服务能力

当前，服务业增长速度最快，在国内生产总值中所占比重及其增加值中所占比重最大，吸纳的劳动就业人口比重也最大。未来这个基本态势不会发生根本性的逆转。因此，服务性劳动能力教育，是新时代劳动教育的重点。

知识链接 >>

2020年2月28日，国家统计局发布2019年国民经济和社会发展统计公报显示，我国2019年全年国内生产总值990 865亿元，比2018年增长6.1%。其中，第一产业增加值70 467亿元，增长3.1%；第二产业增加值386 165亿元，增长5.7%；第三产业增加值534 233亿元，增长6.9%。第一产业增加值占国内生产总值比重为7.1%，第二产业增加值比重为39.0%，第三产业增加值比重为53.9%。全年批发和零售业增加值95 846亿元，比2018年增长5.7%；交通运输、仓储和邮政业增加值42 802亿元，增长7.1%；住宿和餐饮业增加值18 040亿元，增长6.3%；金融业增加值77 077亿元，增长7.2%；房地产业增加值 69 631 亿元，增长 3.0%；信息传输、软件和信息技术服务业增加值 32 690 亿元，增长 18.7%；租赁和商务服务业增加值 32 933 亿元，增长 8.7%。全年规模以上服务业企业营业收入比 2018 年增长 9.4%，营业利润增长 5.4%。[①]

1. 企业服务与国家大计

虽然中国如今已经成为世界第二大经济体，但是大而不强，很多核心技术并没掌握在我们手中。尤其是 2020 年美国对中国加强了遏制措施，我国在光刻机、芯片、大飞机发动机等高尖端技术领域，呈现出明显被"卡脖子"的困境。由此我们也看到，企业经营服务绝不仅仅是营利而已，它也关系着国民经济的命脉。大学生劳动教育要使课堂教学和技术研发服务紧密结合，唯有如此才能增强学生科技报国的能力。

2014 年 5 月 23 日习近平视察中国商飞设计研发中心时说，我们要做一个强国，就一定要把装备制造业搞上去，把大飞机搞上去，起带动作用、标志性作用。中国是最大的飞机市场，过去有人说造不如买、买不如租，这个逻辑要倒过来，就要花更多的资金来研发、制造自己的大飞机。

此外，像雄安新区建设这样的"千年大计"，也绝不是仅靠营利所能完成的，需要众多的企业职工为国家大计而艰苦奋斗。

2019 年 1 月 16 日上午，习近平在河北雄安新区规划展示中心，通过大屏幕连线京雄城际铁路雄安站建设工地现场。习近平说："现在是数九寒冬、天寒地冻，但我们的铁路建设者仍然辛勤劳动着。在此，我代表党中央，向你们并通过你们向全国所有的铁路建设者、劳动者们致以亲切的问候和良好的祝愿！"他勉励大家说，城市建设、经济发展，交通要先行，你们正在为雄安新区建设这个"千年大计"做着开路先锋的工作，功不可没。希望你们注重安全生产，保质保量，按期完成建设任务。[②]

2. 企业服务与人民生命安全

企业服务也关系着人民生命财产安全。三鹿奶粉由于没有严把质量关，就给很多婴儿和家庭带来巨大的损害。与此形成鲜明对比的是，四川航空公司的机组人员，则在驾驶舱风挡玻璃爆裂脱落、座舱释压的紧急状况下，确保了机上 119 名旅客生命安全。这充分说明，没有"全心全意为人民服务"的商业道德，没有艰苦卓绝练就的过硬本领，企业就不可能服务好自己的员工。

2018 年 9 月 30 日下午，习近平专门邀请四川航空"中国民航英雄机组"全体成员参加庆祝中华人民共和国成立 69 周年招待会。

---

① http://www.stats.gov.cn/tjsj/zxfb/202002/t20200228_1728913.html.
② http://www.xinhuanet.com/politics/2019-01/17/c_1124001385.htm.

习近平强调，平时多流汗，战时少流血，"5·14"事件的成功处置绝非偶然。处置险情时，你们所做的每一个判断、每一个决定、每一个动作都是正确的，都是严格按照程序操作的。危急关头表现出来的沉着冷静和勇敢精神，来自你们平时养成的强烈责任意识、严谨工作作风、精湛专业技能。你们不愧为民航职工队伍的优秀代表。我们要在全社会提倡学习英雄机组的英雄事迹，更要提倡学习英雄机组忠诚担当、忠于职守的政治品格和职业操守。

习近平指出，伟大出自平凡，英雄来自人民。把每一项平凡工作做好就是不平凡。新时代中国特色社会主义伟大事业需要千千万万个英雄群体、英雄人物。学习英雄事迹，弘扬英雄精神，就是要把非凡英雄精神体现在平凡工作岗位上，体现在对人民生命安全高度负责的责任意识上。飞行工作年复一年、日复一日，看似平凡，但保障每一个航班安全就是不平凡。希望你们继续努力，一个航班一个航班地盯，一个环节一个环节地抓，为实现民航强国目标、为实现中华民族伟大复兴再立新功。

习近平强调，安全是民航业的生命线，任何时候任何环节都不能麻痹大意。民航主管部门和有关地方、企业要牢固树立以人民为中心的思想，正确处理安全与发展、安全与效益的关系，始终把安全作为头等大事来抓。要加大隐患排查和整治力度，完善风险防控体系，健全监管工作机制，加强队伍作风和能力建设，切实把安全责任落实到岗位、落实到人头，确保民航安全运行平稳可控。①

3. 企业服务与人民生活便利

并不是所有的服务都像科技研发、雄安建设、航空运输那么高大上，但只要有"全心全意为人民服务"的宗旨意识，有艰苦奋斗的劳动者精神，就能造福人民。近年来我国快递行业异军突起，成为服务业大军中的"蚂蚁雄兵"。

2019年2月1日中午，习近平结束在北京市前门东区看望慰问乘车返回途中，特意走进位于前门石头胡同的快递服务点、小吃店，看望仍在工作的"快递小哥"等劳动者。习近平说，快递小哥工作很辛苦，起早贪黑、风雨无阻，越是节假日越忙碌，像勤劳的小蜜蜂，是最辛勤的劳动者，为大家生活带来了便利。②

▎三、社会公益服务

过去，我国主要由政府为人民提供各方面的服务，政府因此承担了巨大的服务成本，很多时候也难以提供优质到位的服务。今天，我们越来越清楚地认识到，社会服务需要社会成员共同承担。

---

① http：//www.gov.cn/xinwen/2018-09/30/content_5327238.htm.

② http：//tv.cctv.com/2019/12/30/VIDEwSGJbIy4HeeSbTkZsMos191230.shtml.

1. 公共服务意识教育

教育学生从事公益服务，首先要有公益之心。"王子垫问曰：'士何事？'孟子曰：'尚志。'曰：'何谓尚志？'曰：'仁义而已矣。杀一无罪非仁也，非其有而取之非义也。居恶在？仁是也；路恶在？义是也。居仁由义，大人之事备矣。'"（《孟子·尽心上》）王子垫问道："士人是做什么事的？"孟子说："使人的志行高尚。"王子垫问："使人的志行高尚指的是什么？"孟子说："仁爱和正义罢了。杀害无罪的人是不仁；不是自己的东西却去占有是不义。居心何在？在仁爱上面；行事何依？依义便是。人人心怀仁爱而行事正义，大人治国平天下的事便完备了。"仁爱心和正义感是从事公益服务的情感基础。

2. 公益服务楷模宣传

在历次重大社会公共安全事件面前，都会涌现出众多可歌可泣的感人故事和英雄人物（见图3-4），要向学生宣传这些故事和英雄，要鼓励学生亲自去了解和宣传这些故事和人物，这是培养学生公益服务意识和能力的绝好机会。

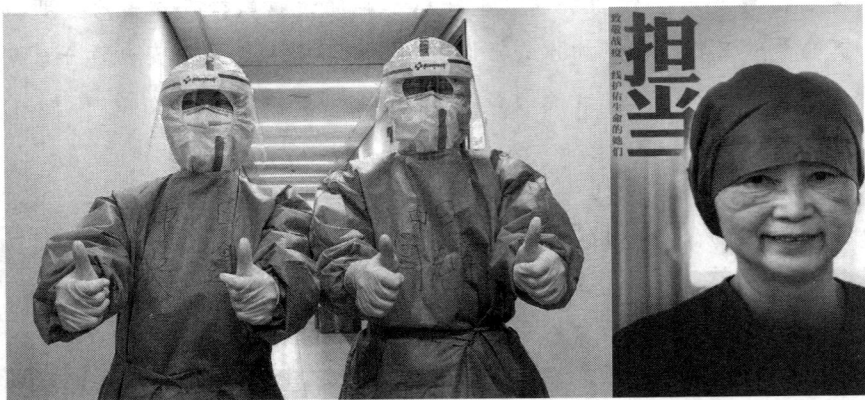

图　3-4

3. 公益服务志愿行动

公益服务最终一定要落实到行动中。公益服务的形式多种多样，应该鼓励学生选择自己情感上比较关注而且有比较好的能力储备的公益服务。对于这些公益服务应该在劳动教育课程中得到适当评价，既不能无视学生的积极努力也不能产生功利主义思想。公益服务的精神理所当然是奉贤，但是，作为一名学生，将学习和提升自己精神境界的过程纳入课程考核评估也符合科学规律。

2019年1月17日上午，在天津市和平区新兴街朝阳里社区，习近平走进社区志愿服务展馆。社区志愿者们见到总书记十分激动，纷纷讲述自己的"志愿故事"。习近平为社区志愿者们点赞，称赞他们是为社会作出贡献的前行者、引领者。习近平强调，志愿者事业要同"两个一百年"奋斗目标、同建设社会主义现代化国家同行。志愿服务是社会文明进步的重要标志，是广大志愿者奉献爱心的重要渠道。各级党委和政府要为志愿服务搭建更多平台，更好地发挥志愿服务在社会治理中的积极作用。

课后习题

一、简答题

1. 古代和现代社会对于日常生活能力的要求有哪些不同？

2. 如何全面推进教育与生产劳动相结合？

3. 如何理解服务性劳动在当代社会的重要性？

二、劳动实训

1. 可以把考取驾照、日常计算机维护、日常工作编程等技能作为校内实训环节。

2. 根据学科特点由各学院安排校外劳动实训。

第 四 章
培育积极的劳动精神

学习目标

1. 了解劳模精神、劳动精神、工匠精神的内涵和关系。
2. 理解不同时代劳动精神的要求和不同表现。
3. 树立劳动最光荣、劳动最崇高、劳动最伟大、劳动最美丽的价值观念。

在长期实践中,我们培育形成了爱岗敬业、争创一流、艰苦奋斗、勇于创新、淡泊名利、甘于奉献的劳模精神,崇尚劳动、热爱劳动、辛勤劳动、诚实劳动的劳动精神,执着专注、精益求精、一丝不苟、追求卓越的工匠精神。劳模精神、劳动精神、工匠精神是以爱国主义为核心的民族精神和以改革创新为核心的时代精神的生动体现,是鼓舞全党全国各族人民风雨无阻、勇敢前进的强大精神动力。[1]

——习近平

劳动精神是劳动和劳动认知的总和,是劳动者在劳动过程中秉持的劳动态度、劳动理念以及展现的劳动风貌。劳动精神既是对劳动本质的概括,又是对劳动本身的超越。我们要"引导广大人民群众树立辛勤劳动、诚实劳动、创造性劳动的理念,让劳动光荣、创造伟大成为铿锵的时代强音,让劳动最光荣、劳动最崇高、劳动最伟大、劳动最美丽蔚然成风"[2]。

---

[1] 习近平. 在全国劳动模范和先进工作者表彰大会上的讲话 [N]. 人民日报,2020-11-25(2).
[2] 习近平. 在庆祝"五一"国际劳动节暨表彰全国劳动模范和先进工作者大会上的讲话 [N]. 人民日报,2015-04-29(2).

第一节　弘扬劳模精神

　　长期以来,广大劳模以平凡的劳动创造了不平凡的业绩,铸就了"爱岗敬业、争创一流,艰苦奋斗、勇于创新,淡泊名利、甘于奉献"的劳模精神,丰富了民族精神和时代精神的内涵,是我们极为宝贵的精神财富。

——习近平

　　劳模是劳动模范和先进工作者的简称,是在党领导的革命、建设和改革的伟大实践中,涌现出来的一批典型代表。他们通过自己的辛勤劳动,全心全意服务于国家和人民,在创造物质财富的同时,其思想和行为也体现出了广大劳动者的共同精神品格。习近平总书记指出:"劳动模范是民族的精英、人民的楷模,是共和国的功臣。"[①] 劳模精神源自劳模的先进事迹,要通过学习劳动模范的先进事迹感受他们的崇高品质,充分发挥他们的示范带动作用。

一、劳模精神的基本内涵

　　"爱岗敬业、争创一流,艰苦奋斗、勇于创新,淡泊名利、甘于奉献"的劳模精神,蕴含着中华优秀传统文化,引领了时代的进步潮流,以鲜明的民族性和强烈的时代性生动地体现了以爱国主义为核心的民族精神和以改革创新为核心的时代精神,是新时代劳动人民的精神归宿和情感寄托。

1. 爱岗敬业、争创一流

　　"爱岗敬业"是职业道德的源头活水,是劳模精神的基本特征。从大禹治水到周公吐哺,都体现了中国人民从古至今对劳动的热爱与坚持,对工作岗位的坚守与忠诚。爱岗敬业的优秀品质是成为劳模的基础条件,当代劳模无不是践行爱岗敬业的典范。爱岗敬业要求劳动者对自己的本职工作勤勤恳恳、兢兢业业、忠于职守、尽职尽责,无论从事什么职业,身处何种岗位,都干一行爱一行,努力培养本职工作的幸福感和荣誉感。

　　"争创一流"是指当代劳模以最高的标准要求自我,在工作中不断强化自身的竞争意识,善于比、敢于拼的状态,关键在于追求先进与进步。积极的劳动者在劳动过程中达到身心和谐统一,劳动意识不断增强,个人价值不断提升,不故步自封、安于现状。劳模们攻坚克难,达到行业的高标准、高目标,同时树立对标一流、争创一流的意识,永不僵化、永不停滞,提升工作标准,创造一流业绩,从而促使我国进入世界高水平

---

① 习近平 . 在全国劳动模范和先进工作者表彰大会上的讲话 [N]. 人民日报,2020-11-25（2）.

行列。

随着工作技能的日益精进、工作成效的不断提高，劳动模范们"爱岗敬业、争创一流"的精神不断发扬，团结凝聚起全体劳动者的智慧和力量，推进中国特色社会主义伟大事业不断前进。

2. 艰苦奋斗、勇于创新

"艰苦奋斗"是通过劳动实践改造物质世界、开展生产活动的方式，是劳模自强不息精神的集中体现，也是中华民族伟大的精神财富。新中国成立之初，一穷二白、百废待兴。在物质极度匮乏的时期所依靠的正是中国人民敢闯、敢拼、敢干的精神。无数劳动者在吃苦耐劳中用自己坚强的意志、不屈的品格，以一种锲而不舍的坚定信念把活干好、把事做实。当代劳模在艰苦奋斗中磨砺意志、坚定信念，生动地诠释着劳模精神。

"勇于创新"是敢于有目的、有计划地改变现存客观事物，是对简单模仿、一味重复的常规性劳动批判性、革命性的否定。创新活动是一种更高级的实践活动，需要劳动者投入更多的时间和精力，同时创造的财富更多，带来的经济效益也更大。当今世界，创新创造能力是衡量一个国家核心竞争力强弱的关键因素。从中国天眼 FAST 的正式开放运行到"天问一号"行星探测，从神州飞天到高铁奔驰，从中国制造到中国智造，创新创造已成为中国一张亮丽的名片。勇于创新，既要求劳动者的素质得到全面发展、整体发展、和谐发展，又要求劳动者追求自由发展、个性发展、创造性发展。全面发展和自由发展并驾齐驱，才能真正提高劳动者的综合素质，释放其劳动潜能，增强其创新创造能力。这种鼎故革新、敢为人先的精神毅力体现了体力劳动和脑力劳动、简单劳动和复杂劳动的结合，是劳动者创造力的体现。

"艰苦奋斗、勇于创新"已经成为当代中国劳模精神的关键内容和核心内涵。弘扬劳模精神，激励劳动者不仅艰苦奋斗，还要勇于创新，以时代发展需求为动力，为建设创新型国家贡献力量。

3. 淡泊名利、甘于奉献

"淡泊名利"是中国传统名利观的集中体现，是劳模精神的价值引领。正确的义利观不反对人对名利富贵的追求，但强调这种追求应服从于仁义道德。正所谓"君子喻于义，小人喻于利"，一个人的能力有大小、职业有不同，但要坚持把个人梦与中国梦紧密结合，学习劳动模范安贫乐道、不求闻达的豁达态度和谨守本分、淡泊名利的精神境界。

"甘于奉献"是中华民族传统美德与中华文明绵延发展的根基，是对社会主义道德的弘扬。集体和社会是由个体组成的，集体和社会的利益是多数人的利益。劳模们自觉地把个人之小我融入社会之大我，以社会和集体的根本利益和长远利益作为自己的价值导向，默默无闻地干好本职工作，不计个人得失，不为利益所惑，在奉献中实现人生价值，在奉献中收获尊敬与爱戴。

"淡泊名利、甘于奉献"也是一种功成不必在我、功成必定有我的精神。从古代社会的上善若水、仁义礼智信，到新时代的劳模精神，无不体现着中国人淡泊名利、甘于奉献的精神。

二、学习劳模的先进事迹

劳模，时代的楷模，社会主义建设征程中的领跑者。不同的时期，国家发展建设的侧重点有所差异，劳模们的使命不尽相同，劳模精神也在时代发展中不断被赋予新的内涵。劳模身上所体现的"爱岗敬业、争创一流，艰苦奋斗、勇于创新，淡泊名利、甘于奉献"的劳模精神，始终激励着广大劳动者建功立业。一代代劳模立足平凡的岗位，为实现国家富强、民族振兴、人民幸福的中国梦作出重要贡献。他们以忘我的劳动热情和无私的奉献精神赢得了社会的尊重，激励着一代又一代人不断奋进。"全社会都应该尊敬劳动模范、弘扬劳模精神，让诚实劳动、勤勉工作蔚然成风。"[1]从革命战争时期的赵占魁，到新中国成立初期的王进喜，再到新时代的大国工匠，这些劳模们在平凡的岗位上干一行、爱一行、钻一行、精一行，以实际行动向全社会传播了劳动精神和劳动观念。

1. 新民主主义革命时期

为更好地服务战争、支援前方军事，调动军民生产、斗争的积极性，1932—1934年在中央苏区轰轰烈烈地开展了劳动竞赛活动，评比表彰先进和模范。这是中国人民取得政权后，为保卫和巩固红色政权、发展苏区生产开展的群众生产活动，为粉碎国民党反动派的军事围剿和经济封锁发挥了积极的作用。20世纪40年代中期，为了休养民力和恢复生产，激发群众的生产热情，陕甘宁边区又发起了一场声势浩大的劳动英雄和模范工作者运动，奖励并宣传了一批先进工厂、合作社及劳动英雄。1943年11月26日，陕甘宁边区第一届劳动英雄与模范生产工作者代表大会正式召开，大会表扬和奖励了185名劳动英雄。其间，毛泽东等亲切接见了与会劳模代表，劳模们受到空前的尊重。解放战争时期出现了大量的"支前劳模"和新解放城市中的"工业劳模"。这一时期的劳模主要包括生产好的劳动英雄和工作好的模范工作者，体现了"为革命献身、革命加拼命、苦干加巧干、经验加创新"的劳模精神。

> **知识链接** ≫ ••

1943年11月26日，陕甘宁边区隆重召开劳动模范表彰大会。赵占魁（见图4-1）的画像[2]与毛泽东、朱德及其他模范的画像，被一同挂在大会主席台的帷幕上。

---

[1]　习近平给中国劳动关系学院劳模本科班学员的回信 [N]. 人民日报，2018-05-01（1）.
[2]　http://news.sina.com.cn/c/2005-04-23/17585731665s.shtml.

图 4-1

赵占魁，毛泽东称之为"中国式的斯达汉诺夫"，并题词"钢铁英雄"。

一名普通的工人为何能有如此荣耀？

怀着对英雄的崇敬，我们走进那段火热的历史，用心去体味艰苦的岁月里被理想信念点燃的熊熊火炬。

农民出身的赵占魁12岁就开始受苦干活，先后在太原铜元厂提炼部、太原兵工厂、同蒲路介休车站修理厂做苦工。1938年初，同蒲铁路被日军占领，赵占魁夫妻离散，最后流亡到西安，随后辗转来到延安。

在延安，赵占魁被分配到陕甘宁边区农具厂当翻砂工、翻砂股股长。化铁是一项既艰苦又重要的工作，整个过程不能间断。特别是在夏天，头顶着炙热的太阳，身穿着厚厚的棉衣，站在2 000多度的熔炉旁，汗水不停地往下滴。别人是一面吃饭一面看炉，可赵占魁却连饭也顾不得吃，一干就是12h以上，一天下来，棉衣被汗湿透结成厚厚的白碱。

1939年春，边区开展大生产运动，抗大缺少生产工具，赵占魁马上提出自己开炉打造。于是，他立即召集工人，垒起三个炉子，仅半个月的时间，就打出了200把镢头、300把锄头。

1940年4月，赵占魁帮助别人试验弹花机时，不小心把一个指头轧坏了，轧碎了两块骨头。大家劝他休息，他却不肯，把手包上后，用另一只手继续工作。

……

"老赵是从火里炼出来的！"张铁夫和穆青采访赵占魁时，工友这样评价赵占魁。

"在边区政府，赵占魁不仅是一个劳动英雄、技术能手、节约模范，也是一个团结和学习的标兵、工人的一面旗帜。"叶晓东说，赵占魁的事迹多次被《解放日报》采访报道，"边区工人的旗帜赵占魁""赵占魁同志""赵占魁订出条件，向各工厂工友挑战"……让赵占魁成为边区家喻户晓的人物。

1949年，赵占魁出席了中国人民政治协商会议第一届全体会议；1950年，荣获"全国劳动模范"称号；历任西北军政委员会劳动部副部长，陕西省总工会副主席；第一、二届全国人大代表，第一届全国政协委员。[①]（摘自《延安日报》）

2. 社会主义革命和建设时期

新中国成立后，为恢复发展国民经济，提高操作技能和熟练程度，提升技术水平和生产能力，也开展了形式多样的劳模运动。一线工人、农民成为社会主义建设的主力军，涌现出以"铁人"王进喜等为代表的成千上万的劳模和先进生产者。该时期的劳模精神是"不畏困难、艰苦奋斗、自力更生、无私奉献、刻苦钻研、勇于创新、不怕牺牲、团结协作、爱岗敬业、多做贡献"，"一不怕苦、二不怕死"的硬骨头精神和"老黄牛"形象中蕴含着无私的、高尚的爱国之情。

知识链接 >>

王进喜，男，汉族，中共党员，1923年10月生，甘肃玉门人，曾任大庆油田1205钻井队长、钻井指挥部副指挥。他是新中国第一代钻井工人，是中国工人阶级的先锋战士、中国共产党人的优秀楷模、中华民族的英雄。20世纪60年代，率领1205钻井队"有条件要上，没有条件创造条件也要上"，人拉肩扛运钻机、破冰端水保开钻、勇跳泥浆池制井喷，以"宁肯少活二十年，拼命也要拿下大油田"的顽强意志和冲天干劲，打出了大庆石油会战第一口油井，创造了年进尺10万m的世界钻井纪录。他把短暂而光辉的一生献给了我国石油工业，他身上所体现的铁人精神，成为中华民族的宝贵精神财富。

王进喜干工作一贯积极努力，有一种争上游的精神。1958年7月，王进喜首先提出"（钻井进尺）月上千（米），年上万，玉门关上立标杆"的奋斗目标，1959年创年钻井进尺7.1万m的全国最新纪录，一年的进尺相当于旧中国42年钻井进尺的总和。同年，王进喜被评为全国劳动模范，出席了全国群英会，参加了新中国成立10周年大庆的国庆观礼。在参加群英会期间，他看见北京街头因缺油而背上煤气包行驶的汽车，从内心里感到歉疚。听说我国东北发现了大庆油田，他"恨不得一拳头砸出一口井来"，提出申请参加大庆石油会战。

1960年4月2日，从玉门发出的钻机运抵萨尔图。可当时吊车、汽车、拖拉机非常少，60多t重的钻井设备无法卸车、搬运和安装。面对重重困难，王进喜对大家说："有条件要上，没有条件创造条件也要上！""只能上，不能等；只准干，不准拖！"他带领全队把钻机化整为零，采用"人拉肩扛"的办法把钻机和设备从火车上卸下来，运到马家窑附近的萨55井安装起来。连续苦干三天三夜，王进喜没离开过车站和井场。行李放在老乡家，一次都没去睡过。房东赵大娘看见王进喜这样拼命地干，对工人们说："你

---

① 雷荣."炼火"英雄赵占魁[N].延安日报，2019-06-19（1）.

们的王队长可真是个铁人哪！"会战领导小组作出决定号召全油田职工"学习铁人王进喜，人人做铁人"。[1]（摘自中共中央宣传部"最美奋斗者"学习宣传活动）

3. 改革开放和现代化建设新时期

改革开放40多年来，我国工人阶级以高度的责任感和使命感，积极投身改革开放和社会主义现代化建设的实践中。而"知识分子成为工人阶级的一部分"的论断，进一步扩大了劳模的外延。劳动模范的内涵不断丰富，外延不断扩大，遍及经济社会发展各领域、各方面。虽然有了这些变化与发展，但劳模精神的特质更加历久弥新，劳动模范这一具有光荣历史的闪光群体，在改革开放和社会主义现代化建设进程中更加绽放出夺目的时代风采，诠释了改革创新的时代新风。这一时期的劳模精神体现了"以知识创造效益、以科技提升竞争力，实现个人价值、创造社会价值"的价值追求。1982年，"奖励劳动模范和先进工作者"被写入宪法。如今，评选劳模和定期召开全国性的劳模大会，作为一种制度被固定下来。

知识链接 ≫ ···

郭明义，1958年12月生，辽宁鞍山人，1977年参军，1980年入党，1982年复员到齐大山铁矿工作。现任鞍山钢铁集团矿山公司齐大山铁矿生产技术室采场公路管理员。先后任矿用大型生产汽车驾驶员、车间团支部书记、矿党委宣传部干事、车间统计员兼人事员、英文翻译等。

先后获部队学雷锋标兵、鞍钢劳动模范、鞍山市特等劳动模范、全国无偿献血奉献奖金奖、中央企业优秀共产党员、全国"五一劳动奖章"等荣誉和称号，是鞍山市无偿献血形象代言人。

"钢都"鞍山，向东15km，群山环抱着亚洲最大的露天铁矿——齐大山铁矿。

这里林木稀疏，遍地都是红褐色岩石。这岩石历亿年风霜雨雪、电击雷轰，铸就铁的坚硬；一经开采，千凿万击，粉身碎骨；投入熔炉，化为铁水，百炼成钢。

郭明义就像这漫山遍野的矿石，朴实、坚毅、无私，在平凡的岗位上，书写着一篇篇感天动地的人间大爱。

每天提前2h上班，15年风雨无阻；为失学儿童、受灾群众捐款12万元，16年从未间断；55次无偿献血，挽救数十人的生命，20年乐此不疲……

他不是明星大腕，却成为鞍山市希望工程形象大使、鞍山市无偿献血形象代言人；以他名字命名的"郭明义爱心团队"，吸引了5 800多名鞍钢干部职工和普通市民加入……

走近郭明义，我们一次次被震撼。人格的魅力、道德的力量，像奔涌的岩浆，从他

---

[1] http://zmfdz.news.cn/45/index.html.

胸中喷薄而出。[①]（摘自《人民日报》）

4. 中国特色社会主义新时代

新时代背景下，要建设知识型、技能型、创新型劳动者大军。侧重于知识传播的知识型人才，侧重于知识应用的技能型人才，侧重于知识创造的创新型人才，共同推动新时代中国特色社会主义事业迈上新台阶。新时代劳模精神反映的是当代中国劳模的整体精神风貌，凝聚着劳模创新创造的劳动价值。劳模辛勤劳动、诚实劳动、创造性劳动的生产生活实践是当代中国劳模精神永葆活力的重要源泉。体现着社会发展进步方向的新时代劳模精神，将持续为以改革创新为核心的时代精神注入新活力。

三、劳模精神是中国精神的生动体现

中国精神是民族精神与时代精神的统一，劳模接续民族精神的血脉和基因，在新的历史条件下谱写着新的时代精神。激励青年学生争做新时代的奋斗者，就是要充分发挥劳模精神教育感召、激励引领的功能，让实干担当在新时代蔚然成风。劳模精神昭示新时代劳动教育的价值取向，引领新时代产业工人队伍建设，凝聚起实现中国梦的磅礴伟力。

1. 劳模精神昭示新时代劳动教育的价值取向

劳动教育是教育的重要组成部分，但在当前教育实践的德智体美劳 5 个维度中，劳动教育相对薄弱。劳动教育不仅仅是劳动文化和劳动技能的学习，或是课外实践和社会实践等活动，更包括对劳动观念和劳动精神的教育和培养。弘扬劳模精神，让青年学生有机会近距离接触劳动模范、聆听劳模故事、感受劳模精神，有助于透彻了解和深入理解马克思主义劳动观，树立正确的劳动价值观，明白"实干兴邦，空谈误国"的道理。劳动模范是新时代彰显劳动精神的典型人物，他们在物质文明建设方面取得了成就，在精神文明建设方面也作出了表率。弘扬劳模精神，充分发挥劳动模范先进事迹和优秀品质的感召作用，有助于青年学生强化正确认知和价值取向，在增长才干中感受劳动的乐趣。

2. 劳模精神引领新时代产业工人队伍建设

建设现代产业体系的核心在科技、关键在人，产业工人队伍建设具有迫切性和必要性。产业工人是工人阶级中发挥支撑作用的主体力量，劳模精神的示范带动和价值引领作用能够激发产业工人的潜能，有助于全方位提升产业工人队伍的素养和技能，造就一支有理想守信念、懂技术会创新、敢担当讲奉献的产业工人队伍。可以通过新媒体多渠道、全方位宣传劳模精神，推广宣传典型劳动事迹，用身边的故事教育、感化人，进而不断强化产业工人的自豪感与荣誉感。这种兼顾物质和精神方面的双重激励制度，能够激发

---

① 龚达发，郑少忠，何勇，李波，孔祥武. 新时期的道德模范——郭明义 [N]. 人民日报，2010-09-19（1）.

产业工人的内生动力，充分促进产业工人自身价值最大化的实现，有助于推进产业工人队伍建设改革，建设知识型、技能型、创新型劳动者大军。

3. 劳模精神凝聚实现中国梦的磅礴伟力

实现中华民族伟大复兴的中国梦，离不开全国人民的共同努力，要靠各行各业劳动者的辛勤劳动，更离不开劳模精神对广大劳动者的激发和引领。弘扬劳模精神就是赞美劳模，强化劳模精神的导向引领作用。习近平强调："梦想属于每一个人，广大劳动群众要敢想敢干、敢于追梦。"[①]大力弘扬劳模精神，有助于充分调动广大劳动者的积极性、主动性和创造性。全国劳模和先进工作者中有优秀的科学家和企业家，也有优秀的工人代表，他们是实现中华民族伟大复兴中国梦的脊梁，他们身上体现的劳模精神凝聚起全体中华儿女同心共筑中国梦的磅礴力量。

第二节　传承劳动精神

要在学生中弘扬劳动精神，教育引导学生崇尚劳动、尊重劳动，懂得劳动最光荣、劳动最崇高、劳动最伟大、劳动最美丽的道理，长大后能够辛勤劳动、诚实劳动、创造性劳动。

——习近平

中华文明起源于劳动，发展于劳动。在中华民族历史的长河中，既不乏关于劳动的神话，也不缺关于劳动的故事。盘古开天辟地，女娲补天造人，孕育万事万物的世界都由劳动而来；神农亲尝百草，兴农事，种五谷，大禹治水三过家门而不入，文明的发展都镌刻着劳动的印迹。青年学生要继承发扬中华优秀劳动传统，弘扬崇尚劳动、热爱劳动、辛勤劳动、诚实劳动的劳动精神，树立劳动最光荣、劳动最崇高、劳动最伟大、劳动最美丽的价值观念。

▎一、中华优秀劳动传统

中华优秀劳动传统历经时代更迭，在传承中不断发扬。"人民创造历史，劳动开创未来。劳动是推动人类社会进步的根本力量。"[②]在几千年的历史长河中，中国人民创造了丰富灿烂的物质文明、积淀了悠远深沉的精神财富。中华民族生生不息，中国文化源远流长。培育积极的劳动精神，首先就要传承勤俭、奋斗、创新、奉献的中华优秀劳动传统。

---

① 习近平. 在知识分子、劳动模范、青年代表座谈会上的讲话 [N]. 人民日报，2016-04-30（2）.
② 习近平. 在同全国劳动模范代表座谈时的讲话 [N]. 人民日报，2013-04-29（2）.

1. 勤俭

勤俭节约是中华民族的传统美德和优良传统。《说文解字》释："勤，劳也。"也就是说，"勤"与"劳"的意思是相通的。《说文解字》释："俭，约也。"千百年的农耕文化培养了中华儿女俭朴的生活方式和道德观念。老子在《道德经》中指出："是以圣人为腹不为目，故去彼取此。"其以朴素的自然观倡导俭朴的价值标准，教育人们追求基本的生存水平，避免被过度的欲望所裹挟。"俭，德之共也；侈，恶之大也。"《政要论》中也说："历观有国有家，其得之也，莫不阶于俭约；其失之也，莫不由于奢侈。"中华民族在儒家思想的影响下形成了崇俭戒奢的民族文化，俭朴的生活方式包含着独具特色的道德规范和思想观念，并以其强大的感染力和生命力，滋养着人们的精神世界，规范和约束着人们的言行举止。历史不断地前进发展，人民的生活水平不断地提升改善，而俭朴的美德始终为人们所推崇和赞美。古人很早就意识到勤劳与俭约之间具有一种天然的联系，《荀子·天论》主张"强本而节用，则天不能贫"，强调勤劳和节俭二者缺一不可，将勤劳和节俭作为互相促进的两个方面，鼓励人们发挥主观能动性，而不是一味地安贫乐道。

2. 奋斗

在中华民族历史的长河中，中国人民开拓海疆、开垦粮田、治理江河、建设城乡，以不懈的奋斗创造美好的生活。青春是用来奋斗的，奋斗的青春才是最美的青春。当今中国取得的伟大历史成就，是一代代青年人奋斗获得的，这就需要时代青年付出更加艰苦的努力，不是在坐享其成中虚度青春，而是在不懈奋斗中创造未来。青年学生要在工作中增长才干、练就本领，用所学、所研服务人民，以创新、创造贡献国家。当今世界正面临百年未有之大变局，我国作为新兴经济体和发展中国家，要抓住当前科技和产业革命的历史窗口期，全面提升综合国力和竞争力。新时代的历史方位，对青年学生来说既是挑战又是机遇。一代人有一代人的使命，对于肩负民族复兴重任的青年人来说，奋斗是青春最亮丽的底色，每个为人民服务的行业和岗位都是施展才华、展现风采的广阔舞台。

知识链接 ≫···

袁隆平，1930年9月生，江西德安人，国家杂交水稻工程技术研究中心、湖南杂交水稻研究中心原主任，湖南省政协原副主席，中国工程院院士，第五届全国人大代表，第六～十二届全国政协委员。他不畏艰辛、执着追求、大胆创新，勇攀杂交水稻科学技术高峰，建立和完善了一整套杂交水稻理论和应用技术体系，创建了一门系统的新兴学科——杂交水稻学。

发展杂交水稻，造福世界人民，是袁隆平毕生的追求。他积极推动杂交水稻走出国门，致力于将杂交水稻技术传授并应用到世界几十个国家，帮助提高水稻单产，缓解粮食短缺问题，为人类战胜饥饿作出了中国贡献，获得了世界粮食奖。

确保中国人的饭碗牢牢端在自己手中，是袁隆平为国家担负的责任。他对杂交水稻和它背后维系的国家粮食安全怀有的赤诚初心，从过去到现在，始终未变。他荣获国家最高科学技术奖、国家科学技术进步奖特等奖和"改革先锋"等称号。在新中国成立70周年前夕，党和人民授予他"共和国勋章"，习近平总书记亲自给他颁奖。（摘自求是网）

3. 创新

劳动精神孕育于中华民族创造历史的劳动实践中，积淀于中华优秀传统文化之中，它反映了中华儿女崇尚劳动、尊重劳动的精神风貌，成为中华民族的独特精神标识和维系中华民族生存和发展的精神纽带，已然成为实现国家富强、民族振兴、人民幸福更基本、更深沉、更持久的精神力量。历史赋予新时代劳动精神承载伟大而艰巨的光荣使命，现实召唤新时代劳动精神富有开创美好未来的创造活力。创新是引领发展的第一动力。青年学生要敢于创新、善于创新，培养自己的问题意识，树立敢为人先的精神，努力使自己成为具有创新意识和创新能力的高素质人才。

4. 奉献

奉献是不计报酬的给予、不求回报的付出。奉献精神是中华民族的传统美德，范仲淹的"先天下之忧而忧，后天下之乐而乐"昭示我们要胸怀天下，林则徐的"苟利国家生死以，岂因祸福避趋之"饱含着牺牲小我、成就大我的奉献精神。奉献精神是社会责任感的集中表现，因为有人无私奉献，社会的物质财富和精神财富才会不断地增加。爱岗敬业、诚实守信、办事公道、热情服务等都是奉献社会的具体体现。时代青年要把服务人民、奉献社会作为自己的高尚人生追求，坚持甘于奉献的高尚品质，用无怨无悔的坚守和付出，在平凡的岗位上书写不平凡的人生华章，以实际行动诠释奉献精神，让甘于奉献成为青年学生的价值追求和行动自觉。

知识链接 >> ···

如果不是2018年11月采集退役军人信息时张富清拿出泛黄的"报功书"和几枚奖章，几乎没有人知道这位95岁的老人是一名特等功臣。

身披戎装，保家卫国；告别军旅，本色不改。张富清转业后居功不自傲，对自己的功绩和获得的荣誉隐瞒不宣，而是主动要求到偏远贫困地区工作，在平凡的岗位上作出了不平凡的成绩。

1924年，张富清出生在陕西省汉中市洋县。1948年3月，24岁的张富清参加西北野战军，在二纵359旅718团二营六连当战士。老人说，他来到部队后，经常不分白天黑夜地打仗，印象最深的是永丰战役。

在永丰战役中，张富清所在的六连担任突击连。那天拂晓，他和两名战友组成突击组，率先攀上永丰城墙。他第一个跳下城墙，与敌人展开激战。

"我端着冲锋枪，对着敌人一阵猛射，一下子把距离近的七八个敌人全部歼灭。"说起这段战斗经历，老人手舞足蹈，仿佛回到了当年的战场。"等我回过神来，才感觉头顶有血往下流，用手一摸，一块头皮翻了起来。这才意识到，一颗子弹刚刚擦着我的头皮飞过，头顶上永远留下了一条浅沟。"张富清老人说。

永丰战役，张富清荣获西北野战军特等功、一等功。老人回忆说，因为打仗勇猛，彭德怀到连队视察鼓劲的时候，多次接见他和突击组战士。"见面时彭司令拉着我的手讲，'你在永丰战役中表现突出，立下了大功'，还亲手给我授勋。我知道，这是党给我的荣誉。"

战斗留给张富清的，除了光荣，还有伤痕。在他看来，这些伤痕是另一种奖章。"作为一名共产党员、革命军人，入党时就宣誓要永远听党的话，党指到哪里我就坚决打到哪里。"张富清说。

后来，张富清一直跟随部队南征北战，先后两次荣获"战斗英雄"荣誉称号，除了特等功，还三次荣立一等功，一次二等功。

1955 年，张富清已是 359 旅的正连职军官，他所在的部队面临调整，要去地方支援经济建设。多次立功、身体有伤的张富清，原本可以选择回老家陕西，但得知单位鼓励大家到祖国最需要的地方去，到边疆、山区去支援祖国建设，他响应号召选择了去偏僻的鄂西山区，在来凤县一干就是一辈子。

在来凤，张富清先后就职于县粮食局、三胡区政府、卯洞公社、外贸局、县建设银行等，1985 年他在县建设银行副行长岗位上离休。几十年里，他从未向外透露自己的战斗经历。[①]
（摘自《经济日报》）

▌二、新时代劳动精神的核心内容

劳动精神的主体是劳动者，正是广大劳动者的一致行动和共同努力，才产生了劳动精神。劳动精神并不是所有劳动者的精神力量的总和或简单的机械相加，既不是简单地指每个人或所有人，也不是模糊地指绝大多数人。在长期的实践中，我们培育形成了"崇尚劳动、热爱劳动、辛勤劳动、诚实劳动的劳动精神"。[②]

1. 崇尚劳动

崇尚劳动就是要尊崇劳动、提倡劳动。劳动创造了人类，创设了社会关系，劳动是人类历史发展的前提。通过劳动创造出的物质生产生活资料，既满足了人类的生存需要，也提高了人类的生活质量，劳动是人类最美好、最崇高的存在。劳动是光荣而神圣的，

---

① 郑明桥，柳洁. 特等功臣张富清——藏功名，葆本色 [N]. 经济日报，2019-04-09（15）.
② 习近平. 在全国劳动模范和先进工作者表彰大会上的讲话 [N]. 人民日报，2020-11-25（2）.

是宪法所赋予的、不可剥夺的权利和义务。劳动既创造物质世界，也创造精神世界。劳动者们奋勇拼搏、实干担当、敬业奉献的精神风貌，激励青年学生端正劳动观念，强化劳动意识，提升劳动素养，尊重劳动者和劳动成果。青年学生要对体力劳动和脑力劳动一视同仁，树立科学的劳动理念，秉持正确的劳动态度，培育优良的劳动品德，养成良好的劳动习惯，通过劳动实现自我价值与社会价值的统一。

2. 热爱劳动

热爱劳动就是对劳动保有积极的态度和足够的热情，不拈轻怕重、趋乐避苦，甘愿为社会的发展进步奉献一切的精神状态。中华民族是热爱劳动的民族。在几千年的历史长河中，中国人兢兢业业、艰苦奋斗、自强不息，今天我们所拥有的一切都凝聚着中国人的聪明才智，浸透着中国人的辛勤汗水。站在新的历史起点上，中华民族的追梦之路更清晰，中华民族伟大复兴的中国梦更要紧紧依靠中国人的劳动热情和努力奋斗。

3. 辛勤劳动

辛勤劳动就是要埋头苦干、真抓实干，要干在实处、干出成果。劳动是财富的源泉，也是幸福的源泉。幸福不会从天降，美好生活只能靠劳动创造，全社会都要以辛勤劳动为荣、以好逸恶劳为耻。"中华民族是勤于劳动、善于创造的民族。正是因为劳动创造，我们拥有了历史的辉煌；也正是因为劳动创造，我们拥有了今天的成就。"① 在几千年的历史长河中，无论是神话传说，还是历史故事，对于劳动精神的溢美之词不胜枚举。"业精于勤荒于嬉，行成于思毁于随"，愚公移山、精卫填海的故事，反映了中国古代劳动人民改造自然的顽强毅力；"书山有路勤为径，学海无涯苦作舟"，悬梁刺股、囊萤映雪的故事，展现了中国古人勤学苦读、提升劳动本领的精神风貌。辛勤劳动本身是一种幸福，更是幸福的持久保障，没有经过辛勤劳动获得的成果如指间流沙经不起时间的考验。唯有付出过艰辛劳动的人才最能懂得什么是真正的幸福，并心安理得地享受自己创造的幸福。辛勤劳动反映勤奋敬业、埋头苦干的精神，这也是中华优秀传统文化的体现，是对劳动者的基本要求，只有辛勤劳动才能在最大程度上实现劳动者的价值。

4. 诚实劳动

诚实劳动是指在劳动的过程中脚踏实地、恪尽职守，遵守法律法规，不窃取他人的劳动成果。无论是体力劳动还是脑力劳动，按照价值判断可分为诚实劳动和欺骗劳动，按照守法与否可以分为守法型劳动和非法型劳动，这其中既有交织，也有重叠。诚实守法型劳动有益于劳动者的自身发展，也能推动社会的整体进步；欺骗非法型劳动从根本上说是一种损人不利己的行为，弄虚作假、偷工减料、抄袭剽窃等不会给个人的可持续发展和能力提升带来任何的好处，对社会发展更是有着极大的危害。然而，现实中不少人企图通过非法途径获得利益。这种欺骗非法型的劳动，得不到社会的承认和尊重，严

---

① 习近平.在庆祝"五一"国际劳动节暨表彰全国劳动模范和先进工作者大会上的讲话[N].人民日报，2015-04-29（2）.

重的还要承担相应的法律责任。在劳动过程中，必须诚实守信、脚踏实地、勤勉学习，才能有所收获。新时代大学生要尊重诚实守法劳动者的一切努力和付出，珍惜自己和他人的劳动成果，既不驰于空想，也不骛于虚声。习近平指出："人世间的美好梦想，只有通过诚实劳动才能实现；发展中的各种难题，只有通过诚实劳动才能破解；生命里的一切辉煌，只有通过诚实劳动才能铸就。"① 诚实劳动是成就梦想的基石，是发扬新时代劳动精神的底线内涵。

三、劳动精神的价值指向

2018 年 9 月 10 日，习近平在全国教育大会上发表讲话时强调："要在学生中弘扬劳动精神，教育引导学生崇尚劳动、尊重劳动，懂得劳动最光荣、劳动最崇高、劳动最伟大、劳动最美丽的道理，长大后能够辛勤劳动、诚实劳动、创造性劳动。"② "劳动最光荣、劳动最崇高、劳动最伟大、劳动最美丽"相互联系、有机统一，昭示了新时代劳动精神的价值指向，激励着青年学生积极投身劳动，以劳动共筑美好新时代。

1. 劳动最光荣

弘扬劳动精神就是要发扬勤奋刻苦的光荣传统，反对好逸恶劳的错误思想，时刻警惕不劳而获、投机取巧、贪图享乐等错误观念。唯有劳动最光荣的观念浸润人心，新时代劳动精神才能焕发凝聚功能、引领功能和激励功能。在处理个人利益和集体利益、局部利益和全局利益、眼前利益和长远利益的关系时，应采取舍己为人、无私奉献的价值导向。当人们的劳动价值得到实现、言论得到认同、行为得到效仿、需要得到满足时，由此产生的欣慰、自豪、荣耀的积极心理体验会激发劳动者以更大的热情投入社会劳动，从而创造更高的价值。新时代劳动精神激励劳动者立足于光荣岗位，不断地将精神力量转化为物质力量，以无私奉献的品格勇挑重担、再创佳绩。

2. 劳动最崇高

劳动的主体是劳动人民。人民群众是历史的创造者，全体劳动人民都是历史的见证者和参与者，是决定党和国家前途命运的根本力量。人民群众中蕴藏着无尽的智慧和力量，劳动人民是劳动精神的创造者，劳动人民对美好生活的向往与追求是推动社会历史不断前进的根本动力。劳动最崇高的价值指向，就是要始终以人民为中心，一切为了人民，一切依靠人民，发展成果为人民共享。

3. 劳动最伟大

伟大事业需要伟大精神，实现中华民族伟大复兴需要劳动精神作为支撑。功崇惟志，

① 习近平 . 在同全国劳动模范代表座谈时的讲话 [N]. 人民日报，2013-04-29（2）.

② 习近平 . 在全国教育大会上强调坚持中国特色社会主义教育发展道路，培养德智体美劳全面发展的社会主义建设者和接班人 [N]. 人民日报，2018-09-11（1）.

业广惟勤，一砖一瓦方能砌成中国特色社会主义事业大厦，一点一滴才能创造人民的美好生活。我国越发展壮大，遇到的阻力和压力就会越大，这就要求我们以一种勇立潮头、走在前列的勇气，一种冲开绝壁、夺隘而出的锐气，投身改革创新的时代潮流，在平凡岗位上勤勉工作，坚决破除一切顽瘴痼疾，通过调整生产关系激发社会的创新、创造活力。

4. 劳动最美丽

劳动是人改造世界的过程，因此劳动最能体现人的实践力量和审美精神。劳动产生的劳动成果中既有直接描绘劳动美的艺术作品，又有侧面映照着劳动美的伟大创造。新时代是充满生机和活力的时代，到处都是人民群众努力奋斗和火热劳动的场景，既有全国各族人民勠力同心建设社会主义现代化强国、不断开创历史新局面的生动笔触，也有中国共产党团结带领全国各族人民共谋国家富强、人民幸福的宏大叙述，还有鲜活生命个体争先恐后为美好生活奋力拼搏的具体聚焦。新时代劳动精神凝聚着劳动之美，蕴含在崇高的道德境界和高尚的道德情操之中，无数新时代奋斗者都在平凡的岗位上成就不平凡的人生，在劳动奉献中实现人生价值。

知识链接 ≫···

劳模精神、劳动精神和工匠精神的关系

党的十九大报告中指出："建设知识型、技能型、创新型劳动者大军，弘扬劳模精神和工匠精神，营造劳动光荣的社会风尚和精益求精的敬业风气。"[1] 劳模精神的主体是为社会作出突出贡献的劳动模范群体，劳动精神的主体是广大的普通劳动者群体，工匠精神的主体是面向拥有专业特长和一技之能的产业工人。

劳动精神是劳模精神与工匠精神的基础。劳动精神致力于激发广大劳动者辛勤劳动、诚实劳动、创造性劳动，并让劳动者成为最受尊敬的人。劳模精神和劳动精神表现为部分和整体的联系，劳动精神和工匠精神表现为共性和个性的关系。劳动精神是作为一名合格的劳动者应该具备的精神，是所有劳动者的一种共性表达。劳模精神是以劳动模范为主体的群体对劳动精神的集中展现，工匠精神则揭示了锐意进取、精益求精的劳动者个性，这种个性是劳动者的核心竞争力，是成就杰出劳动者的根源。

劳模精神具有示范引领的榜样作用，从外部影响和引领每一位劳动者比先进、超先进、从平凡走向不平凡，是超越别人的精神。工匠精神则是从内部唤醒和激励每一位劳动者不断自我挑战、自我超越，成为最好的内力，是超越自己的精神。

---

[1] 习近平. 决胜全面建成小康社会，夺取新时代中国特色社会主义伟大胜利——在中国共产党第十九次全国代表大会上的报告 [M]. 北京：人民出版社，2017：31.

第三节 铸造工匠精神

广大劳动群众要立足本职岗位诚实劳动。无论从事什么劳动，都要干一行、爱一行、钻一行。在工厂车间，就要弘扬"工匠精神"，精心打磨每一个零部件，生产优质的产品。在田间地头，就要精心耕作，努力赢得丰收。在商场店铺，就要笑迎天下客，童叟无欺，提供优质的服务。只要踏实劳动、勤勉劳动，在平凡岗位上也能干出不平凡的业绩。

——习近平

我国自古就有尊崇工匠精神的优良传统，千百年来上承下传，影响了中国社会的各个领域。工匠们在实践的过程中，对技术和产品进行不断的创新，中国的瓷器、丝绸、玉器、青铜器、漆器等产品享誉世界。新时代背景下，职业的分类越来越多，岗位的分工越来越细，匠人们身上执着专注、精益求精、一丝不苟、追求卓越的精神品质更需要我们时刻铭记，值得我们永世流传。铸造工匠精神，要从中外工匠精神中汲取有益的养分，丰富工匠精神的崭新意蕴，以工匠精神助力中国发展。

一、中外工匠精神

从词汇学的角度来看，"工匠"是由"工"和"匠"两部分组合而成的名词。《说文·工部》中写道："工，巧饰也。象人有规矩也。与巫同意。凡工之属皆从工。"从这里我们可以提炼出"工"的两层含义：一方面，强调了"工"从事活动所具有的性质是"巧"和"饰"；另一方面，还要做到"象人有规矩"，要有一定程度的技术水平。也就是说，"工"是审美意识与技术水准的结合，既要彰显技艺水平，也要提升审美情趣。"匠，木工也。"随着历史的进步，其本义逐步演化为技术精湛、造诣高深。最早的工匠其实指的就是手工业者，随着中国古代社会体制的日益完善，逐步演变成以器物工具研究、发明、改良为主要职能，同时兼顾从事多种行业劳作的共同体。工匠精神作为中华优秀传统文化的重要体现，是一种优秀的品质和精神，铸造工匠精神既要传承和弘扬中国传统工匠精神，又要吸收借鉴国外有益先进的经验，让工匠精神放射出夺目的时代光芒。

1. 中国传统工匠精神

中国古代工匠们用自己对职业的敬畏和对作品的专注，留给后人一笔宝贵的文化遗产。"良田千顷，不如薄艺在身"，古人对技艺的尊崇由此可见。兼容并包的儒家思想、道技合一的道家思想和崇尚技艺的墨家思想，正是中国传统工匠精神的生动体现。

（1）兼容并包的儒家思想。在中国，儒家思想长期居正统地位。儒家思想主张"学而优则仕"，培养的是"志于道、据于德、依于仁、游于艺"的君子。君子不仅要精于治国安邦之道，而且要有高尚的道德品质。"君子喻于义，小人喻于利"的义利观，引导我们要以社会为本位、以社会利益为先、以个人利益为后，树立见义思利、以义取利的价值观。"博学之、审问之、慎思之、明辨之、笃行之"的学习过程，体现了在学习生活中勤奋刻苦、锲而不舍、吃苦耐劳、积极进取、精益求精的态度。"居处恭、执事敬、与人忠"的仁爱观，体现了关爱他人、乐于助人、爱物惜物、无私奉献的博爱精神。然而，儒家主张"君子不器""劳心者治人，劳力者治于人"。这种思想虽然体现了重道义、轻技艺的观点，但对技术也有一定程度的兼容性。"工欲善其事，必先利其器"，体现了孔子对劳动工具重要性的基本认识；"离娄之明、公输子之巧，不以规矩，不能成方圆"，彰显了孟子关于技术规范重要性的认识；"设规矩、陈绳墨、便备用，君子不如工人"，表达了荀子对于匠人的肯定、尊重以及对技术活动社会价值的认可。儒家对德艺双修、切磋琢磨、精益求精的工匠精神持肯定态度，儒家的伦理道德与工匠精神互相融通。

（2）道技合一的道家思想。"道"是道家哲学文化的最高范畴。道家思想围绕着"道法自然"的原则，突出了其科学精神、人文精神和技术含蕴。道家主张"无为而无不为""以辅万物之自然而不敢为"。虽然主张人应该按照万物自身的运动变化规律而行动，但是对人的能动的主体地位也是持肯定态度的。也就是说，既要尊重事物的客观规律，又要利用自然规律来发挥人的主观能动性，做到将发挥人的主观能动性与把握事物的客观规律性相统一。道家遵道循理的科学精神，为人们进行科学探索提供了理性指南。道家主张"常德乃足，复归于朴"，意指要常德知足、淡泊名利、宠辱不惊、少私寡欲。这种伦理情怀，体现了其倡导的道德文化，为现代社会协调人文与自然、道德与知识的关系带来一定的启示。同时，道家主张"道艺合一"，"技"是为了达到"道"这一根本目的的手段和条件，庄子笔下不乏对"庖丁解牛""运斤成风"等高超技艺的描写，而这些能工巧匠正是希望通过纯熟的技艺、完美的作品来领悟"道"的真谛，达到"道"的境界。

（3）崇尚技艺的墨家思想。墨子的教育目标是培养"必兴天下之利，除天下之害"的爱国为民的"兼士"，其目的是把"农与工肆之人"培养成掌握实用技术的"兼士"。达到"兼士"的三条标准为"厚乎德行""辩乎言谈""博乎道术"，可见墨子特别注重人格意志、道德品质、职业精神的锻炼。在教学中，墨子的教学内容不同于儒家以"六艺"为主，而是以实用的科技知识、技术工艺为主；在实践中，墨子的思想不同于儒家"述而不作"的保守态度，而是主张"述而又作"的积极创造精神。对于工匠制作器物的标准，墨子主张节用、利人，即不但要节约花费，而且要有实用性。墨子所提倡的爱国为民、精于技艺、敬业奉献、创新精神等，正是我国古代工匠精神的价值体现。

知识链接 ▶ ··

庖丁解牛

庖丁为文惠君解牛，手之所触，肩之所倚，足之所履，膝之所踦，砉然向然，奏刀騞然，莫不中音。合于桑林之舞，乃中经首之会。

文惠君曰："嘻，善哉！技盖至此乎？"

庖丁释刀对曰："臣之所好者道也，进乎技矣。始臣之解牛之时，所见无非牛者。三年之后，未尝见全牛也。方今之时，臣以神遇而不以目视，官知止而神欲行。依乎天理，批大郤，导大窾，因其固然。技经肯綮之未尝，而况大軱乎！良庖岁更刀，割也；族庖月更刀，折也。今臣之刀十九年矣，所解数千牛矣，而刀刃若新发于硎。彼节者有间，而刀刃者无厚；以无厚入有间，恢恢乎其于游刃必有余地矣，是以十九年而刀刃若新发于硎。虽然，每至于族，吾见其难为，怵然为戒，视为止，行为迟。动刀甚微，謋然已解，如土委地。提刀而立，为之四顾，为之踌躇满志，善刀而藏之。"

文惠君曰："善哉，吾闻庖丁之言，得养生焉。"（摘自《庄子·养生主》）

---

2. 国外的工匠精神

在西方，工匠本义源自拉丁语中被称作为"ars"的体力劳动，后来随着社会的发展，劳动形式逐渐丰富并演变成"技艺、技能、技巧"（art）的意思。国外的工匠们通过不断雕琢产品、改善工艺，打造本行业最优质的的卓越产品。其中，瑞士钟表、德国机械、日本匠人等都体现了工匠精神。

（1）瑞士钟表。瑞士的顶级钟表都是由工匠们逐个零件精心打磨而成，在钟表工匠的眼里，唯有对于制造的一丝不苟、对于质量的精益求精、对于完美的孜孜追求。钟表工匠对于每一个零件、每一道工序、每一个钟表都是细心雕琢，透过动人的细节可以看到工匠的用心。同时，瑞士的工匠精神还体现在精益求精基础上的开拓创新。开拓创新与坚定执着并不矛盾，也不冲突。对于瑞士钟表工匠而言，只有更好，没有最好。为了追求极致，工匠们专业、专心、专注地雕琢产品、改善工艺。经年不变的习惯最终促成了他们专心雕琢、用心打造的态度，这就是瑞士钟表工匠的工匠精神。

（2）德国机械。德国人对品质的坚持和做事的严谨，使得他们将质量置于利益之上，为了一个细节拼尽全力。在德国社会生产链的各个环节都渗透着工匠精神，国家制定行业标准展现了对工匠精神的崇拜意识，企业建立行业协会体现对质量坚守的责任意识，学校实行"双元制"教育体系强化行业规范意识，家族传承的文化体系显示了对品质不懈追求的进取意识。可以说，德国制造在每件产品、每道工序中都能体现出工匠精神。德国工匠的自律、认真、谨慎的行事作风贯穿在生产生活的始终，他们不断进取，做事不求做大只求做精，勤于思考并善于解决问题。

（3）日本匠人。日本匠人对自己的职业有着强烈的责任感和敬畏心，对匠人和匠艺的尊敬是日本社会的价值共识。日本匠人信奉职业操守，崇尚职业精神，日本的百年老店和传统产业至今依然经久不衰。日本匠人的敬业精神，使得他们兢兢业业，十年如一日地坚守在自己的岗位上，在某一领域具有丰富的经验和娴熟的技术水平。对职业和技术的敬畏之心也表现为视职业如生命，对技艺的打磨有着极为苛刻的要求。

知识链接 ≫●●

第 46 届世界技能大赛将于 2021 年在中国上海举办。2019 年 8 月 26 日晚，第 46 届世赛组委会揭晓了第 46 届世赛的吉祥物、主题口号。经过向全社会公开征集，第 46 届世赛吉祥物确定为一组一男一女卡通图案，男孩叫"能能"，女孩叫"巧巧"（见图 4-2），寓意"能工巧匠"。吉祥物整体造型是上海地标建筑——东方明珠，他

2021年上海世界技能大赛吉祥物

图　4-2

们身着工装服，戴着防护镜和工作手套，手上托着代表传统工匠精神的鲁班锁，竖起大拇指，敞开双臂，意味着欢迎全球技能健儿来到上海同台竞技，合作交流。第 46 届世赛主题口号为"一技之长，能动天下（Master skills, Change the world）"。这一主题口号寓意着技能是推动人类文明发展的原动力，是全球共同的财富；掌握技能，改变世界、引领未来、造福人类。[①]（摘自《中国青年报》）

二、工匠精神的崭新意蕴

"技可进乎道，艺可通乎神。"工匠精神是指匠人在制造产品时追求高品质、一丝不苟的作风，是从业人员的价值取向与行为表现。既是一种职业操守，又是一种文化传承，是劳模精神、劳动精神的集中体现和升华。在长期的实践中，我们培育形成了"执着专注、精益求精、一丝不苟、追求卓越的工匠精神"[②]。

1.执着专注

执着专注是工匠的做事态度和行为习惯，这种优良品质既是一种锲而不舍的追求，又是一种淡泊宁静的心境。在工作中耐心、静心、专注可以最大程度地发挥个人的潜力。一个人的能力有限，将有限的精力专注到一个领域，每天做好一件事，干一行、爱一行、钻一行，日积月累才能成就伟业。对工匠而言，执着专注指的就是不心浮气躁，对自己

---

① 第 46 届世界技能大赛吉祥物揭晓 [N]. 中国青年报，2019-08-28（3）.
② 习近平 . 在全国劳动模范和先进工作者表彰大会上的讲话 [N]. 人民日报，2020-11-25（2）.

的工作耐心、执着和坚持，把执着融入血脉，将专注刻入使命，在每一个平凡的岗位上建功立业。工匠精神是职业道德的重要价值标尺，也是人才培养的衡量评价指标，要以工匠精神引领新时代青年形成新认识、达成新共识、实现新目标。

2. 精益求精

精益求精强调产品的工艺要追求极致、反复雕琢，不能止步于眼前的成果。这意味着劳动者以一颗上进之心追求更高层级的技艺，凝神聚力、精雕细琢地打造有生命、有灵魂的产品。中国古代工匠传承下来的专业精神，同样适用于现代生产生活实践。尤其在追求更高标准的进程中，精益求精的专业精神得以淋漓尽致地展示。只有把这种精工细作的精神融入每一个环节中，有甘于寂寞、静心钻研的精神，才能制造出打动人心的一流产品。精益求精也体现在工匠以近乎严苛的标准严格要求自己，注重产品的细节，将产品的每道工序，甚至某个细小的零件都尽可能地做到极致，在关键技术和产品上不断强化创新引领，以精湛的工艺和优良的品质保持市场优势。

3. 一丝不苟

一丝不苟体现为工匠敬业担当、集中精神、心无杂念、钻研技能的职业精神。工匠们对质量持有精准态度，坚持精准原则，对自己所从事的工作及岗位认真负责、严谨细致、注重细节、心无旁骛，不允许自己有一分一厘的偏差、一分一秒的疏忽、一丝一毫的失误，不断地追求完美。

4. 追求卓越

追求卓越就是要积极进取、超越自我、千锤百炼、追求极致，不断提高自己的职业素养。工匠精神，是敬业态度、严谨作风、担当精神与卓越品质的综合涵养和素质积淀。工匠们在工作中废寝忘食地付出，其认真尽职、出色表现不仅能提高自身实力，更在为社会提供更好的产品或服务后获得社会认可。追求卓越就是要对自己的岗位、职业与行业产生极度的敬畏与热爱，用心去对待，用心去聆听，全身心地投入，尽职尽责地参与。不能因循守旧，要结合社会的需求不断探索，勇于打破旧式的规则，跳出固有的思维框架发现问题，在追求极致中挑战技术难题，设法寻求解决之道。

▌三、以工匠精神助力中国发展

当今世界，新一轮科技革命和产业变革风起云涌，新技术、新模式、新业态层出不穷。在新的时代背景和发展任务面前，铸造工匠精神，就是要发扬无私奉献的职业情操、求真务实的实干精神、精益求精的极致追求，以工匠精神促进素质教育、提升产业水平、引领创新发展，为制造大国转向制造强国提供有力的支撑。

1. 以工匠精神促进素质教育

素质教育的核心就是要培养既有知识能力，又有优秀品质的复合型人才。工匠精神既是一种技能，更是一种品质，是劳动者职业理念、职业态度和职业能力的内化和提升。弘扬工匠精神，以工匠们所具有的坚韧不拔的品质、追求卓越的恒心、钻研创新的执着，激发青年学生的劳动热情，引导青年学生立足勤奋学习、立志劳动创造，进而全面提高国民素质。只有高度重视和大力发展素质教育，为国家发展和民族振兴奠定坚实的人才基础，才能在激烈的国际竞争中立于不败之地。弘扬工匠精神，培养青年学生的创新精神和实践能力，使其接触自然、了解社会，从而启迪心智、孕育潜力、培养能力、促进发展，通过辛勤劳动、诚实劳动、创造性劳动来实现人生的梦想。

2. 以工匠精神提升产业水平

工匠精神是企业创新发展的重要引擎，有利于促进产业升级转型，提升中国制造的品质和品位。工匠精神体现在对生产环节和生产工艺秉持精雕细琢、精益求精的生产经营理念，而工匠精神缺失的企业往往追求短期利益、忽视产品品质。中国发展要"加快建设制造强国，加快发展先进制造业""支持传统产业优化升级，加快发展现代服务业""促进我国产业迈向全球价值链中高端，培育若干世界级先进制造业集群"。[①] 以工匠精神助力培养追求完美的优秀人才，才能以极致的产品和服务赢得国内外市场。

3. 以工匠精神引领创新发展

创新是引领发展的第一动力。抓创新就是抓发展，谋创新就是谋未来。中国向制造强国转变的进程中，要大力弘扬工匠精神，依靠创新转换发展动力。对于国家而言，创新是引领高质量发展的核心驱动力，同样也是支撑经济体系发展的不竭动力；对于企业而言，创新是增强产品竞争力，推进企业做大做强的重要力量；对于个人而言，创新是植根于实践中持续创造、超越自我，进而实现自我价值和社会价值的内在驱动力。此外，创新也是我国制造业发展的内在需求，有助于提高中国制造的核心竞争力，推动我国制造业转型升级，打破低端制造、淘汰落后产能，最终实现增品种、提质量、创品牌的目标。

知识链接 ≫

徐立平（见图 4-3[②]），来自航天四院的一名普通工人，陕西省全国人大代表。他从事的是固体发动机的药面整形、修补的工作，被形象地称为雕刻火药的大国工匠。而正是这样的一项极度危险的工作，徐立平已经干了整整 32 个年头。"他的工作有些神秘，甚至长时间隐藏在大众的视线之外，他从事的是火箭导弹发动机的药面整形工作，就是用刀具将发动机内装填好的火炸药整形至设计要求的型面，因此被大家称为'火药雕刻师'，这份工作有多险？一位航天技术专家曾形象地解释说：将一个钢珠顺着药面滚，敏感的高能火炸药就可能被引燃，且燃烧温度高达上千摄氏度！就是这样一个岗位，徐

① 习近平.决胜全面建成小康社会，夺取新时代中国特色社会主义伟大胜利——在中国共产党第十九次全国代表大会上的报告 [M]. 北京：人民出版社，2017：30.
② http://photo.china.com.cn/2019-03/12/content_74560271.htm.

立平一干就是近三十年！"

"咱这个岗位看着简单，其实对产品质量影响大着呢！而且危险性极大，一旦刀具和壳体碰撞产生火花引起爆炸，逃也逃不了。所以，在这干，就一定要弄好手里这把刀。功夫不过硬，甚至可能葬送自己的性命！"这是徐立平的第一位师傅王广仁对他说的第一句话，这句话让徐立平立志一定要练好刀工。在这方面，徐立平给自己立下严苛的目标：工艺要求药面整形允许误差 0.5mm，而他自己的标准是 0.2mm。

图 4-3

在练习的过程中，30 多把刀具被徐立平硬生生地练坏了，这也让徐立平觉得刀具是雕刻师的利器。工欲善其事，必先利其器。于是，徐立平把练刀工过程中的感悟用于刀具革新。多年来，他们设计、制作和改进了 30 余种刀具，申请了 20 种国家专利，一种被工厂以他的名字命名为"立平刀"。

徐立平先后被评为和授予航天固体动力事业 50 年"十大感动人物""三秦楷模"、中华技能大奖、全国五一劳动奖章、2015 年"感动中国"人物、2017 年"时代楷模"称号等荣誉。2018 年 1 月，徐立平当选为第十三届全国人大代表。[①]（摘自中国网）

课后习题

一、简答题

1. 劳模精神的基本内涵是什么？
2. 新时代劳动精神的核心内容是什么？
3. 如何理解工匠精神的崭新意蕴？

二、劳动实训

1. 组织一次劳模宣讲报告会，聆听劳模宣讲、感受劳模精神。
2. 组织参观企业，到生产一线体会工匠精神。

---

① http://photo.china.com.cn/2019-03/12/content_74560271.htm.

第 五 章
养成良好的劳动习惯和品质

学习目标

1. 了解勤工助学、实习实训、社会实践的基本内涵及类型。
2. 理解大学生勤工助学的发展情况和大学生社会实践的发展历程。
3. 掌握在勤工助学、实习实训、社会实践中养成的良好劳动习惯和品质。

第一节　在勤工助学中养成良好的劳动习惯和品质

一个健康向上的民族，就应该鼓励劳动、鼓励就业、鼓励靠自己的努力养活家庭，服务社会，贡献国家。

——习近平

　　勤工助学由来已久，它在我国教育史上有着光辉的一页。习近平总书记指出："'人生在勤，勤则不匮。'幸福不会从天降，美好生活靠劳动创造。"开展大学生勤工助学活动，对于引导大学生勤恳劳动、担当责任，促进大学生养成勤俭节约、吃苦耐劳、自信自强的劳动习惯和品质，具有重要的现实意义。

▍一、大学生勤工助学的基本内涵及主要类型

　　大学生勤工助学是指大学生在学校的组织下利用课余时间，通过劳动取得合法报酬，用于改善学习和生活条件的实践活动。开展大学生勤工助学活动，不仅有利于培养大学生的劳动观念、自主意识和吃苦耐劳的习惯和品质，还有利于帮助大学生加强经济自立，

锻炼独立生活的本领。

　　大学生勤工助学的类型多种多样。首先，按照工作时间不同，可以分为固定岗位型勤工助学和临时岗位型勤工助学。固定岗位型勤工助学的工作时间往往比较长，持续一个学期及以上，或者是连续性的寒暑假时间；临时岗位型勤工助学的工作时间不具长期性，大学生通过一次或者几次勤工助学即可完成工作岗位任务。其次，按照工作性质进行划分，可以分为专业型勤工助学、管理型勤工助学和服务型勤工助学。专业型勤工助学是大学生利用课余时间进行有偿的技术开发、工程设计、调查研究、资料整理、文献翻译等与大学生自身专业有关的勤工助学；管理型勤工助学表现为大学生利用课余时间参加校内外的有偿管理工作，如担任图书馆、实验室的管理员，担任校内教学助理、科研助理、行政管理助理等；服务型勤工助学主要表现为大学生利用课余时间有偿担任家庭教师等服务性工作。此外，按照工作地点进行划分，还可以分为校内勤工助学和校外勤工助学。

知识链接 ≫ ....

　　勤工助学的历史，在我国可追溯到 20 世纪初近代史上著名的留洋勤工俭学运动。19 世纪末，洋务派为"洋为中用"的需要，向国外派遣留学生，到 20 世纪初出国留学已有较大发展。在官派留学的同时，也有一批青年自费出国留学，其中尤以自费留日为多。当时自费留学，若按官费标准，一个留日学生年需大洋 1 000 多元，而去欧美国家留学则年需大洋数千元，这显然不是一般家庭所能承受的，因此，在自费留学生中出现倡导"俭学"之风。一个留日俭学生一年只需大洋 100 多元，赴法俭学生仅需大洋 600 元。

　　此后到北洋政府时期，由于当局推行反动的教育政策，对留学生"择不合己意者，裁其公费……留学欧美日本之学生被撤者数百"。正是在公费无路、自费不易的情况下，"有志之士，不为是屈，则毅然自助"。1914 年在留美学生中首先出现工读会性质的组织，其宗旨是：以半工半读为助成学业之方法，以节省费用为推动留学之方法；希望这种"勤苦力学之风"遍播于海内外，以养成为社会服务之人才。在蔡元培、吴玉章等人的支持下，勤工俭学运动在留法学生中掀起高潮。蔡元培先生从"教育救国论"出发，将工学运动和平民教育作为改革社会的重要手段。他十分赞扬一边读书、一边做工的"工学互助"活动，认为它可以使人的个性得到全面和谐的发展。留法的勤工俭学，既有学生一面学习、一面做工，也有工人一面做工、一面学习，这就是华工的"以工兼学"和学生的"勤工"以"俭学"。

　　在组织青年出国勤工俭学的团体中，毛泽东等人创办的新民学会起了非常重要的作用。1919—1920 年，勤工俭学运动处于最高潮，各省留法勤工俭学学生达 1 600 人左右。1921 年由于中、法政府的迫害和压制，勤工俭学运动转入低潮，逐渐消失。

留洋勤工俭学运动是我国近代革命史和教育史上的重要事件。它不仅为我们党和国家培养了一批无产阶级革命家、政治家和科学家，而且其中所体现的民主与科学的思想，主张人民大众的教育、劳心与劳力结合、教育与生产劳动结合等，对"五四"以后的新教育运动和革命战争时期解放区的教育实践有着深刻的影响，是我国新民主主义教育的重要思想来源。①

二、大学生勤工助学的发展情况

学习和了解我国大学生勤工助学的发展情况，对当代大学生积极参与勤工助学活动，养成良好的劳动习惯和品质，具有重要的启发价值。

新中国成立以来，大学生勤工助学的发展，经历了以下几个阶段。

（一）初步发展阶段（新中国成立初期—20 世纪 60 年代中期）

这一时期的勤工俭学，主要形式是参加社会主义劳动。1958 年，共青团中央在《关于在中学生中提倡勤工俭学的决定》中第一次明确指出，勤工俭学是具体实现知识分子和工农相结合、脑力劳动和体力劳动相结合的一个重要途径。随后，教育部发出通知对共青团中央这一决定予以大力支持。其后，第四次全国教育行政会议进一步肯定了勤工俭学的意义和作用。② 9 月，毛泽东同志在视察武汉大学时强调，"学生自觉地要求实行半工半读，这是好事情，是学校大办工厂的必然趋势，对这种要求可以批准，并应给他们以积极的支持和鼓励"。之后，勤工俭学的教育改革尝试在全国范围内兴起，出现过"半工半读""两条腿走路"的办学模式，推广过"燎原计划""农科教结合"等改革经验，③在当时的人才培养中发挥了积极作用。

后来，受"文化大革命"的影响，高校教学遭受严重冲击，理论教学与劳动实践相结合的原则遭到破坏，半工半读未能坚持下去。

（二）恢复发展阶段（20 世纪 70 年代末—80 年代末）

这一时期的勤工助学，以"劳务型"和部分"智力输出型"为主。20 世纪 80 年代初，复旦大学首先提出将"勤工俭学"改为"勤工助学"，拓展了勤工助学的内涵，使这一活动与专业学习、自身能力素质提高和个人的全面发展紧密结合起来。

1984 年，随着城市经济体制改革的全面展开，大学校园出现第一次"勤工助学"热潮。

---

① 刘时方，陆伟家，周翠林. 高校勤工助学的历史回顾和启示 [J]. 南通工学院学报，1988（4）：59.
② 陈俊乐，熊英，陈赟. 高校勤工助学工作的历史回顾与发展趋势 [J]. 高教论坛，2013（1）：36.
③ 刘时方，陆伟家，周翠林. 高校勤工助学的历史回顾和启示 [J]. 南通工学院学报，1988（4）：60.

这一热潮主要集中在北京、天津、上海等地高校，内容多为打工、有偿修理服务、家教等。1987—1988 年，当改革进一步推进后，高校出现第二次"勤工助学"热潮。这次"勤工助学"风靡全国，各种各样的商店、修理部、家庭教师介绍所、大学生社会沙龙、大学生开发公司等经济实体纷纷成立，众多大学生竞相参与。然而，此时经济领域出现一些混乱现象，也同样在校园"经商热"中体现出来，部分大学生由"勤工助学"发展到"勤商助学"，甚至出现"弃学勤商"的现象，大学生"勤工助学"一度陷入误区。为此，一场"经商 = 勤工俭学？"的争辩在高校中展开，师生们一度困惑，规范勤工助学势在必行。[①]1988 年 9 月，国家教委发布《关于加强对高校学生勤工俭学活动管理的几点意见》指出："高等学校学生的主要任务是努力学习，成为有理想、有道德、有文化、有纪律的专门人才。为了促进学生德智体全面发展，增长才干，以及引导学生通过自己的劳动取得一定的报酬用以改善学习和生活条件，应当提倡和支持学生在课余开展勤工俭学活动。学生勤工俭学的主要内容是开展与专业学习相结合的科学技术文化服务，也要提倡有利于培养劳动观点和自立精神的劳务服务。对于经济特殊困难的学生，要提供参加勤工俭学的机会。""学生勤工俭学要遵守国家法律和工商管理法规、学校规章制度；不得影响学校教学、科研、生产、生活的正常秩序和校园校容管理；也不能影响自身的学习。要制止未经学校登记批准的商业性服务活动；禁止走私贩私和投机倒把；禁止倒买倒卖国家计划供应商品和紧俏商品；禁止出售或出租非法印刷品和淫秽书刊；禁止举办营利性的舞会。""各学校要加强对学生勤工俭学的管理。要教育和帮助学生树立正确的社会主义商品经济观念，遵纪守法，讲究职业道德，艰苦奋斗。对于违法乱纪行为，要分别由工商管理、司法部门和学校依照法律和校规严肃处理。"据此，各高校制定并完善了有关规定，对勤工助学的目的、内涵、范围和时间等作了明确要求，制定了计酬办法和标准。

知识链接 »»···

在 20 世纪 80 年代的这 10 年发展中，具有标志意义的是 20 世纪 80 年代初由复旦大学首先提出将"勤工俭学"改为"勤工助学"，一字之差却意味深远。"勤工俭学"，致力于劳工以俭省学费；"勤工助学"，致力于自立成才，将所从事的活动与专业学习、能力培养、自身素质提高及个人的全面发展紧密结合起来。当时深圳大学组织的一项民意测验显示：勤工助学目的——为了自立的占 83.9%，树立劳动观念的占 6.9%，加强工作责任心的占 3.6%，而提高生活水平的仅占 4.3%。这说明当代大学生勤工助学的目的，已在某种程度上超越经济上的利益，指向自立能力、社会适应能力、劳动能力等"全方位能力"的培养。"学"的内涵和外延都比过去丰富，有所拓展。[②]

① 章华明，杜义美，印忠．勤工助学的历史发展和现状初探 [J]．上海水产大学学报，1997（1）：80.
② 刘时方，陆伟家，周翠林．高校勤工助学的历史回顾和启示 [J]．南通工学院学报，1988（4）：60.

（三）规范发展阶段（20 世纪 90 年代）

这一时期的大学生勤工助学，逐渐规范化、制度化。1990 年，国家教育委员会在《普通高等学校学生管理规定》中，对大学生勤工助学的内容、形式等作了限定。1993 年，国家教委和财政部联合下发《关于进一步做好高等学校勤工助学工作意见的通知》，要求学校把勤工助学工作列为一项主要日常工作和深化高校改革的一项重要内容予以高度重视，并采取切实措施，积极加以组织领导；指出勤工助学不仅仅局限于家庭经济特别困难的学生，还包括其他学生，以体现国家和学校对这部分学生的关心和照顾。1994 年，国家教委、财政部下发《关于在普通高等学校设立勤工助学基金的通知》，就设立勤工助学基金的目的、主要来源、经费使用等问题进行了说明。此后，从中央到地方，政府多次调拨专款充实基金，使大学生勤工助学有了既稳定又可靠的经费保障，从而有力地促进了大学生勤工助学活动的顺利开展。1997 年，国家教委办公厅发布《关于进一步加强勤工俭学、校办企业安全防范工作的通知》，要求各级教育行政部门和学校要严格按教学计划要求，合理安排劳动时间，必须注意学生的年龄、性别、健康状况和知识水平。这一时期，许多高校成立了勤工助学领导小组，结合学校实际补充和完善相关规章，使得大学生勤工助学有据可依、有章可循，勤工助学制度与体系基本形成。

（四）深化发展阶段（21 世纪以来）

这一时期的大学生勤工助学活动广泛开展，内容更加丰富，计酬标准有所提升，参与人数不断增多。2007 年，教育部、财政部发布《高等学校勤工助学管理办法》，就勤工助学的组织机构、学校职责、学生勤工助学管理服务组织的职责、校内勤工助学岗位的设置、校外勤工助学活动的管理、勤工助学酬金标准及支付、法律责任等内容进行了明确规定，促进大学生勤工助学深化发展；2018 年，为深入贯彻党的十九大精神，不断健全学生资助制度，根据当前大学生勤工助学工作的新特点及新需要，教育部、财政部对《高等学校学生勤工助学管理办法》进行了修订，修订后的《高等学校学生勤工助学管理办法（2018 年修订）》突出资助育人的要求，坚持以勤工助学活动为实践载体，培养学生热爱劳动、自强不息、创新创业的奋斗精神，增强学生综合素质；合理满足学生需求，强调校内勤工助学岗位按照以工时定岗与以需求定岗相结合的原则设置，主要为校内教学助理、科研助理、行政管理助理等岗位，既满足学生实践需求，又保证学生不因参加勤工助学而影响学习；规范勤工助学管理，对校内开展勤工助学活动的，应严格遵守国家及学校勤工助学相关管理规定，对校外开展勤工助学活动的，学校组织应与用人单位和学生三方签订具有法律效力的协议书，明确各方的权利和义务及争议解决方式。可以看到，大学生勤工助学不仅是实现全程育人、全方位育人的有效平台，还是提升大学生劳动素质和综合能力的有效途径。

知识链接 >> ....

四大热门国家留学如何勤工俭学

在外打工几乎成为留学生生活的"必修课"，打工不仅是为了赚多少钱，而是寻找一种人生体验。温州学子留学目的国大多为美国、英国、加拿大、澳大利亚等四国，而这些国家打工政策各有不同，那么，留学生勤工俭学时应注意什么，这里介绍如下。

美国

一般来说，美国政府对于学生的校内打工没有特别多的限制，只要留学生注册维持全时学生身份，就不需要办理特别的许可。但对于学生打工的时间，政府则有明确的规定，即学生在学期间打工不可以超过20h，在假期时打工不可以超过40h。

校外打工需要经过申请，得到许可后才能进行。首先，留学生打工的公司必须是经过移民局或劳工部门认可的。对于违法打工的留学生，美国政府将取消学生的合法身份，甚至包括学生的配偶和子女的签证也会全部失效。

英国

作为热门的留学国家，英国制定了针对留学生的较为完善的打工政策。例如，16岁以上可以打工，18岁以下每周打工时间不得超过10h，18岁以上不超过20h。寒暑假无限制。留学生在英国打工期间还可享受除药费外的医疗全额保险。

此外，在英国打工是需要交税的。假期里，每周打工超过20h，需交20%的税。英国打工最低工资每小时约为6英镑，约合60元人民币。兼职工作分为校内和校外两种。校内工作是与学生服务相关的，如图书馆、助教、学生餐厅等。校外工作大多是超市收银、商店销售、餐厅服务等。一般来说，校内工资相对要高一些。留学生的年收入为6 000~8 000英镑，靠打工可以解决一半的生活费。

加拿大

加拿大移民法规定，只有加拿大公民或具有加拿大移民身份、年满18周岁者，才能在加拿大合法工作。按规定，外国留学生是不可在校外打工的，但在学校可以打工，而且工资不上税。

有关法律规定，外国留学生在学校打工，不能超过一定的小时数，不能影响学习。留学生在校内打工的岗位主要有图书馆、学生食堂、留学生服务中心，另外还可看管实验室，为教授做一些收集资料的工作等。

澳大利亚

澳洲是一个"勤工俭学"蔚然成风的社会。接受高等教育的留学生如果要打工，必须申请一个允许打工的新学生签证。这种签证必须在到达澳大利亚并开始学习后才能申请，并要支付50澳元的申请费。在上学期间每周最多工作20h，以补贴生活开支，条件是不影响学习，假期可以工作较长一些。在从事任何一种有偿工作前，须向澳大利亚政府注册申请纳税号码。收入必须向政府缴付税收。[①]

三、养成勤俭节约、吃苦耐劳、自强自信的劳动习惯和品质

开展大学生勤工助学活动，要充分发挥勤工助学的育人功能，增强学生综合素质，引导大学生养成勤俭节约、吃苦耐劳、自强自信的良好劳动习惯和品质。

1. 勤俭节约

勤俭节约表现为崇尚俭朴、克勤克俭的精神品质。中国古人讲"历览前贤国与家，成由勤俭破由奢"，就是强调要勤俭节约，这是历史经验的总结，充满智慧。从古至今，勤俭持家的劳动品质一直被弘扬、推崇和传承。然而，在当前社会中，由于人们物质生活条件的大大改善，一些大学生的勤俭节约思想观念逐渐淡化。在这些大学生看来，勤俭节约只是革命年代不得已而为之，现在生活水平大幅提高，提倡勤俭节约已不合时宜。他们认为，在日常生活中，浪费点无碍大局，不要要求得那么严。而且吃穿讲档次，戴名牌表、穿品牌衣服、开豪华车，这样才能彰显自己的家境、地位与能力。殊不知，这种想法和行为在无形中会造成奢侈浪费的不良影响，形成拜金主义、享乐主义的错误观念，养成攀比、炫耀、骄奢的恶习。美国学者丹尼尔·贝尔指出："各种文明的兴衰史上都出现过这样引人注目的现象，即在崩溃之前，社会总要经历一个个标志着衰落的特定阶段……这些递变的顺序是从朴素到奢侈，从禁欲到享乐。……享乐主义的生活缺乏意志和刚毅精神。更重要的是，大家争相奢侈，失掉了与他人同甘共苦和自我牺牲的能力。"[②]在勤工助学的劳动实践中，大学生要养成崇尚俭朴、克勤克俭的精神品质，真切感受劳动成果的来之不易，明白"俭则约，约则百善俱兴；侈则肆，肆则百恶俱纵"的道理，认识到财富是辛勤劳动的结晶。

2. 吃苦耐劳

吃苦耐劳表现为倡导勤劳肯干、踏踏实实的优良品格，强调要有刻苦攻坚、不怕困难的毅力和决心。吃苦耐劳是中华民族的传统美德，我国一直倡导做人要能过困苦的生活，能经得起劳累的磨练，反对好吃懒做，好逸恶劳。毛泽东曾说过："历来纨绔子弟考不出好成绩，安贫者能成事，嚼得菜根百事可做，我们会考出好成绩！"在革命年代，先辈们高扬吃苦耐劳的精神旗帜，改变了旧中国的落后面貌；在建设年代，前辈们发扬吃苦耐劳的优良品格开创了社会主义现代化建设的新局面。新时代的大学生要想迅速成长成才，要想干出一番大事业，必须要有"吃苦在前，享受在后"的精神。当前，我国

---

① 叶梦. 四大热门国家留学如何勤工俭学 [N]. 温州日报，2011-05-03.
② 丹尼尔·贝尔. 资本主义文化矛盾 [M]. 上海：生活·读书·新知三联书店，1989：131.

在校大学生中有很多学生是独生子女，生活条件相对前几代优越许多，经历的困难比较少，参加劳动的机会也比较少。参加大学生勤工助学活动不仅可以消除大学生"等""靠""要"等依赖思想，增强大学生的劳动观念，还可以使自身在劳动实践中养成吃苦耐劳的优良品质和生活习惯。对此，大学生在参加勤工助学时，要有认真负责、不怕困难的劳动态度。大学生在承担勤工助学的岗位工作任务时，要沉下心来，扎扎实实从每件小事做起，积极进取，艰苦奋斗，不虚耗时光，才能一步一个脚印地前进。

3. 自强自信

自强自信表现为奋发向上、开拓进取、不屈不挠、勇于超越的精神品质。"艰难困苦，玉汝于成"，只有自强自信，勇敢前进，才能变阻力为动力，最终实现突破，取得成功。在中华优秀传统文化中，"精卫填海""夸父逐日""大禹治水""愚公移山"等不屈不挠的精神，"因时而变""随时而制""与时俱进""与日俱新"等与时俱进的精神，激励着一代又一代中国人勇于进取、不懈奋斗。每个人一生中总要面对各种各样的困难和压力。虽然这会给人们带来痛苦、打击，给我们的学习和生活造成困扰，但是只要我们具备自强自信的精神品质，正确地认识和对待这些挫折、困难，就有可能使坏事变为好事。大学生在勤工助学的劳动实践中，可以发现自己在知识储备、实际操作能力、组织管理能力、随机应变能力、社会交往能力等方面的不足，以便逐渐适应激烈的竞争环境和紧张的工作状态，从而激发学习动力和热情，自觉调整并完善自己的知识结构，提高综合能力。大学生在参加勤工助学的劳动实践时，要努力学会在挫折中磨砺坚强的意志，在困难中提升自身的能力素养，积极解决问题，不断发展进步。

知识链接 ▶▶ ••

　　1920 年 9 月 11 日，邓小平、邓绍圣以及其他近 200 名勤工俭学的学生从上海乘坐"鸯特莱蓬"号邮船前往法国。他们都是四等客舱旅客，没有自己的客舱，也不能到餐厅用餐。不得不睡在甲板上或者通风条件很差的货舱里，而且只能自己找地方准备三餐和用餐。从他们后来的回忆录中大略可以看出他们当时吃尽了苦头，有的人甚至在未到达马赛之前就询问回家的可能性。邓小平正是在这样的情况下来到了法国马赛。开始他被分到诺曼底的巴耶中学学习法语，不久送他们来到法国的华法教育会议，由于管理不善，费用已经全部用完，所有在法的中国留学生不得不自谋生路，结果是邓小平所在的巴耶班被撤销了，此时他还能收到家里寄来的钱，按理说他可以请求教育会为他另找一所学校，但是他没有这样做，而是开始在克鲁梭的施奈德工厂工作。他在那里做的是"杂工"，没有技术的，住的是工厂宿舍或者收费低廉的旅馆。据这个公司的记录，他实际上在这个工厂担任一名轧钢工。他接触到的是其他学徒工和不具备熟练技能的工人，在他的雇佣工资卡片上注明了他的日工资是 6.6 法郎，比学徒工应得的工资还低，一个星期要工作 50h，甚至更长。这对于年仅 16 岁的他而言实在太沉重了，所以他只干了三个星期。

后来他到了一家生产橡胶轮胎和橡胶雨鞋的工厂工作。他还做过机车的司炉工，到餐馆里做过厨房的帮手。在法国，邓小平从事过许多临时性的工作。仅仅在橡胶厂工作期间，他就挣够了继续上学需要的钱，不过这也只够支付中学3个月的学费（1922—1923年冬季，他在塞纳—夏蒂戎中学待了3个月）。生活的艰辛使得邓小平出国留学的理想化为泡影，他也正是在这种贫困、不安定的环境下投身政治活动的。大的政治环境主要是当时在俄国十月革命的影响下，工人运动蓬勃发展，马克思主义和其他各种社会主义思潮广为流行，一批先进的中国留学生先后接受了马克思主义而走上了革命的道路。其中已经在那里的年纪较长的赵世炎和周恩来是两位重要的引导者。赵世炎是一个非凡、出众的年轻人，周恩来则是更为杰出的，因为他已经对意识形态和政治有一套自己的看法，因而可以理智地解释各种原则和政策。在和他们的接触中，邓小平接受了马克思主义，从一个勤工俭学的学生开始向一个职业革命家转变，做工也是为了支持革命。1923年6月邓小平被选入共产主义青年团执行委员会，开始政治工作。他非常认真地在蜡版上刻写旅欧支部的半月刊《赤光》上的每一篇文章，负责油印工作，他负责的工作认真细致，犹如他的个性一样，他还因此得了"油印博士"的雅号。他在《赤光》上面发表文章和青年党争夺勤工俭学学生和普通工人，争取他们站在自己这一边。1924年他加入了中国共产党旅欧支部。[①] 1925年初，他被指定为"里昂地区中共旅欧支部特派员"，"领导里昂地区的党团工作和华工运动"[②]。

第二节　在实习实训中养成良好的劳动习惯和品质

生产劳动同智育和体育相结合，它不仅是提高社会生产的一种方法，而且是造就全面发展的人的唯一方法。

——马克思

习近平总书记在全国教育大会上强调："要在学生中弘扬劳动精神，教育引导学生崇尚劳动、尊重劳动，懂得劳动最光荣、劳动最崇高、劳动最伟大、劳动最美丽的道理，长大后能够辛勤劳动、诚实劳动、创造性劳动。"实习实训作为一种劳动实践活动，是发挥"以劳树德，以劳增智，以劳强体，以劳育美，以劳创新"综合育人功能，培养德智体美劳全面发展的社会主义建设者和接班人的重要渠道。

① 共青团北京市委员会北京市学生联合会.首都大学生社会实践二十年的工作与思考[M].北京：人民出版社，2003：32-34.
② 中共中央文献研究室.邓小平传略[M].北京：人民出版社、中央文献出版社，1988：4.

一、大学生实习实训的基本内涵及主要内容

大学生实习实训是高校依托实验室、模拟场景、实习单位等多种教学环境，有目的、有计划地组织大学生结合所学专业开展多样的实操性、实践性活动。大学生实习实训包括专业实验、专业实训和专业实习等主要内容。

2018 年由教育部委托高等学校教学指导委员会研制的《普通高等学校本科专业类教学质量国家标准》正式发布，它涵盖了普通高校本科专业目录中全部 92 个本科专业类、587 个专业，涉及全国高校 56 000 多个专业点，从专业角度对本科专业类的实验、实训、实习做了明确解释。

专业实验是指在专业课程教学过程中，需借助实验手段完成的部分教学环节；专业实训是指依托实务部门开展的实践教学活动，是校内实验课程教学的延伸；专业实习是指学生在与所学专业相关的实务部门从事的短期或长期工作，以增进对课堂讲授的专业知识的认识。[1] 具体来讲，专业实验是为完成某一项具体的专业教学目标，在高校内部学习环境下进行的一种专业知识技能操练；专业实训是依托实务部门或在校内模拟实务场景下进行的一种综合运用多种专业技能解决某一类较为复杂的实务问题的实践训练；专业实习则是深入到实务部门中进行的一段较长时间的实际工作体验，其目的在于让学生全面了解真实的职场生活，更好地适应职场生活，综合运用各种专业知识技能和人际沟通能力解决各类职场实际问题。[2] 可见，专业实验、专业实训、专业实习是与所学专业有直接联系的实践教学环节，三者相辅相成、层层递进，对大学生劳动能力训练的要求越来越高，使大学生与社会相融合的程度越来越深。

二、大学生实习实训的重要意义

实习实训是高校人才培养的重要组成部分，是深化课堂教学的重要环节，是大学生了解社会、接触生产实际，获取、掌握生产现场相关知识的重要途径，在增加大学生的劳动知识和劳动技能、涵养大学生的劳动习惯和劳动品质、培养大学生的劳动精神和创新精神等方面具有重要意义。

1. 有助于增加大学生的劳动知识和劳动技能

当前，新一轮科技革命和产业革命奔腾而至，正在迅速改变着生产模式和生活模式。以数字化、网络化、智能化、绿色化为代表的新型生产方式，对产业运营、人力资源组织管理提出了新的要求，对高校人才培养提出了更高的要求。大学生实习实训作为高校课堂教学的延伸，能够帮助大学生将专业知识技能从"知道"转化为"运用"，把专业

---

[1]　教育部高等学校教学指导委员会.普通高等学校本科专业类教学质量国家标准（上）[M].北京：高等教育出版社，2018：12.

[2]　刘向兵，等.新时代高校劳动教育论纲[M].北京：社会科学文献出版社，2019：107.

知识技能实践化。苏联哲学家 M. A. 帕尔纽克指出："教学中的实践环节的意义是巨大的，不论教学是在多么高深的理论水平下实现的，只要学生还没有把他们的知识有机地运用到教学实践活动中，那么他们的知识就必将带有抽象性质。只有这种运用才能克服对象知识的抽象性与对象的具体性之间的矛盾。"大学生在课堂上学习的专业知识技能带有抽象性质，只有经过实习实训活动的理解、消化和吸收，专业知识才能和头脑中的影像建立联系，专业技能才能在动手操作中融会贯通。而且，在实习实训活动中，大学生通过劳动实践，可以检验自身劳动知识、技能的掌握情况，使大学生带着问题去学习，获得的劳动知识和劳动技能将更加深刻。应该说，大学生实习实训作为培养应用型人才的重要方式，能够促进大学生形成重要的生产生活劳动知识和技能，帮助大学生提早准备步入社会、踏向职场的身份转变。

2. 有助于涵养大学生的劳动习惯和劳动品质

劳动习惯是个人在长期的劳动训练里逐渐养成、一时不易改变的劳动行为和心理倾向。劳动品质是个人在劳动行为中所表现出来的较为稳定的人格特征，是个人劳动面貌的重要标志。可以看到，劳动习惯和劳动品质的形成不是一朝一夕的，是通过经常性的劳动训练巩固下来的。习近平总书记在庆祝"五一"国际劳动节暨表彰全国劳动模范和先进工作者大会上指出："一切劳动者，只要肯学肯干肯钻研，练就一身真本领，掌握一手好技术，就能立足岗位成长成才，就都能在劳动中发现广阔的天地，在劳动中体现价值、展现风采、感受快乐。"大学生实习实训作为以劳动实践为主的教育方式，为大学生提供了亲身参与劳动、体验劳动、感悟劳动的有利条件。在实习实训中，大学生通过参加科学实验和生产生活劳动，可以与同学、校内外指导教师、行业岗位职工、企事业单位专家等不同群体进行交流和合作，了解他人特别是劳动模范对劳动的认知、情感和态度，获得丰富的劳动体验和感悟。通过实习实训的劳动实践，引导大学生树立"劳动最光荣、劳动最崇高、劳动最伟大、劳动最美丽"的劳动观念，形成热爱劳动、勤俭节约的劳动习惯，锤炼诚实守信、吃苦耐劳的劳动品质。

3. 有助于培养大学生的劳动精神和创新精神

习近平在 2018 年全国教育大会上强调："要在学生中弘扬劳动精神，教育引导学生崇尚劳动、尊重劳动，懂得劳动最光荣、劳动最崇高、劳动最伟大、劳动最美丽的道理，长大后能够辛勤劳动、诚实劳动、创造性劳动。"劳动精神是劳动者在长期劳动实践中形成的思想观念、行为方式、价值取向、精神风貌的总和，在理念认知上表现为懂得劳动最光荣、劳动最美丽、劳动最伟大的道理，在情感态度上表现为尊重劳动、崇尚劳动，在行为实践上表现为辛勤劳动、诚实劳动、创造性劳动。在实习实训中，大学生能够通过劳动实践更加深刻地认识劳动的重要价值和现实意义，潜移默化地形成崇尚劳动、尊重劳动、热爱劳动的劳动价值观，养成良好的劳动习惯和品质，弘扬积极的劳动精神。创新精神是当代大学生应该具备的重要素质，它是人们在实践活动领域中能够综合运用已有的知识、技能和方法，提出具有价值的新思想、新理论、新方法的思维能力和进行发明创造、改革、革新的意志、信心、智慧的总和，是人的全面的创新素质。实习实训促进大学生在劳动实践中自主思考、独立操作，不断激发大学生的创造灵感，促使大学生大胆探索、敢于创造、自强不息、锐意进取，从而培育大学生的创新精神。

知识链接 >>>

江苏大学：在实习实训中提升学生劳动技能

慧鱼创新社团是江苏大学工程训练中心下属的大学生创新社团。在这里，慧鱼创新实验室、智能车创新实验室、机器人创新实验室、3D打印创新实验室都面向学生完全开放，由学生自主管理。作为一所工科特色明显的综合性大学，江苏大学把劳动作为工科学生的必修课，通过实验、实训、实践等环节培养大学生的劳动意识、创新能力、创业精神，工程训练中心也成为该校工科大学生课外创新活动的不二之选。

江苏大学每年单列30万~40万元设立"工程训练中心大学生创新实践基金"，面向全校本科生开设各类创新类课程、开展创新立项和课外科技活动、支持学生参加各级各类创新竞赛。仅2019年，立项数就达到了108项，400余名学生受到资助。

"技术型社团、设备完全开放"也是徐路对创新创业社团最满意的地方。江苏大学工程训练中心面向全校学生开设"慧鱼机电模型搭建与控制""无碳小车创新设计制作训练""儿童用鼠标的设计与制作""小型空气清新器设计与制作"等17门课外创新课程，每门课程均设有若干选题供学生自主选择。

有专门的教师指导，学生通过预约免费使用相关实验室仪器设备，以学期或学年为单位完成创新作品的制作，通过答辩考核获得成绩者可以申请创新学分。这些创新课程每年吸引1500名左右学生选修，近两年来，多名学生从创新课程中脱颖而出，荣获国家级、省级竞赛奖项66项。

在实践教学项目中，工程训练中心融入具有新工科理念和要求的一体化项目。在本科生综合创新训练中，普车、数车、铣工制作了有较大难度的"三件套"，使学生能够学到真知识、掌握硬本领。[①]

▍三、养成尊重劳动、崇尚劳动、热爱劳动的劳动习惯和品质

加强大学生劳动教育，应该把大学生劳动课程学习、劳动实践锻炼充分结合起来，坚持在学中做、在做中学，让大学生在生产生活和社会劳动服务中自觉养成良好的劳动

---

① 吴奕.江苏大学：在实习实训中提升学生劳动技能[N].中国教育报，2020-05-20.

习惯和劳动品质。

1. 尊重劳动

尊重劳动，不仅表现为对作为社会劳动主体的劳动者的尊重，也表现为对劳动者的劳动创造成果的尊重。习近平总书记在庆祝"五一"国际劳动节暨表彰全国劳动模范和先进工作者大会上指出："在我们社会主义国家，一切劳动，无论是体力劳动还是脑力劳动，都值得尊重和鼓励；一切创造，无论是个人创造还是集体创造，也都值得尊重和鼓励。全社会都要贯彻尊重劳动、尊重知识、尊重人才、尊重创造的重大方针，全社会都要以辛勤劳动为荣、以好逸恶劳为耻，任何时候任何人都不能看不起普通劳动者，都不能贪图不劳而获的生活。"因此，在实习实训中，大学生要尊重并爱惜自己或他人的劳动成果，对自己或他人的劳动成果存有崇敬之心；要尊重并敬畏劳动者的艰辛和投入，对劳动者付出的努力和辛勤抱以感恩之心。

2. 崇尚劳动

崇尚劳动不仅表现为善于欣赏劳动，牢固树立劳动最光荣、劳动最崇高、劳动最伟大、劳动最美丽的观念，也表现为对劳动有科学的态度，认识到劳动价值有大小，劳动分工无贵贱。习近平总书记在知识分子、劳动模范、青年代表座谈会上指出："人类是劳动创造的，社会是劳动创造的。劳动没有高低贵贱之分，任何一份职业都很光荣。"因此，在实习实训中，大学生要体认到劳动是财富的源泉，也是幸福的源泉，正是因为劳动创造，我们拥有了历史的辉煌和今天的成就；要摒弃鄙视简单劳动、体力劳动的偏见，不能在普通劳动者面前表现出高人一等的架势，更不能歧视从事一般性劳动的人。

3. 热爱劳动

热爱劳动表现为对劳动的深厚挚爱、依恋之情，也表现为焕发劳动热情，通过劳动创造更加美好的生活。习近平总书记在同中华全国总工会新一届领导班子集体谈话时指出："要在全社会大力弘扬我国工人阶级的优秀品质，大力宣传劳动模范和其他典型的先进事迹，加强对广大青少年的教育，让劳动最光荣、劳动最崇高、劳动最伟大、劳动最美丽的观念蔚然成风，让全体人民进一步焕发劳动热情、释放创造潜能，通过劳动创造更加美好的生活。"在实习实训中，大学生要在情感上接受劳动、热爱劳动，坚决杜绝不愿劳动、不爱劳动，总想不劳而获、少劳多获的错误观念；要积极投身劳动实践，将劳动与自我价值、社会价值的实现紧密结合起来。

知识链接 ≫ ··

"不能看不起普通劳动者"

习近平在庆祝"五一"国际劳动节暨表彰全国劳动模范和先进工作者大会上的讲话中强调："任何时候任何人都不能看不起普通劳动者，都不能贪图不劳而获的生活。"

中国劳动学会副会长苏海南在接受人民网采访时表示，现在社会有一种认识上的偏差，就是一切向钱看，"有钱就是老大"。这种错误的理念在一些管理者，甚至是少数政府官员的思想中都有体现，习近平正是针对这种情况提出"崇尚劳动、尊重劳动者"的明确要求。

习近平曾多次回忆起自己作为一名普通劳动者时的生活。比如2004年8月，时任浙江省委书记的习近平曾接受延安电视台专访，他回忆了在延安插队时的经历："刚刚参加劳动的小女孩，十五六岁，我们当时也十五六岁，拿跟我们一样的工分，我们觉得简直是一种歧视，实际上是自己没本事。但是这一年下来我就干得没黑没白，风里雨里我们都在窑洞里铡草，牲口圈里铡草，然后一样一样地学。当然这些，一年过去了以后全掌握了，体力也上来了。后来就评成十分，十分还是里边最壮的劳动力。"

"幸福不会从天而降，梦想不会自动成真。'空谈误国，实干兴邦'，实干首先就要脚踏实地劳动。"2013年"五一"前夕，习近平同全国劳模代表座谈时强调，必须牢固树立劳动最光荣、劳动最崇高、劳动最伟大、劳动最美丽的观念，崇尚劳动，造福劳动者。

北京大学政府管理学院教授李成言认为，"看不起普通劳动者"实际上体现了我们社会上存在的一种不正确的价值导向。习近平多次强调"实干兴邦""崇尚劳动"，就是要改变这种错误导向。这仍需要中央统一宣传、形成规范的意见，进而形成一种制度文化，从而能够让正确的精神导向形成气候，引领社会风范。①

第三节 在社会实践中养成良好的劳动习惯和品质

劳动是人类的本质活动，劳动光荣、创造伟大是对人类文明进步规律的重要诠释。

——习近平

习近平总书记在北京大学师生座谈会上指出："不论学习还是工作，都要面向实际、深入实践，实践出真知。"社会实践是大学生劳动教育的重要环节，对于促进大学生了解社会、了解国情，增长才干、奉献社会，锻炼毅力、培养品格，增强社会责任感具有不可替代的作用。

---

① 潘婧瑶，张迎雪. 习近平的"劳动观"：尊重劳动"实干""创造"并重 [EB/OL]. 人民网，[2015-04-29]. http://politics.people.com.cn/n/2015/0429/c1001-26927050.html.

一、大学生社会实践的发展历程

大学生社会实践是高校按照高等院校人才培养目标的要求，有目的、有计划地组织大学生深入社会，积极参加社会政治、经济和文化等一系列活动，以促进大学生了解社会，增长知识技能，全面提高综合素质能力的教育实践活动。大学生社会实践的发展有着深刻的时代背景，每一阶段社会实践的特点都折射出当时的时代主题和大学生的发展状况。学习了解我国大学生社会实践深厚的历史基础和日益完善的发展过程，对当代大学生积极开展社会实践活动，养成良好的劳动习惯和品质，具有重要的历史意义与启发价值。

（一）初步发展阶段（1949—1965 年）

新中国成立后，青年学生积极投身"学工""学农""学军"等实践活动，在劳动过程中与工农兵打成一片，加深了与工农群众的感情，锤炼了作风，磨练了意志，锻炼了本领，培养了较好的政治思想素质，坚持走又红又专的道路。

然而，在"十年动乱"中，高等院校的正常教学工作被迫中断。受极"左"思潮的影响，教育界机械地推行"教劳结合"，把教育与劳动相结合推到了以阶级斗争为主的错误极端，忽视理论教学，造成了"以干代学"，严重违背了教育规律，这不仅没有达到预期的教育效果，还使青年学生的身心受到了伤害。在粉碎"四人帮"以后，1977 年，我国恢复了高考制度，高等教育重新走上正轨，但与此同时，出现了另一个片面性——强调理论教学而忽视实践环节，造成了一些消极后果。

（二）恢复发展阶段（1978—1982 年）

1978 年，邓小平在全国教育工作会议上指出："各级各类学校对学生参加什么样的劳动，怎样下厂下乡，花多少时间，怎样同教学密切结合，都要有恰当的安排。更重要的是整个教育事业必须同国民经济发展的要求相适应。不然，学生学的和将来要从事的职业不相适应，学非所用，用非所学，岂不是从根本上破坏了教育与生产劳动相结合的方针？"[①]邓小平同志上述重要讲话，把教育与劳动相结合提到了发展我国教育事业重要指导思想的高度。此后，教育部重申了学生参加劳动实践的规定。1980 年，清华大学的学生提出了"振兴中华，从我做起，从现在做起"的口号，在全国大学生中引起了强烈的反响。许多高校因势利导，从开展"学雷锋做好事月""五讲四美三热爱"等活动入手[②]，引导大学生把思想付诸实践，并逐步将这一活动由校园扩展到社会。1982 年 2 月，受原国家农委的委托，北京大学等高校 150 余名家在农村的大学生，利用寒假期间，就农村实行家庭联产承包责任制以来各方面的情况，进行"百村调查"，写出调查报告 157

---

① 邓小平文选（第二卷）[M]. 北京：人民出版社，1994：107.
② 刘晓东. 大学生社会实践理论与实务 [M]. 北京：高等教育出版社，2014：29.

篇①，引起了强烈的社会反响。在此前后，北京、上海、辽宁等地的一些大学生还开展了咨询服务活动。在恢复发展阶段，大学生社会实践活动具有以下几个特点：①从组织形式上看，以大学生利用节假日自发开展活动为主，虽然有些社会实践活动是由学校组织的，但更多的是学生的自发活动。②从活动形式看，以社会调查和咨询服务活动为主。这些社会实践活动，使大学生在劳动中对国情有了初步的认识，促使大学生将社会问题纳入自己的知识体系中进行科学、理性的分析。

知识链接 >> ....

访谈：访共青团中央书记处原书记袁纯清

问：袁书记，20世纪80年代初，我国正在从计划经济时代向市场经济转型，在当时的时代背景下，这种社会实践活动受到学生、学校和社会的一致欢迎吗？

答：从总体上来讲，学生、学校、社会都是持欢迎态度的。对学生来言，1980年以后入校的大学生，大多是高中应届毕业生，对社会缺乏了解，有了解社会、走向实际的强烈愿望，也有一种想把自己所学回报社会的冲动。对学校而言，有一个全面提高学生素质的问题，尤其是不少学生因为从小学到大学，缺乏对社会实际的了解，往往对变动迅速的社会现象持一种偏激的情绪，加之动手能力、解决实际问题的能力明显不足，需要在接触社会实际中加以修正和提高，这自然引起学校的重视。对社会而言，大学生深入企业、乡村，带来了新的信息、新的观念、新的知识，特别是教师和学生一同解决当地群众生产、生活中的实际问题，为广大干部群众所欢迎。可以说，大学生社会实践找到了学生、学校、社会的一个很好的结合点。所以，20世纪80年代中后期开展社会实践活动都是以共青团中央、中央宣传部、教育部一同发文，共同组织。②

（三）走向规范阶段（1983—1998年）

1983年10月，共青团中央、全国学联发出《纪念"一二·九"运动48周年开展"社会实践活动周"的通知》，文件指出："社会实践活动，是近年来高等院校中涌现出的一种思想教育的有效形式，是共青团和学生会在适应改革方面迈出的可喜一步。用知识做桥梁，把学校和社会连接起来，在可能的条件下组织学生走向社会，向人民学习，为社会服务，这是促进大学生健康成长的重要措施。"这份文件正式提出"大学生社会实践

---

① 共青团北京市委员会北京市学生联合会.首都大学生社会实践二十年的工作与思考[M].北京：人民出版社，2003：113.

② 共青团北京市委员会北京市学生联合会.首都大学生社会实践二十年的工作与思考[M].北京：人民出版社，2003：115.

活动"，具有里程碑式意义，标志着大学生社会实践活动开始向正规方向迈进。[①] 文件一发出，立刻得到全国各高校团组织和大学生的积极响应。比如，北京大学法律系、北京广播学院、中央财会学院的大学生在阳楼居民区设点服务；中央戏剧学院、中央戏曲学院的大学生看望慰问矿工和伤病员，并表演了精彩节目；北京建工学院的大学生举办建筑知识讲座等。大学生社会实践活动由此正式拉开序幕。

1984 年 5 月，共青团中央在辽宁省召开了"大学生社会实践现场观摩经验交流会"，时任共青团中央书记处书记的胡锦涛同志指出："几年来，全国各地高校的社会实践活动适应形势的需要，经历了一个逐步发展、逐步提高的过程，创造了多种内容丰富、行之有效的活动形式。"这些活动形式归纳起来，大致有社会调查、公益活动、咨询服务、对口挂钩 4 种，"这 4 种形式，基本上是在几年来的社会实践活动中相继出现的。它们在活动内容上经历了由单一到多样的发展历程，正逐渐形成一个有机结合体，并继续向纵深发展，从而为服务四化、培养人才发挥出富有特色的广泛作用"。胡锦涛同志还正式提出了大学生在社会实践中"受教育、长才干、作贡献"的口号，这一原则被确立为大学生社会实践的指导方针，推进大学生社会实践在全国高校普遍开展。

知识链接 ≫···

社会实践活动虽然开展的时间还不长，但它以知识为桥梁，把学校和社会、理论和实际、政治和业务、知识和能力有机联结起来，吸引和推动广大学生走上社会，以主人翁姿态投身于生机勃勃的社会经济和文化建设，增强了自觉适应四化和未来的需要，立志成才、全面发展的主动性和积极性，得到了各级领导和社会各界的广泛赞誉和支持。这一活动显示并将进一步显示出它的强大生命力。

通过参加社会实践活动，广大学生接触社会、学习工农、了解我国现代化建设的进程及其对人才的迫切需求，提高了思想觉悟，增强了社会责任感，坚定了专业思想，激发了学习热情。他们在运用和深化书本知识的实践中，培养了综合能力、动手能力和创造能力，为改变大学生中普遍存在的"分数高，能力低""书本知识多，社会经验少"的倾向作了有益的探索。他们努力为工农业生产建设部门排忧解难，把课堂知识、书本知识转化为实际技能，转化为现实的生产力，直接推动了经济的发展和技术的进步；同时，通过多种方式和途径广泛传播知识，普及社会教育，促进社会的知识化进程。事实证明，社会实践活动有利于学生在实践中学习共产主义，有利于培养四化和未来需要的新型人才，有利于学生参与社会生活、为四化作贡献，具有提高思想、丰富知识、增长才干、发挥作用的综合效益。[②]

---

① 刘晓东. 大学生社会实践理论与实务 [M]. 北京：高等教育出版社，2014：29.
② 共青团北京市委员会北京市学生联合会. 首都大学生社会实践二十年的工作与思考 [M]. 北京：人民出版社，2003：119-120.

1987年5月，《中共中央关于改进和加强高等学校思想政治工作的决定》强调："青年学生只有在学习科学文化知识的同时，积极参加社会实践，更多地了解国情，了解社会主义建设和改革的实际，了解人民群众的思想感情，才能树立起为社会主义祖国献身的信念，逐步锻炼成为有用的人才。"这一文件明确了大学生社会实践在我国教育事业发展中的重要地位。6月，国家教委、共青团中央联合发出《关于广泛组织高等学校学生参加社会实践活动的意见》，这一文件强调，今后高等学校除了要认真搞好已列入教学计划的生产实习和社会实践外，还要把在假期和课外组织学生参加社会实践活动，作为高等教育的一个重要组成部分。

1993年12月，共青团十三届二中全会通过的《在建立社会主义市场经济体制进程中我国青年工作战略发展规划》，提出实施"跨世纪青年文明工程"和"跨世纪青年人才工程"。作为实施两个重点工程的"青年志愿者"活动和"大学生科技文化服务"活动，成为大学生社会实践活动的主要形式。[1]1994年，江泽民同志在全国教育工作会议上指出："事实证明，如果只是让学生关起门来读书，不参加劳动，不接触社会实践，不了解工人农民是怎样辛勤创造社会财富的，不培养劳动人民感情，是不利于他们健康成长和全面发展的。""为了落实教育与生产劳动相结合的原则，要从几个方面做好工作。一是学校要结合自己的实际情况把这件事列入教学计划，统筹安排。二是各级教育部门要进行具体指导和督促检查。三是各级党委和政府要加强领导。四是有关方面要积极支持和配合，为学生参加生产劳动提供必要条件。"[2]在这一阶段，大学生社会实践的活动规模进一步扩大，成为高校学生普遍开展的活动；活动形式也在不断丰富，包括社会调查、科技咨询、技术服务、挂职锻炼、青年志愿者活动等；活动制度进一步完善，大学生社会实践逐步走向规范化、制度化阶段。大学生在社会实践中受到了劳动教育，锻炼了劳动能力，养成了良好的劳动习惯和品质，强化了责任与担当。

知识链接 ≫ ···

清华科技服务团大别山首战告捷

由清华大学6位博士、硕士组成的中国青年科技服务团安徽分团，日前奔赴大别山区的贫困县——岳西县进行了为期8天的科技扶贫，为当地企业现场解决技术难题，带回一批开发、研究项目，受到农民欢迎。

安徽分团成员是清华大学团委根据岳西县提出的急需解决的技术项目，按专业对口原则选派的。他们大都具有企业工作经验和技术攻关能力。在岳西开展科技服务期间，先后为7家国营企业、2家乡镇企业进行了技术难题会诊，就地解决技术问题10个。县

---

① 刘晓东. 大学生社会实践理论与实务 [M]. 北京：高等教育出版社，2014：29.
② 江泽民. 在全国教育工作会议上的讲话 [N]. 中国教育报，1994-06-20.

五金厂生产钢窗合叶出现的变形技术问题，曾严重影响了产品质量，经服务团与工厂共同研究，决定用定位砂轮磨削代替现行的冲压工艺，使废品率减少了 50%。

针对不同企业的实际情况，服务团还就企业立项、新产品开发、生产工艺的改进、技术攻关、人才引进等提出具体可行的建议 6 条。服务团还把那些难度大、现场不易解决的技术问题带回清华，并就这些项目与企业签定协议书 8 个，负责提供长期服务。（摘自《中国青年报》）

（四）深化发展阶段（1999—2012 年）

1999 年 6 月第三次全国教育工作会议召开，此次会议发布了《中共中央、国务院关于深化教育改革全面推进素质教育的决定》，文件指出："高等学校要加强社会实践，组织学生参加科学研究、技术开发和推广活动以及社会服务活动。利用假期组织志愿者到城乡支工、支农、支医和支教。社会各方面要为学校开展生产劳动、科技活动和其他社会实践活动提供必要的条件，同时要加强学生校外劳动和社会实践基地的建设。"2000 年，江泽民同志在关于教育问题的谈话中指出："不能整天把青少年禁锢在书本上和屋子里，要让他们参加一些社会实践，打开他们的视野，增长他们的社会经验。"[1]2004 年 10 月，中共中央、国务院发出《关于进一步加强和改进大学生思想政治教育的意见》，这一文件明确指出："高等学校要把社会实践纳入学校教育教学总体规划和教学大纲，规定学时和学分，提供必要经费。"为落实文件精神，次年 2 月，中宣部、中央文明办、教育部、共青团中央下发《关于进一步加强和改进大学生社会实践的意见》，要求要把大学生社会实践纳入教学计划，不断丰富社会实践的内容，全面深入开展"三下乡"和"四进社区"活动，探索建立大学生社会实践的长效机制，切实加强对大学生社会实践的领导。2010年 7 月，胡锦涛同志在全国教育工作会议上强调："要促进学生全面发展，优化知识结构，丰富社会实践，加强劳动教育，着力提高学习能力、实践能力、创新能力，提高综合素质，加快改变学生创新能力培养不足状况。"[2]2012 年 1 月，教育部、中宣部等 7 部委联合下发《关于进一步加强高校实践育人工作的若干意见》，指出"统筹推进实践育人各项工作"，对大学生社会实践的持久深入开展提出了更高的要求。

知识链接 ≫ ···

为响应国家的号召，支持西部大开发。结合共青团中央、全国学联实施的百支博士团"三下乡"志愿服务行动和团市委、市学联"北京博士团西部行"活动，从 2000 年起，

---

① 江泽民. 关于教育问题的谈话 [N]. 人民日报，2000-03-01.
② 胡锦涛. 在全国教育工作会议上的讲话 [N]. 光明日报，2010-09-09.

北京林业大学每年都会有几十名由不同专业的博士组成的博士团，奔赴祖国的西部地区，充分发挥专业技能和优势，开展林果木发展项目规划、病虫害防治、小流域综合治理、园林和旅游规划、木材加工等课题的研究，为西部的建设提供相关的技术服务、政策支撑，为西部发展提供可行的建议，服务西部的两个文明建设，服务西部大开发战略。

通过开展社会实践活动和科技扶贫活动，通过和西部地区的广大群众接触，使广大的青年学生受到了锻炼，增强了使命感和责任感。一名博士在参加社会实践时说道：祖国如此美丽的河山，人民如此纯朴勤劳，我们怎能眼看她贫穷？我们一定要用我们的知识、智慧和热血去赢得祖国的繁荣昌盛。所以一批一批的青年学子们跟上来了，他们不顾夏季的高温和酷暑，牺牲了自己的休息时间，远赴祖国的大江南北，到最需要科技文化知识的地方去，到最艰苦的地方去，磨炼意志、砥砺品格、了解民情、服务社会。

从 2000 年起，北京林业大学博士团的足迹踏遍了内蒙古、青海的所有林区和大大小小的城市，考察了当地的自然资源和社会资源，先后撰写了《关于阿尔山市建设和发展的若干问题的建议》《阿尔山市旅游资源及开发利用考察报告》《关于内蒙古和林格尔生态环境建设现状的调研报告》《西部地区退耕还林工程措施配置研究》《青海大通旅游发展总体规划》《青海大通县北川公园规划设计》等实践报告。为西部地区的发展作出了积极的贡献，得到了西部地区人民的认可和赞许。[①]

（五）不断成熟阶段（2013 年至今）

2013 年 5 月，习近平总书记在同各界优秀青年代表座谈时发表重要讲话，指出广大青年"要坚持学以致用，深入基层、深入群众，在改革开放和社会主义现代化建设的大熔炉中，在社会的大学校里，掌握真才实学，增益其所不能，努力成为可堪大用、能担重任的栋梁之材"。2014 年 10 月，中共教育部党组、共青团中央下发《关于在各级各类学校推动培育和践行社会主义核心价值观长效机制建设的意见》，强调"推动社会主义核心价值观融入社会实践"。2016 年 4 月，习近平在知识分子、劳动模范、青年代表座谈会上指出："所有知识要转化为能力，都必须躬身实践。要坚持知行合一，注重在实践中学真知、悟真谛，加强磨练、增长本领。"2017 年 2 月，中共中央、国务院下发《关于加强和改进新形势下高校思想政治工作的意见》，文件指出："要强化社会实践育人，提高实践教学比重，组织师生参加社会实践活动，完善科教融合、校企联合等协同育人模式，加强实践教学基地建设，建立健全国家机关、企事业单位、社会团体接收大学生实习实训制度，开设创新创业教育专门课程，增强军事训练实效，建立健全学雷锋志愿

---

① 共青团北京市委员会北京市学生联合会.首都大学生社会实践二十年的工作与思考[M].北京: 人民出版社，2003：197-198.

服务制度。"2017 年 12 月，中共教育部党组下发《高校思想政治工作质量提升工程实施纲要》，要求构建"实践育人质量提升体系。坚持理论教育与实践养成相结合，整合各类实践资源，强化项目管理，丰富实践内容，创新实践形式，拓展实践平台，完善支持机制，教育引导师生在亲身参与中增强实践能力、树立家国情怀"。这一阶段，大学生社会实践在习近平总书记系列讲话精神的指引下进一步丰富完善，大学生社会实践趋于成熟。

知识链接 ≫ ··

西北农林科技大学"农情蜜意"扶贫志愿服务项目，以秦岭周至县保护区内养殖中华蜂的蜂农为服务对象，依托西北农林科技大学的学科和专业优势，帮助蜂农建立系统的中华蜂养殖和生产体系，开拓土蜂蜜销售市场。通过在志愿服务中提升蜂农的自主生产与销售能力，帮助其实现可持续增收。在生产技术方面，西北农林科技大学的本科生帮助农户解决长久以来的"烂子病"问题，教授其科学的养蜂技术；通过传授废弃蜂蜡加工成巢技术帮助农民降低生产成本，同时引进更加适合中华蜂养殖的改良版蜂箱，提高蜂蜜产量与质量。在生产机制方面，帮助蜂农建立可持续的自我管理生产机制与生产体系，提升蜂蜜质量。在销售方面，帮助建立蜂农与秦岭蜂韵等收购商的长期合作关系；帮助蜂农对蜂蜜进行品牌化包装推广，通过多元化、现代化的宣传推广打开销路，帮助蜂农实现增收。[①]

▍二、大学生社会实践的主要形式

目前，大学生社会实践的活动形式呈现多元化的趋势，主要包括社会调查、志愿服务、科技发明、社会宣传、生产劳动、挂职锻炼、走访英模、追访校友、"红色之旅"参观考察等。特别是大学生暑期"三下乡""志愿服务西部计划"等传统经典项目，"牢记时代使命，书写人生华章""百万师生追寻习近平总书记成长足迹""百万师生重走复兴之路""百万师生'一带一路'社会实践专项行动"等新时代社会实践精品项目，已成为新形势下大学生参加社会实践的有效载体。

（一）社会调查

社会调查是人们运用特定的手段和方法，从社会现实生活中直接收集有关社会事实的信息资料进行分析研究，并对其作出描述与解释的一种自觉的社会实践活动。对

---

① 张晓红．高校志愿服务项目案例分析 [M]．北京：人民出版社，2019：230-231.

此，我们可以从以下几个方面进行理解：①社会调查是一门方法科学。大学生在社会实践中需要运用特定的方法，如观察法、问卷法、访谈法、文献法和实验法等。②社会调查的对象是社会事实。大学生开展社会调查，是从活生生的社会现实生活中直接收集有关社会事实的材料进行分析研究，而不是仅仅利用间接的文献资料进行研究。③社会调查的目的之一是使大学生透过现象揭示本质，发掘事物发展变化的规律性，进而探求改造社会的途径和方法。"社会调查绝不是对社会现象和社会事实的机械的、简单的、零碎的反映。而是要经过特定的方法和技术，在收集资料的基础上，经过去粗取精、去伪存真、由此及彼、由表及里地整理加工和分析研究过程，逐步揭示出事物的真实面目和发展变化的规律，进而寻求改造社会的途径和方法。"[①] ④社会调查是一种自觉的社会实践活动。大学生社会调查不同于日常生活中大学生对社会现象的观察和思考。在日常生活中，大学生对社会现象的观察和思考往往不具有明确的目的，没有特定的计划和组织，而社会调查却是有目的、有计划、有组织地观察和认识社会现象的实践活动。

在社会调查活动中，大学生将围绕当前热点问题，结合所学专业开展调查研究，在调研中找出问题、分析问题，并提出有价值的解决方案，形成调研报告。在社会调查实践活动的动员阶段，高校往往开展系列讲座，对大学生社会调查的选题、途径、过程等进行指导，帮助大学生掌握科学的研究方法，提高调研能力。

知识链接 ▶▶ ···

做学问踏黄土　系民生访基层
——中国人民大学开展"千人百村"社会调研活动纪实

2012 年 6 月 29 日下午，2012 年度中国人民大学暑期社会实践暨"千人百村"社会调研活动出征仪式在人大学生活动中心前广场举行。

截至 7 月 10 日，已有 17 支社会实践团队先后前往辽宁、河北、山东、河南、浙江、重庆等地的农村，围绕农村民生主题，就农业生产、农民物质与精神生活、农村社会管理等方面开展调研活动。

高旭东，商学院 2010 级本科生，老家在河南的一个小村庄。这次在"千人百村"社会调研活动中，他和同年级同学院的邵健到河南省许昌市禹州县大周村调研。

他们的调研基本上碰上了几乎所有可能碰见的困难。虽然久经磨难最终凭借不懈努力完成了任务，但事后回忆起来两个人仍然唏嘘不已，感慨颇深。

高旭东回忆："采访的环境比较恶劣，我们只能住在与大周村相距好几公里的县城里，每天走山路去村里调研。遇到雨天，山路泥泞路滑，很危险。"县城的餐馆基本上没有发票，

---

① 于兴业.大学生社会实践导论 [M].北京：中国农业出版社，2018：41.

为了节省开支，高旭东和邹健一般都在街边小摊凑合吃一顿，经常买干面包作为早餐和午餐。

采访在语言沟通上遇到了障碍。即使高旭东本人是河南人，依旧听不懂当地方言，而留守在村里的又多是老人和幼儿，很多人听不懂普通话，交流需要依靠当地年轻人的翻译。

在具体问卷提问的过程中，当地人由于文化素质不高，对很多专业问题无法理解，而且警惕心很强，对陌生人又不信任，回答问题支支吾吾不肯说详情，有些村户即使攀谈半个小时也拒绝接受采访。

"整个调研过程吃到很多苦头，有一次还差一点儿被村里的狗当成坏人咬到。"邹健笑道："不过我们确实收获了很多，不仅自己实践能力得到切实提高，而且真正了解到现在农村需要国家和社会关注的东西还有太多，比如，村委会存在一些腐败问题，村民敢怒不敢言等，这些问题需要我们帮助解决。"

与高旭东一组的境遇截然相反的是，负责调研河南省新乡市原阳县焦楼村的郭小楠却非常顺利。作为一名从小生活在北京的孩子，郭小楠过去对农村的了解仅限于书本和电视，通过这次活动对农村有了真实的了解和切身的体会。

"刚到河南就联系到当地校友，他非常热情地帮我们解决了食宿问题并主动联系到焦楼村村主任。"郭小楠开心地回忆当时的情形："村民都很配合很细心，村里的干部全程陪同翻译方言，返乡大学生给了我们很大助力。我们走访了当地的幼儿园和诊所，重点了解医保在当地的落实情况。"

"我现在才明白，物质条件不应该是我追求的全部，我想要的是那种人与人之间的纯朴和不受物质条件牵绊的幸福。慢慢地，我会像焦楼村村民那样，学会互相信任，学会懂得满足，学会让自己的心不禁锢在钢筋水泥之中。感谢这次短短的农村之旅。"

每个小组每个同学都记录了调研过程中的酸甜苦辣。同学们看到了村庄的具体状况，了解了国家医疗、社保、教育等民生政策的落实，同时锻炼了解决问题的能力，遇到阻碍会化困难为动力，通过村委会广泛宣传获取信任，借助校友减少麻烦，提前沟通降低阻力，热心恳谈增进了解，倾心问候培育感情。[①]

（二）志愿服务

志愿服务是指志愿贡献个人的时间及精力，在不求任何物质报酬的情况下，为改善社会、促进社会进步而提供的服务。具体来讲，它是志愿者不以获取物质报酬为目的，自愿、无偿地贡献自己的时间、精力、技能等资源，为社会和他人提供的公益服务。志愿服务

---

① 谢天武. 做学问踏黄土，系民生访基层 [N]. 中国教育报，2012-08-20.

具有以下特征：①自愿性。《志愿服务条例》规定，"任何组织和个人不得强行指派志愿者、志愿服务组织提供服务"。志愿者参与志愿服务是出自本人意愿，是发自个人内心的一种自由意志的主张，而非出于强迫或者环境造成的压力。当然，自愿性并不排斥组织化的社会动员行为，但要求社会动员行为体现对志愿者意愿的充分尊重。②无偿性。志愿者不求任何物质报酬，不以盈利为目的，他们利用自己的时间、精力、技能和财富贡献公益力量，因此是无偿的。应该注意的是，"无偿性代表着不应以一般社会劳动时间计算劳动报酬回馈志愿者，但是无偿性不排斥为保证志愿服务顺利进行而安排的适度的交通补贴、餐饮补助等必要开支。同时，志愿服务无报酬，但是志愿服务有成本，因此不能以无偿性作为拒绝完善志愿服务保障的理由"。[①] ③公益性。志愿服务的受益人是多数人，志愿服务的行为是符合社会公共利益要求、符合公序良俗和志愿服务道德伦理的，由此，体现出志愿服务的公益性特征。志愿服务的精神是奉献、友爱、互助、进步。其中，奉献是精髓。志愿服务作为大学生参与社会实践的重要形式，主要领域包括农村扶贫开发、城市社区建设、环境保护、大型活动、抢险救灾、恤病助医和海外服务等。

知识链接 ≫•••

　　"祖国万岁，清华加油"，伴随着铿锵的口号，清华大学的志愿者们出发前先来张大合影，记录下大家信心满满的青春激情（见图 5-1）。

图　5-1

　　作为清华大学 600 余名志愿者的领队，志愿者新装备的领取、分发工作都由黄成负责，她一一核对尺码，做到发放无误（见图 5-2）。

---

① 魏娜. 志愿服务概论 [M]. 北京：中国人民大学出版社，2018：14.

图 5-2

10 月 1 日当天，在到达各自的志愿服务点位前，大家做着最后的准备工作，黄成作为领队，反复向伙伴们强调要注意的各项服务内容，做到万无一失（见图5-3）。

图 5-3

10 月 1 日当天凌晨 4 点，黄成带着其他志愿者准备从学校出发（见图5-4）。

图 5-4

每天培训结束，黄成总会比照志愿服务培训手册学习、记录，做到上岗细节熟记于心（见图5-5）。

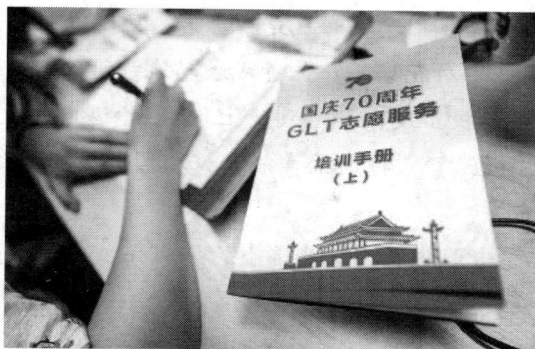

图　5-5

　　虽然国庆当天，黄成就在天安门广场上，可阅兵、群众游行她都没看见，因为她服务的岗位在巨型观礼台后面，只能隔着观礼台"听"现场的盛况。

　　"遗憾吗？"这位"90 后"摇了摇头："能参与见证我们国家这么重要的一刻，已经非常幸运了，而且在家哪有我们现场的环绕立体声！"

　　黄成就读于清华大学经济管理学院管理学专业。这次志愿服务，她有着"双重"身份——既是一名志愿者，也是清华大学 600 余名志愿者的领队。

　　"大家报名太热情了，6 月份，第一次招募通知发出，300 个岗位需要 345 名志愿者，一下就报了 1 000 多人。"黄成介绍，他们中既有"00 后"的大一、大二学生，也有参加过多次大型志愿服务的博士生、硕士生，大家都对服务国庆 70 周年庆祝大会充满期待。引导、问询是志愿者最基本的服务之一，看似简单，里面的学问却不小。一周时间内，黄成和其他志愿者进行了全面而系统的准备，通用培训、服务技能、应急培训，以及各自的岗位培训、实地踏勘等。

　　10 月 1 日当天，黄成的岗位在西观礼台后方。在观众还没有入场的时候，着蓝白色服装的志愿者们就忙开了，领取物资、检查现场。7 点半，观众开始入场，黄成引导观众入座。8 点半，人流量越来越大，"饮水点在哪？卫生间在哪？"黄成脸上挂着淳朴的笑容，简单、高效地回答观众的疑问。

　　由于上岗的时候不能喝水，又要不停地说话，黄成的嗓子显得有些沙哑。不过，让她感到很欣慰的是，观众对他们的工作很理解，也很支持。"一位阿姨听说我是清华的学生，拍了拍我的肩，让我们一定要好好学，毕业后建设好我们的国家。"听着观众的鼓励，黄成心里暖暖的。

　　与其他志愿者不同的是，黄成是清华为数不多的既服务庆祝大会也服务联欢活动的志愿者，她和其他 8 名学生一直坚守到晚上。而她的服务岗位也换到了东观礼台的过道上，"这次很幸运了，我能看到天上的烟花"。黄成回忆，当灿烂的烟花在头顶上空绽放，她难掩激动，但因为还有工作在身，不能像其他观众一样尽情观赏。

"这是一种盛世之景，而我们志愿者也是亲历者、见证者。这让我想起来一句话——此生无悔入华夏，来世愿在'种花家'。"黄成激动地告诉记者。

10月1日凌晨4点由学校出发，一直到晚上12点才返回学校，整整20个小时，黄成都没有休息，可她没觉得累，"特别荣幸能见证祖国的荣光，这其实也是我们的高光时刻"。

黄成解释："每个志愿者承担的都是非常小的一部分工作，但大家汇聚到一起，每个人淡淡的一笔，就能汇聚成五星红旗灿烂的光华。"凭借热情的微笑和专业的服务，国庆当天，黄成和其他1.1万多名志愿者，成为这次庆祝活动一道亮丽的风景线。[①]

（三）"三下乡"

"三下乡"是指"文化、科技、卫生"下乡。大学生"三下乡"活动是各高校开展的一项旨在提高大学生综合素质的社会实践活动。1996年12月，中宣部等10部委下发《关于开展文化科技卫生"三下乡"活动的通知》，号召高校大学生结合农村发展和社会实际需要，发挥自己的知识技能优势，开展各类文化科技卫生服务活动，在社会实践中受教育、长才干、作贡献。由此，大学生"三下乡"社会实践活动正式拉开帷幕[②]。经过二十多年的努力，大学生"三下乡"活动已成为我国高校普遍开展的最具影响力的社会实践经典项目之一。大学生将自己所学的科学文化知识带到农村，开展丰富多样的支农助农服务，为高等教育努力服务新农村建设起到了促进作用。在文化下乡方面，大学生可以开展文化宣传、文艺展演、教育帮扶等活动。在科技下乡方面，大学生可以结合自身的专业优势，在教师的指导下开展科技成果推广与应用、科技咨询服务、农业人员科普培训等活动。在卫生下乡方面，大学生可以开展健康普查、医疗卫生知识普及宣传、基层医务人员培训等活动。

每年寒暑假，中宣部、教育部等相关部门都会联合下发全国大学生"三下乡"社会实践活动的通知，确定活动主题、总体安排、专项活动的有关事宜和要求。以2019年大学生暑期"三下乡"社会实践活动为例，活动共组建3 000支全国重点团队，围绕理论普及宣讲、历史成就观察、依法治国宣讲、科技支农帮扶、教育关爱服务、文化艺术服务、爱心医疗服务、美丽中国实践、"彩虹人生"实践服务等9个方面。此外，活动还聚焦学习宣传习近平新时代中国特色社会主义思想、投身打赢脱贫攻坚战、投身乡村振兴战略实施，重点组织开展"青年大学习"行动、"投身脱贫攻坚""投身乡村振兴"等专项计划。

---

① 国庆70周年庆祝大会幕后志愿者 [N]. 北京日报，2019-10-17.
② 于兴业. 大学生社会实践导论 [M]. 北京：中国农业出版社，2018：30.

知识链接 »»

2019 年 7 月，骄阳似火，但挡不住重庆师范大学师生参与暑期"三下乡"社会实践的脚步。学生们在指导老师带领下，将丰富的文化生活、科学的生产方式、现代的文明观念送进山乡，并在亲身体验中了解世情国情，在服务贡献中厚植爱国情怀，在实践锻炼中增长知识才干。青春的脸庞上，汗水折射出的理想和信仰之光分外璀璨。

"今年是中华人民共和国成立 70 周年、五四运动 100 周年，两大时间节点激扬起的自豪感与使命感，使得师生参与'三下乡'社会实践的热情特别高昂，报名人数也创下新高。"重庆师范大学团委书记毛霞欣喜地介绍道。

科普宣传方面，重庆师范大学发挥自身教师教育优势，特别设计了"ESS 乡村少年科学营"专项计划，着力推广和普及科学教育，提升乡村学校的科学教育质量。"少年营"组建了"史韵"团队、"扶贫路上的向日葵"团队、"晨曦"暑期"三下乡"社会实践服务团等分团，兵分多路，深入城口、石柱、巫山等贫困区县的乡村学校，从生活现象入手，向乡村少年普及科学知识；通过大气压强实验、食盐分离实验等科学小实验激发孩子们关注科学、探索科学的兴趣，引导孩子们进行科学探索，受到了孩子们的热烈欢迎，成员们也留下了充实、温暖、持久的青春回忆。

脱贫攻坚方面，学校的物理与电子工程学院、初等教育学院、数学科学学院、生命科学学院，深入贫困区县，不仅积极开展宣讲活动，使基层群众对扶贫的国情国策有更深入了解；更通过科学、扎实的调研，精准设计脱贫实策，深入开展帮扶活动。

深入调研方面，招生就业处下属"职途——大学生职业发展与就业合作社"，针对重庆师范大学毕业生近年来参与的各类"基层项目"开展专项调研。调研以大规模网络问卷调查方式收集与分析数据信息、接地气的实地田野调查体验真实环境、互动视频寄语联结"校—生"情谊为主要形式；聚焦参与"基层项目"的大学毕业生在具体岗位上的服务情况和工作成效，挖掘"基层项目"大学生的典型经验与代表，切实发挥先进典型的示范引领作用。

红色教育方面，学校特别推出"追寻红色足迹·情系圣地发展"系列活动，以深入学习党的十九大精神、庆祝中华人民共和国成立 70 周年、纪念五四运动 100 周年为契机，在全校招募实践团队赴延安开展党史学习、红色教育、实践锻炼和课题研究等系列活动，得到学生们的热烈响应。

学校还成立了"空中课堂"实践服务团，以此作为整个"三下乡"暑期社会实践服务团队对外交流的窗口，对乡村调研、贫困学生帮扶、减贫脱贫等调研团队上交的材料进行汇总及修正，极大地提升了学校暑期"三下乡"社会实践活动的整体性与影响力。

　　值得一提的是，重庆智博会期间，学校特别组建志愿服务团，选派 109 名志愿者分赴大会峰会组、接待外事组、展览组等参与志愿服务。志愿者们用实际行动诠释了"用青春书写责任、用微笑添彩智博"的服务理念，并成为智博会上一道亮丽的风景线。

　　此外，7 月 22 日由重庆新闻学院与重庆市高教学会电子商务专委会联合组织的重庆高校师生"探寻大美长江·服务乡村振兴"暑期联合实践活动完美收官。40 名师生，历时 15 天，顶着高温酷暑，翻越高山峻岭，沿长江流域和三峡库区 10 个区县，先后在 40 多个乡镇 70 多个乡村、企业和电商扶贫点助力山乡扶贫，并用当代大学生的视角记录了新时代的重庆在推进长江经济带绿色发展中如何发挥示范作用。[①]

（四）挂职锻炼

　　大学生挂职锻炼活动主要指高校大学生根据地方基层工作实际与所挂职务实际，以乡镇长助理、驻村干部、村（社区）支部书记助理和村（社区）主任助理等身份，开展挂职工作的社会实践活动。[②] 大学生在挂职锻炼中，将积极参与基层单位业务实习、日常管理、学习宣传、科技推广和文化卫生建设等活动，为地方建设发展作贡献。

　　大学生挂职锻炼主要包括：①大学生骨干挂职锻炼。大学生骨干挂职锻炼是高校根据大学生个人条件及接收单位的岗位需求情况，选派品学兼优的在校大学生到地方有关部门、乡镇（街道）、地方企业等基层单位挂职，参加相关岗位工作的实践活动。这一实践活动可以为大学生提供更多接触社会、服务社会的机会，培养当代大学生面向基层、服务基层、扎根基层的意识，使大学生在基层挂职锻炼中受教育、长才干、作贡献。②大学生村官。大学生村官计划起源于 1995 年江苏省实施的"雏鹰工程"，一方面是为了吸引优秀人才投身于社会主义新农村建设，解决新农村建设发展中的人才制约问题；另一方面是为了进一步拓展毕业生就业渠道，鼓励大学生到基层就业。[③]2008 年，中组部、教育部联合有关部委下发《关于选聘高校毕业生到村任职工作的意见（试行）》，指出以培养新农村建设带头人、党政干部后备人才等为目标开展大学生村官选聘，对大学生村官的选聘数量和名额分配，选聘对象、条件和程序，选聘任职，待遇和保障政策，管理及服务，财政补贴，组织实施等进行了详细说明。2012 年，中组部等 6 部门联合下发《关于进一步加强大学生村官工作的意见》，肯定了大学生村官甘于吃苦奉献，主动干事创业，在服务农民、发展农业、建设新农村中作出的积极贡献，并对大学生村官工作的规划、政策、体制、机制等进行了明确规定。经历了多年发展，大学生村官的队伍规模不断壮

---

① 　不忘初心"三下乡" 青春建功"小康梦"——重庆师范大学暑期"三下乡"实践育人活动掠影 [N]. 中国教育报，2019-09-20.

② 　于兴业 . 大学生社会实践导论 [M]. 北京：中国农业出版社，2018：34.

③ 　于兴业 . 大学生社会实践导论 [M]. 北京：中国农业出版社，2018：34.

大、学历层次不断优化。在现实中，诸多大学生村官积极宣传惠农政策、推广科技知识、带动群众致富、丰富群众精神文化生活，得到了社会各方的普遍赞同。大学生村官在农村实践锻炼中，形成了不怕吃苦、踏实工作、勇于进取等劳动品质和习惯，积累了丰富的社会经验，为今后的人生之路打下坚实基础。③选调生。选调生，是各省党委组织部门有计划地从高等院校选调品学兼优的应届大学本科及其以上毕业生到基层工作，作为党政领导干部后备人选和县级以上党政机关高素质的工作人员人选进行重点培养的群体的简称。[①] 选调生工作始于20世纪60年代，当时的选调生是"革命事业接班人"的一部分。2008年2月，习近平同志在全国组织工作会议上指出，"要坚持和完善选调生制度，精心挑选优秀大学生到基层艰苦岗位和复杂环境去锻炼"。2009年，中组部、中宣部、教育部等部门联合下发《关于建立选聘高校毕业生到村任职工作长效机制的意见》，指出要建立定期选聘、岗位培训、配套保障、跟踪培养、正常流动、齐抓共管等制度，培养新农村建设骨干力量和党政干部后备人才。很多选调生通过基层锻炼，丰富了知识，增长了才干，养成了踏实苦干的劳动品质和习惯，成为基层干部中的骨干力量。

知识链接 ≫

为深入学习贯彻习近平总书记"7·2"重要讲话精神和团十八大、团十八届二中全会精神，培养当代大学生面向基层、服务基层、扎根基层的意识，使大学生在基层挂职锻炼中受教育、长才干、作贡献，2019年暑假社会实践活动如火如荼地进行中，聊城大学团委选拔48名优秀大学生骨干到聊城市各级团组织展开为期30天的暑期挂职锻炼工作，协助基层团组织处理日常工作，进行信息采编、公文写作、智慧团建系统维护、基层团组织调研等系列相关工作。7月6—10日，基层工作经验丰富的团县委书记对挂职学生进行集中岗前培训，并组织挂职学生分别赴东昌府区、高新区、冠县、临清等地基层团组织单位完成岗位对接工作。我校大学生骨干进行挂职锻炼已有10余日，与此同时，我校学子于威海、岱崮开展暑期挂职锻炼工作，为服务基层贡献青春力量。

一个岗位，书写基层风采；一份责任，谱写青春华章。走近这些服务基层的青年人，聆听他们的暑期故事，感受他们的青春魅力。

精心扶贫，爱洒东昌。商学院2017级李菲在东昌府区组织部工作期间走进沙镇，为贫困家庭送去沙发、电视机等用品，此外，她前往东昌府区情暖水城爱心众筹平台和侯营村进行参观学习，感受互联网＋的创新科技，感悟红色传承的文化魅力。她总结，经过一周挂职锻炼，体会到了基层工作的繁杂与艰辛，并表示，要尽快调整和适应单位生活，深入基层，从实践中学习，在实践中进步（见图5-6和图5-7）。

---

① 于兴业.大学生社会实践导论 [M].北京：中国农业出版社，2018：36.

图　5-6　　　　　　　　　　　　　图　5-7

以笔耕耘，书写高新。教育科学学院 2017 级赵丽娜于高新区政工部从事媒体宣传工作，初次接触到聊城市高新区共青团的公众号，她体会到了校园媒体与社会媒体的不同，并对新闻媒体宣传有了更加深刻的认识，在工作中及时总结经验，改变工作思路，她用青春的劲笔，一笔一画地记录着高新区的精彩瞬间，以实际行动，诠释奉献基层、服务基层的深刻含义（见图 5-8 和图 5-9）。

图　5-8　　　　　　　　　　　　　图　5-9

一丝不苟，服务冠县。机械与汽车工程学院 2017 级 4 班冯英豪在挂职锻炼的过程中，参加了共青团冠县第九次代表大会，作为大会组织部的一员，他主要负责大会的视频与音频设备，协助工作人员完成会场的布置以及文件的分类和发放，他体会到，任何工作都需要一丝不苟的工作态度与齐心协力的团队精神，要用心服务，为乡村振兴战略贡献青春力量（见图 5-10 和图 5-11）。

助力乡村，振兴临清。我校挂职锻炼小组 5 人前往临清团市委，开展了整理档案、制作报表、发布微信公众号、扶贫下乡等工作，小组成员结合自身优势，协助团市委完成相关工作，并走访慰问了留守儿童和孤寡老人，帮助老人们整理庭院，送去了风扇等礼物，收获了一致好评。成员们意识到，要严格要求自我，不断加强学习，立足岗位、脚踏实地、兢兢业业，在工作中锻炼自己，在岗位上磨练自己 [1]（见图 5-12 ～图 5-14）。

---

[1] 　贾宜冉，李梦雪.青春挂职季，历练正当时：聊城篇——我校大学生骨干暑期挂职锻炼工作纪实 [EB/OL]. 聊城大学新闻网，[2019-08-11]. http://news.lcu.edu.cn/jgxy/315901.html.

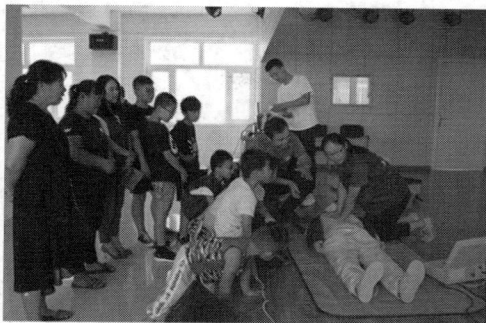

图　5-10

图　5-11

图　5-12

图　5-13

图　5-14

（五）科技发明

大学生科技发明是大学生在国家相关部门和学校的组织下，依靠教师的指导帮助，利用业余时间开展的科学技术创新活动。它是调动大学生学习、创新的积极性，提高大学生的动手操作能力、实践应用能力、团队合作能力、创新创业能力等综合素质的社会实践活动，其内容涵盖经济、科技、社会、文化等多个领域。大学生科技发明活动要求大学生紧跟时代潮流，根据世界发展趋势和我国国情，积极参与科技发明活动，使研究成果能真正为地方经济建设及社会发展服务。

知识链接 ≫···

　　创新利用超声波焊接冰箱空调里的铜铝管；把玉米秸秆压制成环保板材后可以制作快递箱；新鲜果蔬通过营造的温湿场能均匀变干；边健身边把产生的能量转换到洗衣机上，健身洗衣两不误⋯⋯2018 年 8 月 7 日，千余名大学生在武汉理工大学，角逐"东风汽车杯"第十一届全国大学生节能减排社会实践与科技竞赛决赛，各种创意比拼精彩纷呈（见图 5-15～图 5-17）。

图　5-15

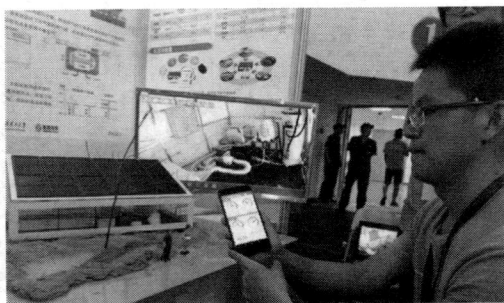

图　5-16

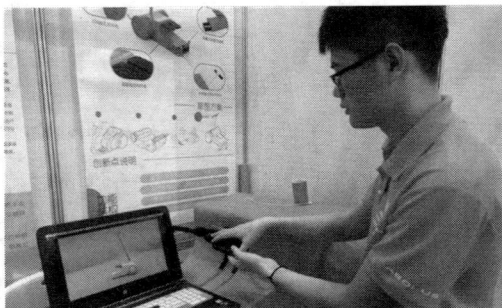

图　5-17

该竞赛由教育部高等教育司主办，自启动以来共有来自海内外418所高校报名参赛，收到3 881件有效作品，参赛人数首次超过2 000人，参赛作品数量和参赛人数均创历史新高。参加决赛的213个科技创新项目，来自清华大学、浙江大学、英国威尔士三一圣大卫大学等海内外105所高校，为节能减排集聚创新力量。

没有火花四溅，也没有隆隆巨响，大概2s的时间，一根筷子粗细的铜铝管就完成了焊接。"超声波产生的射流和冲击波，直接破解了母材表面的氧化膜，不会像传统的乙炔钎焊那样产生有毒的氟化物，也降低了能耗和碳排放。"武汉理工大学的韩慧莉团队向与会者介绍着他们的铜铝管材感应—超声符合绿色钎焊技术及装置，而大量运用于家用电器、汽车、电子等行业的铜铝管材，正是这个项目的应用方向。

"玉米秸秆在北方很常见，因为皮纤维结构致密，放半年都无法降解，只能焚烧，带来大量烟尘污染。"哈尔滨工业大学的罗易舟团队研究玉米秸秆皮层积压之环保板材及穰的改性利用，可以将玉米秸秆皮层积压制成环保板材，制作成家具、快递箱等，"比起焚烧来说更环保，也更实用"。

2017年湖北的连续阴雨天导致水稻变质，包括陕西果农的苹果腐烂等新闻，让华中科技大学的高亮团队动起了制干技术的脑筋，他们利用高温水维持干燥温度，营造稳定温湿场使新鲜果蔬变干，比传统的自然风干稳定得多，也更节能。"我们还制作了一款手机APP，方便农户远程操作，非常方便。"

一台橙色机器引起了记者的注意，外观像箱子，一侧的圆筒却像常用的洗衣机滚筒。"现代人工作忙，没时间健身，这台机器可以把锻炼产生的能量转化到洗衣机上，边健身边洗衣，还能发电，环保又轻松。"来自长江大学的陈菲团队，展示着她们的节能健身洗衣机设计，强大的循环利用瞄准了健身人群。指导老师张红告诉记者，最难的还是实现从能量到结构功能的转换，队员们动了很多脑筋。"现在可以实现脚踏和手拉，将来还可以结合脚蹬、身体扭转等健身动作，切换各种运动方式。"

教育部高等学校能源动力类专业教学指导委员会主任、中国科学院院士何雅玲介绍，经专家评审会审议表决通过，共有599件作品被评为第十一届全国大学生节能减排社会实践与科技竞赛三等奖，213件作品被推荐进入决赛。

在为期三天的决赛中，参赛队员们将围绕"节能减排，绿色能源"主题进行参赛实物展示、专家主审、小组讨论、评审合议等环节的最终角逐，争夺特等奖、一等奖、二等奖和组织奖等奖项。天使翼、点亮资本等一批投融资企业将现场观摩选手们的表现，并与拥有优秀参赛作品的团队现场签订合作意向，对相关产品技术进行孵化生产。[1]

---

[1] 千余大学生在汉比拼创意，213个科技项目实力演绎节能减排 [N]. 楚天都市报，2018-08-08.

三、养成辛勤劳动、诚实劳动、创造性劳动的劳动习惯和品质

开展大学生社会实践活动，要引导大学生在亲身参与中提高运用理论知识分析解决实际问题的能力，不断增强劳动本领，养成辛勤劳动、诚实劳动、创造性劳动的良好劳动习惯和品质。

1. 辛勤劳动

辛勤劳动表现为在劳动过程中勤奋敬业、埋头苦干、保持干劲，这是劳动者应有的劳动习惯和品质。2012 年 11 月 15 日，习近平总书记同采访十八大的中外记者见面时指出："人民对美好生活的向往，就是我们的奋斗目标。人世间的一切幸福都需要靠辛勤的劳动来创造。"2013 年 3 月 17 日，习近平总书记在第十二届全国人民代表大会第一次会议上强调："'功崇惟志，业广惟勤。'我国仍处于并将长期处于社会主义初级阶段，实现中国梦，创造全体人民更加美好的生活，任重而道远，需要我们每一个人继续付出辛勤劳动和艰苦努力。"在社会实践中，大学生要刻苦钻研、不懈奋斗，保持不怕苦、不怕累的昂扬斗志，舍得付出自己的体力、智力和汗水；要以辛勤劳动为荣，以好逸恶劳为耻，坚持勤奋做事、勤勉为人，扎实参与劳动实践活动。

2. 诚实劳动

诚实劳动不仅表现为脚踏实地、恪尽职守，在劳动过程中坚持实事求是，有实实在在的有益劳动付出，也表现为遵守国家法律法规和政策规定，遵循职业道德和行业规范。2013 年 4 月 28 日，习近平总书记在同全国劳动模范代表座谈时指出："人世间的美好梦想，只有通过诚实劳动才能实现；发展中的各种难题，只有通过诚实劳动才能破解；生命里的一切辉煌，只有通过诚实劳动才能铸就。"2016 年 4 月 26 日，习近平总书记在知识分子、劳动模范、青年代表座谈会上强调："我们要在全社会大力弘扬劳动精神，提倡通过诚实劳动来实现人生的梦想、改变自己的命运，反对一切不劳而获、投机取巧、贪图享乐的思想。"在社会实践中，大学生要实事求是、脚踏实地，不能弄虚作假、偷工减料、急功近利，不能企图通过什么"捷径"达到个人目的；要践行社会主义核心价值观，自觉遵守国家法律法规和政策，在追求职业理想中完成对社会应尽的责任与义务。

3. 创造性劳动

创造性劳动表现为在劳动过程中敢闯敢试、敢为人先、大胆探索、开拓创新。2014 年 6 月 23 日，习近平在全国职业教育工作会议上指出："要树立正确人才观，培育和践行社会主义核心价值观，着力提高人才培养质量，弘扬劳动光荣、技能宝贵、创造伟大的时代风尚，营造人人皆可成才、人人尽展其才的良好环境，努力培养数以亿计的高素质劳动者和技术技能人才。"2015 年 4 月 28 日，习近平总书记在庆祝"五一"国际劳动节暨表彰全国劳动模范和先进工作者大会上的重要讲话中强调："要教育孩子们从小热爱劳动、热爱创造，通过劳动和创造播种希望、收获果实，也通过劳动和创造磨炼意志、

提高自己。""劳动者素质对一个国家、一个民族发展至关重要。劳动者的知识和才能积累越多，创造能力就越大。"在社会实践中，大学生要自觉培养创新性思维，善于观察发现、思考批判，在劳动实践中勇于创新创造。

课后习题

一、简答题

1. 大学生实习实训的重要意义是什么？
2. 在勤工助学、实习实训和社会实践中要养成哪些良好的劳动习惯和品质？

二、劳动实训

1. 开展一次大学生勤工助学活动。
2. 开展一次大学生实习实训活动。
3. 开展一次大学生社会实践活动。

第 六 章
新时代高校劳动教育实施与保障支持

学习目标

1. 了解就业结构和新时代新就业形态。
2. 理解新时代高校劳动教育的实践方式。
3. 掌握高校劳动教育的劳动风险防范与安全保障知识。

今王发政施仁，使天下仕者皆欲立于王之朝，耕者皆欲耕于王之野，商贾皆欲藏于王之市，行旅皆欲出于王之途，天下之欲疾其君者皆欲赴愬于王。其若是，孰能御之?

——孟子

国家的强大最直接的体现就是发展机会多，各行各业兴旺发达，人人各尽其能、各得其所。当今世界正经历百年未有之大变局，我国正处于实现中华民族伟大复兴的关键时期。我们要统筹中华民族伟大复兴战略全局和世界百年未有之大变局，深刻认识我国社会主要矛盾变化带来的新特征、新要求，激发全体人民的积极性、主动性、创造性。坚持经济发展的就业导向，扩大就业容量，提升就业质量，促进充分就业，保障劳动者的待遇和权益。完善创业带动就业、多渠道灵活就业的保障制度，支持和规范发展新就业形态。

第一节　新时代劳动就业形态

就业是最大的民生。要坚持就业优先战略和积极就业政策，实现更高质量和更充分就业。大规模开展职业技能培训，注重解决结构性就业矛盾，鼓励创业带动就业。提供全方位公共就业服务，促进高校毕业生等青年群体、农民工多渠道就业创业。破除妨碍劳动力、人才社会性流动的体制机制弊端，使人人都有通过辛勤劳动实现自身发展的机会。完善政府、工会、企业共同参与的协商协调机制，构建和谐劳动关系。

——习近平

2017 年 10 月 18 日，习近平在中国共产党第十九次全国代表大会上指出："经过长期努力，中国特色社会主义进入了新时代，这是我国发展新的历史方位，是从党和国家事业发展的全局视野、从改革开放 40 年历程和十八大以来取得的历史性成就和历史性变革的方位上作出的科学判断。"2020 年 5 月 23 日，习近平在全国政协经济界联组会上听取发言后指出："疫情突如其来，'新就业形态'也是突如其来。对此，我们要顺势而为，让其顺其自然、脱颖而出。"新时代下的新就业形态，就是在这样的社会历史背景下发生的深刻变化。

▌ 一、就业结构

就业是最大的民生。"在我国，凡是从事法律允许的有益于社会的劳动，并取得一定报酬或收入的，都应视为就业。"它是指一个达到法定劳动年龄后，具备劳动能力的人在劳动力市场所处的一种被雇佣的状态。根据不同的划分标准，形成不同的就业结构。随着社会的不断发展，市场环境日益复杂，就业结构具有鲜明的时代特点。国家计委在 2001 年制定的《国民经济和社会发展第十个五年计划人口、就业和社会保障重点专项规划》一文中首次提出"灵活就业"概念，指出"要实行灵活的就业形式，引导劳动者转变就业观念，重点采取非全日制、临时性、阶段性和弹性工作时间等多种灵活的就业方式"，在"互联网 +"的全面推进过程中，灵活就业呈现出更多的新特征。

1. 就业结构的内涵

就业是指达到法定劳动年龄、具有劳动能力的劳动者，运用生产资料依法从事某种社会劳动，并获得赖以为生的工薪报酬收入或商业经营收入的经济活动，简称为就业。就业可以分为广义和狭义两种，广义就业是指社会中一切生产要素得到利用并得到相应收入的活动，是一种宏观层面的充分就业[①]。狭义就业是指劳动者利用劳动要素取得报酬的活动，也就是个人的劳动就业。

就业结构是指一个国家全部就业人员在国民经济各个部门中的分布比例。从广义的角度，就业结构还包括社会劳动力在国民经济各部门、各行业、各地区、各领域的分布、构成和联系等信息。具体来讲，按照不同的分布方式，就业结构可分为就业的部门结构、城乡结构、所有制结构、地区结构、知识结构、性别结构、职业结构和技术结构等。按产业划分为三次产业就业结构。按行业划分为农业、采掘业和制造业等就业结构。按就

---

① 杨河清，胡建林. 劳动经济学 [M]. 武汉：武汉大学出版社，2009：131-154.

业的经济类型划分为国有企业、私营企业和外商投资企业等就业结构[1]。根据一定的规律和法则，就业结构还可划分成不同的层次：宏观就业结构、中观就业结构和微观就业结构[2]。

就业结构反映全社会劳动力资源或人力资本在经济系统内的配置状况。就业结构表现为历史性、功能性和复杂性的特点。历史性表现为就业结构是由一定的经济和社会发展规律所决定的，它的变化是阶段有序的，即由低级向高级、由落后向现代发展运动的演变过程。功能性表现为结构本身在内部与外部联系和相互作用中表现出来的特有的功用和能力。复杂性表现为就业结构本身是复杂的，不是单一的结构体，是多种结构复合的统一体。

2. 就业结构的现状

根据《中国统计年鉴》2019 年报告[3]，见表 6-1。观察 2014—2018 年全国的就业基本情况，数据表明劳动力和就业人员数量总体趋稳，其中第三产业就业人数呈现增长趋势，第二产业和第三产业就业人数呈现同步下降趋势，如图 6-1 所示。

表 6-1

项　　目	2014 年	2015 年	2016 年	2017 年	2018 年
劳动力	79 690	80 091	80 694	80 686	80 567
就业人员 / 万人	77 253	77 451	77 603	77 640	77 586
第一产业	22 790	21 919	21 496	20 944	20 258
第二产业	23 099	22 639	22 350	21 824	21 390
第三产业	31 364	32 839	33 757	34 872	35 938
按城乡分就业人员 / 万人					
城镇就业人员	39 310	40 410	41 428	42 462	43 419
乡村就业人员	37 943	37 041	36 175	35 178	34 167
按登记注册类型分 城镇非私营单位就业人员 / 万人					
国有单位	6 312	6 208	6 170	6 064	5 740
城镇集体单位	537	481	453	406	347
股份合作单位	103	92	86	77	66
联营单位	22	20	18	13	12
有限责任单位	6 315	6 389	6 381	6 367	6 555
股份有限单位	1 751	1 798	1 824	1 846	1 875
港澳台商投资单位	1 393	1 344	1 305	1 290	1 153
外商投资单位	1 562	1 446	1 361	1 291	1 212

[1]　马力. 高等教育结构与就业结构、产业结构关联性研究 [D]. 北京：首都经济贸易大学，2016.
[2]　何盛明. 财经大辞典 （上卷）[M]. 北京：中国财政经济出版社，1990.
[3]　中国统计年鉴 2019[2020-10-11]. http：//www.stats.gov.cn/tjsj/ndsj/2019/indexch.htm.

续表

项　　目	2014 年	2015 年	2016 年	2017 年	2018 年
工商登记注册的私营个体就业人员 / 万人					
城镇私营企业	9 857	11 180	12 083	13 327	13 952
城镇个体	7 009	7 800	8 627	9 348	10 440
乡村私营企业	4 533	5 215	5 914	6 554	7 424
乡村个体	3 575	3 882	4 235	4 878	5 597
城镇登记失业人数 / 万人	952	966	982	972	974
城镇登记失业率（%）	4.09	4.05	4.02	3.9	3.8

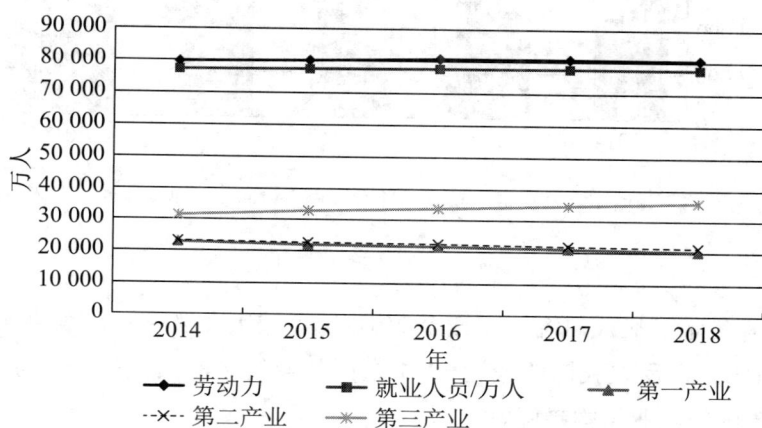

图　6-1

如图 6-1 所示，劳动力就业主要集中在国有单位和有限责任单位，而在城镇集体单位、股份合作企业、联营单位就业数量较少，如图 6-2 所示。

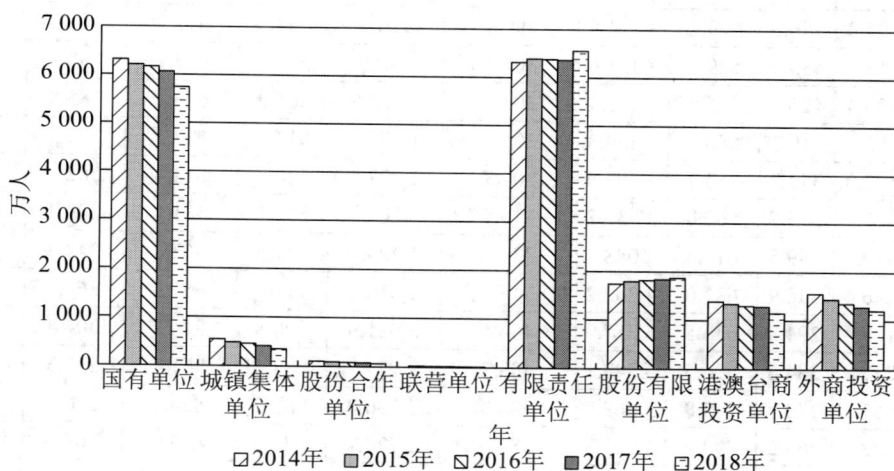

图　6-2

工商登记注册的私营个体就业人员情况，如图 6-3 所示。在城镇私营企业、城镇个体、乡村私营企业、乡村个体等的就业人口均呈增长态势，且就业人口基数庞大，2018 年均超过 5 500 万人，其中城镇私营企业就业人口达到 13 952 万人。

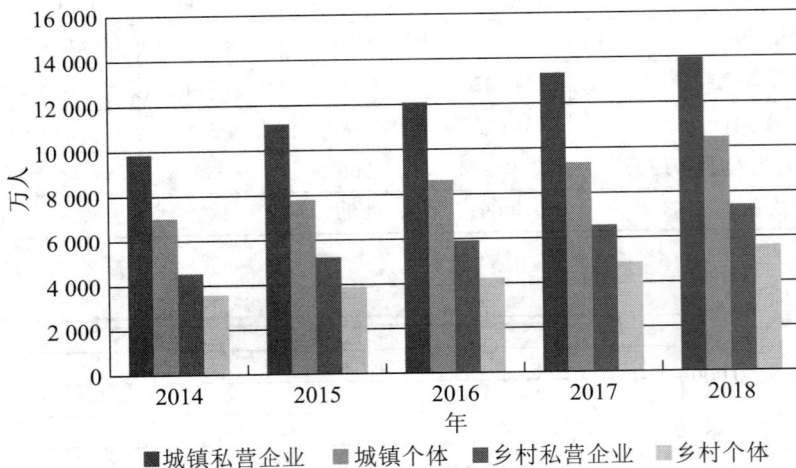

图　6-3

根据《中国统计年鉴》的统计，截至 2018 年，城镇非私营单位就业人员分布在 19 个行业（见表 6-2），反映我国的最近 13 年全国就业结构的演变趋势。总体而言，大学生就业分布与全国的就业结构趋同。

表　6-2

单位：万人

年份/年	就业人员	农林牧渔业	采矿业	制造业	电力、热力、燃气及水产业和供应业	建筑业	批发和零售业	交通运输、仓储和邮政业	住宿和餐饮业	信息传输、软件、信息技术服务业
2005	11 404.0	446.3	509.2	3 210.9	299.9	926.6	554.0	613.9	181.2	130.1
2006	11 713.2	435.2	529.7	3 351.6	302.5	988.7	515.7	612.7	183.9	138.2
2007	12 024.4	426.3	535.0	3 465.4	303.4	1 050.8	506.9	623.1	185.8	150.2
2008	12 192.5	410.1	540.4	3 434.3	306.5	1 072.6	514.4	627.3	193.2	159.5
2009	12 573.0	373.7	553.7	3 491.9	307.7	1 177.5	520.8	634.4	202.1	173.8
2010	13 051.5	375.7	562.0	3 637.2	310.5	1 267.5	535.1	631.1	209.2	185.8
2011	14 413.3	359.5	611.6	4 088.3	334.7	1 724.8	647.5	662.8	242.7	212.8
2012	15 236.4	338.9	631.0	4 262.2	344.6	2 010.3	711.8	667.5	265.1	222.8
2013	18 108.4	294.8	636.5	5 257.9	404.5	2 921.9	890.8	846.2	304.4	327.3
2014	18 277.8	284.6	596.5	5 243.1	403.7	2 921.2	888.6	861.4	289.3	336.3
2015	18 062.5	270.0	545.8	5 068.7	396.0	2 796.0	883.3	854.4	276.1	349.9
2016	17 888.1	263.2	490.9	4 893.8	387.6	2 724.7	875.0	849.5	269.7	364.1

续表

年份/年	就业人员	农林牧渔业	采矿业	制造业	电力、热力、燃气及水产业和供应业	建筑业	批发和零售业	交通运输、仓储和邮政业	住宿和餐饮业	信息传输、软件、信息技术服务业
2017	17 643.8	255.4	455.4	4 635.5	377.0	2 643.2	842.8	843.9	265.9	395.4
2018	17 258.2	192.6	414.4	4 178.3	369.2	2 710.9	823.3	819.0	269.8	424.3

年份/年	金融业	房地产	租赁和商务服务业	科学研究和技术服务业	水利、环境和公共设施管理业	居民服务、修理和其他服务业	教育	卫生和社会工作	文化、体育和娱乐业	公共管理、社会保障和社会组织
2005	359.3	146.3	218.5	227.7	180.4	53.9	1 483.2	508.9	122.5	1 240.8
2006	367.4	153.9	236.7	235.5	187.0	65.6	1 504.4	525.4	122.4	1 265.6
2007	389.7	166.5	247.2	243.4	193.5	57.4	1 520.9	542.8	125.0	1 291.2
2008	417.6	172.7	274.7	257.0	197.3	56.5	1 534.0	563.6	126.0	1 335.0
2009	449.0	190.9	290.5	272.6	205.7	58.8	1 550.4	595.8	129.5	1 394.3
2010	470.1	211.6	310.1	292.3	218.9	60.2	1 581.8	632.5	131.4	1 428.5
2011	505.3	248.6	286.6	298.5	230.3	59.9	1 617.6	679.1	135.0	1 467.6
2012	527.8	273.7	292.3	330.7	243.8	62.1	1 653.4	719.3	137.7	1 541.5
2013	537.9	373.7	421.9	387.8	259.2	72.3	1 687.2	770.0	147.0	1 567.0
2014	566.3	402.2	449.4	408.0	269.1	75.4	1 727.3	810.4	145.5	1 599.3
2015	606.8	417.3	474.0	410.6	273.3	75.2	1 736.5	841.6	149.1	1 637.8
2016	665.2	431.7	488.4	419.6	269.6	75.4	1 729.2	867.0	150.8	1 672.6
2017	688.8	444.8	522.6	420.4	268.5	78.2	1 730.4	987.9	152.2	1 725.6
2018	699.3	466.0	529.5	411.5	260.6	77.4	1 735.6	912.4	146.6	1 817.5

根据表 6-2 生成 2005—2018 年 19 个行业就业人口演变图，如图 6-4 所示。根据表 6-2 和图 6-4 可以知道，我国的非私营企业就业呈现以下三个显著特点。

（1）就业人口少于 400 万人的行业，包括农林牧渔业，电力、热力、燃气及水产业和供应业，住宿和餐饮业，水利、环境和公共设施管理业，居民服务、修理和其他服务业，文化、体育和娱乐业等，其中农林牧渔业就业人口急剧缩减，如图 6-5 所示。

（2）就业人口超过 400 万人且少于 1 000 万人的行业，包括采矿业，批发和零售业，交通运输、仓储和邮政业，信息传输、软件、信息技术服务业，金融业，房地产业，租赁和商务服务业，科学研究和技术服务业，其中采矿业的就业人口在衰减，其他行业均呈现增长态势，如图 6-6 所示。

（3）就业人口超过 1 000 万人的行业，包括公共管理、社会保障和社会组织、教育、建筑业、制造业等，其中建筑业的就业人口增长最快、制造业的就业人数最多，如图 6-7 所示。由表 6-2 可知，超过 1 000 万人就业的行业是劳动力集中的领域。

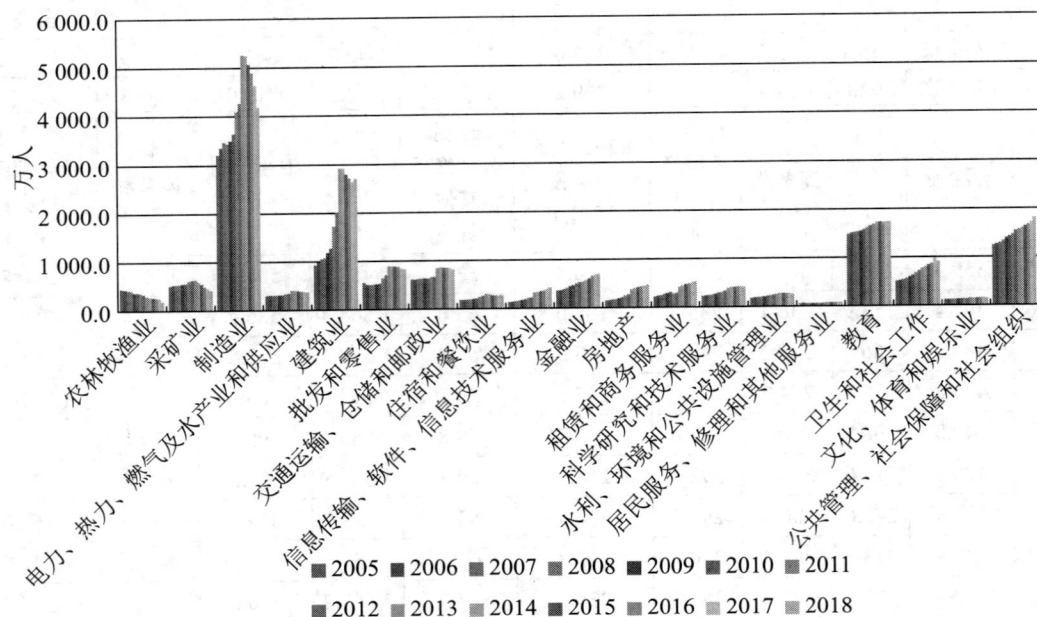

图 6-4

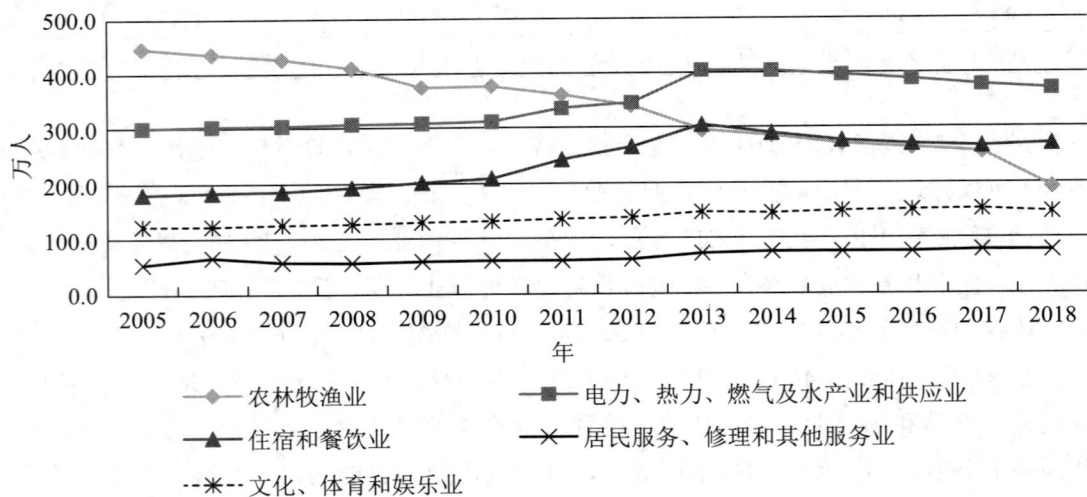

图 6-5

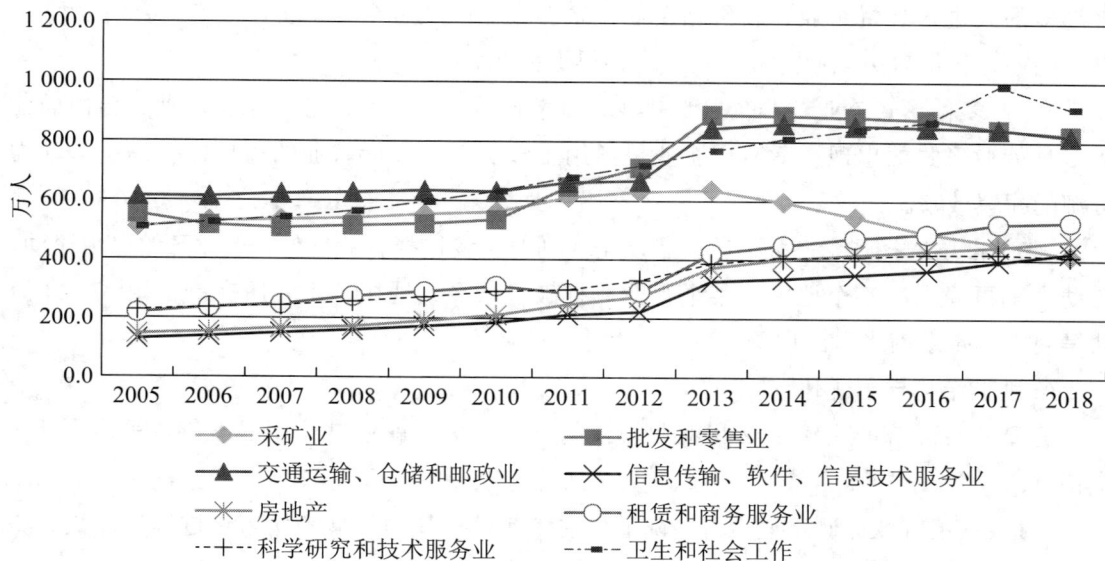

图　6-6

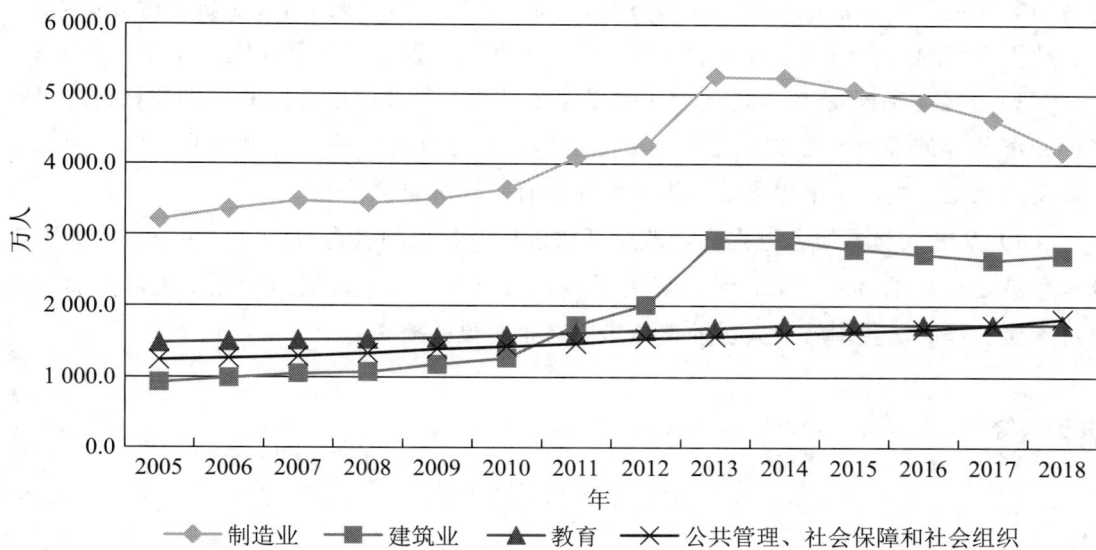

图　6-7

3. 市场机制对就业结构的影响

经过 40 多年的改革开放，我国的劳动力市场正日趋成熟。当前，用人单位作为劳动力的需求方，在相关法规的规范下根据自身需要招收劳动者。劳动者作为供给方，根据个人意愿自主选择从事什么样的工作。劳动者和用人单位在就业市场中形成劳动力就业市场的双向选择机制，对就业结构产生重大影响，主要表现在以下三个方面。

（1）多种渠道就业。社会经济不断发展，国有企事业单位不再是就业的主战场，越来越多的人进入外资企业、股份制企业、私营企业或从事个体经营，还有一部分劳动者自主创业、从事自由职业，最终实现多种渠道就业。

（2）多种形式就业。非全日制就业、季节性就业、兼职就业、家庭就业、自由职业等多种就业形式的出现，适应了企业灵活用工和劳动者灵活就业的需要，提高了劳动力资源的配置效率。

（3）市场选择观念凸显。劳动者从个人利益出发选择就业岗位，人才开始自由流动，劳动力不再局限在某个地区、某个行业，打破了城乡、地域、企业所有制界限，人才流动呈现"孔雀东南飞"的现象。

4. 就业结构显著优化

随着社会经济的飞速发展和就业规模的不断扩大，就业结构明显改善，呈现以下4个特点。

（1）城镇就业比例迅速上升。随着经济的持续、快速发展和城市化进程的加快，城镇就业人口迅速增加。

（2）非农产业迅速发展。改革开放后，产业结构大幅度调整，更加注重与人民生活密切相关的轻工业、商业、饮食业、服务业、交通运输业、邮电通信业、金融保险业等行业，产业结构逐步趋向合理，非农产业迅速发展，就业结构发生了显著变化。

（3）非公有制经济单位的就业比例迅速上升。改革开放以后，随着以公有制为主体多种经济并存的经济制度的确立和"三结合"就业方针的实施，自谋职业、自主创业成为重要的就业方式，越来越多的人进入到非公有制经济单位就业。

（4）从业人员素质普遍提高。改革开放以后，我国的教育事业进一步发展，加之市场竞争就业机制的逐步形成，劳动者为了增强自己在劳动力市场上的竞争力，更加注重自身素质的提高，我国就业人员的整体素质有了明显的提高。

知识链接 ≫ ···

新就业形态脱颖而出

2019年6月10日，第三方社会调查机构麦可思研究院发布《2019年中国大学生就业报告》（以下简称《报告》），针对大学生就业率、就业趋势、薪酬情况等问题，回应公众关切。

1. 本科就业率持续缓慢下降、深造比例持续上升

本科就业率怎么样，就业环境如何？《报告》给出的答案是，2018届大学毕业生的就业率为91.5%。其中，本科毕业生就业率（91.0%）持续缓慢下降，较2014届（92.6%）下降1.6个百分点。高职高专毕业生就业率为92.0%，较2014届（91.5%）上升0.5个百分点。近两届高职高专毕业生就业率高于同届本科。

《报告》显示，2018届本科毕业生"受雇工作"的比例为73.6%，连续五届持续下降。"自主创业"的比例（1.8%）较2014届（2.0%）略有下降。"正在读研"（16.8%）及"准备考研"（3.3%）的比例较2014届分别增长3.2、1.4个百分点。

2018届高职高专毕业生"受雇工作"的比例为82.0%，较2014届下降1.5个百分点。"自主创业"的比例（3.6%）较2014届（3.8%）略有下降。"读本科"的比例（6.3%）连续五届上升，较2014届增长2.1个百分点。

《报告》由此得出结论，由于深造的分流，毕业生待就业压力没有明显增加。2018届本科毕业生待就业比例为4.2%，较2014届（4.5%）略有下降。2018届高职高专毕业生待就业比例为7.5%，较2014届（8.1%）降低0.6个百分点。

2. 月薪是衡量一个专业就业前景的重要指标

应届大学毕业生月收入呈现上升趋势，2018届平均月薪为4 624元。《报告》显示，2018届大学毕业生的月收入（4 624元）比2017届（4 317元）增长了307元，比2016届（3 988元）增长了636元。其中，2018届本科毕业生的月收入（5 135元）比2017届（4 774元）增长了361元，比2016届（4 376元）增长了759元。2018届高职高专毕业生的月收入（4 112元）比2017届（3 860元）增长了252元，比2016届（3 599元）增长了513元。

2018届毕业生在一线城市就业的本科生月收入为6 525元，比在"新一线"城市就业的本科毕业生月收入（5 117元）高1 408元。2018届高职高专毕业生在一线城市就业的月收入为5 121元，高于在"新一线"城市就业的高职高专毕业生月收入（4 221元）900元。

3. 大学生自主创业成功率低但收入涨幅高

《报告》称，2018届大学毕业生自主创业比例为2.7%，较2014届（2.9%）略有下降。其中，高职高专毕业生自主创业的比例（3.6%）高于本科毕业生（1.8%）。此外，有6.2%的2015届大学毕业生三年内自主创业。2015届自主创业的大学毕业生中，三年后有44.8%的人仍坚持自主创业，比2014届（46.2%）低1.4个百分点。2015届本科毕业生三年内自主创业主要集中在教育行业（19.8%）。2015届高职高专毕业生三年内自主创业主要集中在零售业（14.8%）。

创业艰辛，但它带来的收益明显更高。《报告》显示，大学毕业生自主创业人群月收入优势明显。2015届本科毕业生自主创业人群半年后的月收入为5 131元，三年后为11 882元，涨幅为132%，明显高于2015届本科毕业生平均水平（半年后为4 042元，三年后为7 441元，涨幅为84%）。2015届高职高专毕业生自主创业人群半年后的月收入为4 601元，三年后为9 726元，涨幅为111%，明显高于2015届高职高专毕业生平均水平（半年后为3 409元，三年后为6 005元，涨幅为76%）。（摘自《光明日报》）

二、新就业形态

近年来,数字经济蓬勃发展,依托互联网平台的新就业形态就业容量大、就业门槛低、灵活性和兼职性强,已成为就业的重要渠道。相比传统的就业方式,新就业形态提升了劳动者的就业质量、激发了劳动者的创新创业精神,有望成为国民就业的新引擎。

1. 新就业形态的内涵

十八届五中全会公报首次提出"加强对灵活就业、新就业形态的支持",由此"新就业形态"引起社会各界的强烈关注。人们发现,新就业形态预示着新一轮信息技术革命所引发的就业模式、工作模式,预示着中国劳动力市场将出现的新趋势。

国务院办公厅 2020 年 7 月印发《关于支持多渠道灵活就业的意见》（以下简称《意见》）,《意见》强调支持发展"新就业形态",认为其是劳动者就业增收的重要途径,对拓宽就业新渠道、培育发展新动能具有重要作用。《意见》也指出:"实施包容审慎监管,促进数字经济、平台经济健康发展,加快推动网络零售、移动出行、线上教育培训、互联网医疗、在线娱乐等行业发展,为劳动者居家就业、远程办公、兼职就业创造条件。合理设定互联网平台经济及其他新业态新模式监管规则,鼓励互联网平台企业、中介服务机构等降低服务费、加盟管理费等费用,创造更多灵活就业岗位,吸纳更多劳动者就业。"

当前人类社会正在经历的社会变革的速度、广度与深度远超以往,对社会体系造成的系统性冲击也更强烈、更广泛。工作与就业是当下个体最为重要的活动,是工业社会运行的基础,信息技术正在深刻重塑科技革命和社会经济生活。随着互联网、大数据、人工智能等新技术的高速发展、日益成熟,全球范围内各种网络数字就业平台大量涌现,凭借网络信息技术,以往复杂的"工作"被巧妙地分解为若干简单的"任务",通过互联网众包平台分配给不同地域的工人,跨地域的劳动者可以协作完成"工作",由此进一步催生新型劳动力市场,为创造新就业形态奠定技术条件。新型劳动力市场与传统劳动力市场有着巨大的差别,众人可以跨越时空协同工作,分布在全城、全国甚至全球的人们可以协同工作,预示着劳动领域的重大变革。

数字经济打破原有的商业模式和就业模式,催生新就业模式,劳动者可以不受时间和地域限制选择适合自己的工作。当前,新就业形态主要集中在共享经济、平台经济、众包经济、零工经济、电子商务等领域,提供诸如"网约车""骑手""快递""网络直播"等工作,创造异地分布式协同工作模式,如提供远程技术服务、远程文案、远程视频音频处理、远程数据处理等。新就业形态有别于传统的就业方式,呈现就业灵活、众包协作、跨域协同等特点。

但是,国内目前尚未对新就业形态有统一的定义,理论界认为新就业形态是与数字经济相适应的一种灵活就业,将逐渐替代传统的典型就业,是未来的重要就业模式。中国就业促进会认为:"新就业形态是指与建立在工业化和现代工厂制度基础上的传统就业方式相区别的就业形态，主要包括伴随着互联网技术进步与大众消费升级而出现的去雇主化就业模式，以及借助信息技术升级的灵活就业模式。"[①] 一般认为，新就业形态是指依托互联网等现代信息科技手段，实现有别于正式稳定就业和传统灵活就业的灵活性、平台化的组织用工和劳动者的就业形态。[②]

2. 新就业形态的基本特征

（1）雇佣关系弹性化、虚拟化、多重化。传统的雇佣关系是"员工＋企业"模式，员工与企业签订就业合同，通过企业与市场进行价值交换，享受有保障的社会福利，劳动者的工作时间、地点、内容和期限等通过劳动合同加以固定化。在新就业形态下，劳动者与雇佣组织是松散的劳动关系，工作向非雇佣形式转变，劳动工作的时间、地点、内容和期限等变得灵活和弹性。劳动者借助互联网众包平台获取工作机会，甚至可以使用虚拟账号成为服务方，雇佣关系变得虚拟化和多重化，人们甚至可以同时身兼数职。

（2）组织方式平台化、无组织化。在工业时代，传统的就业形态采用"泰勒制＋福特制"模式，大企业往往采用科层制、职能制或事业部制的组织模式。在信息化社会，互联网技术使组织的内外沟通协作变得便捷和迅速，企业组织结构变得网络化和扁平化。在新就业形态下，就业组织方从企业向平台迁移，科层制企业将逐渐被淘汰，互联网平台化就业开始涌现。在新就业形态下，就业向无组织化发展，创业式就业、自主灵活式就业变得普遍。

（3）就业边界扩大化、全球化。在传统的就业方式中，就业依赖雇佣组织，就业边界受到职业资格准入与身份的限制，劳动者与雇主之间形成时空相当稳定的工作形式，工作呈现"朝九晚五"的特点，工作约定往往一成不变。新就业形态打破了对工作时间、地点的约束，人们甚至可以获得全球任何地方的工作机会，远程为雇主提供劳动服务，如人们可以借助滴滴打车、猪八戒网、美团等自由就业平台使远程工作成为可能。

3. 新就业形态的就业类型

（1）创新驱动型就业。随着大数据、云计算、人工智能等新技术创造大量的新产品、新分工、新产业，重塑生产和生活方式，涌现出大量的、新的就业机会和方式。例如，人工智能技术带来了远程数据标注员、云客服、受众分析员、远程技术服务等新职业。

（2）新经济就业。随着新技术与传统经济相融合，企业的生产方式和组织管理模式不断变革，出现诸如电子商务、数字经济、平台经济、分享经济等新产业形态。新产业形态带动了新的就业模式，如滴滴出行、美团、猪八戒网等。

（3）创业式就业。云计算、大数据等信息技术的出现，使得企业和个人获得信息技术的基础设施费用降低。"互联网＋"创造新经济，为创新创业提供更多可能的实现途径，创业成本大幅降低，创业式就业亦成为可能。以阿里云为例，仅阿里云生态创造的就业

---

① 中国就业促进会. 新就业形态 [J]. 中国就业，2017（11）：26-27.

② 莫荣. 新就业形态的概念、现状与协同治理 [J]. 新经济导刊，2020（3）：12-16.

机会就超过 120 万。创业式就业机会主要集中在电子商务、软件开发、音视频领域和物流等行业。

（4）其他形式就业。新就业形态依托于信息技术和市场分工的细化。在互联网的长尾效应下，大量个性化、差异化和零散化的工作需求，促使各种新兴职业层出不穷，如代驾、陪护、网络祭祖、叫醒服务和告白服务等，满足人们对灵活就业的需求。

知识链接 >> ···

新就业形态脱颖而出

近年来，随着数字经济的繁荣发展，依托互联网平台的新就业形态不断发展壮大。这些新就业形态就业容量大、进出门槛低、灵活性和兼职性强，成为吸纳就业的重要渠道。特别是在疫情防控期间，网约配送员、在线医生等新就业形态从业人员迅速"补位"，助力保障人们的日常生活和工作，促进经济社会秩序全面恢复。

新就业形态活力蓬勃，有望成为保居民就业的重要引擎。相比传统的灵活就业，新就业形态更有组织性、更加规范，提升了劳动者的就业质量。更重要的是，在这场就业变革中，无数普通劳动者的创新精神被充分激发，有利于中国经济更好地发挥人力资本优势。

"您有一笔新的外卖订单，请及时处理！"

"您有新的'老师到家'服务，请跟进！"

"有乘客从北京市朝阳区西大望路 4 号前往北京南站，是否接单？"

……

移动互联网时代，越来越多人的工作任务来自手机，就业形态也发生了新变化，出现了由互联网平台作为劳动力资源组织方，将劳动者和消费者直接对接的新就业形态。据不完全统计，当前我国外卖骑手数量已突破 700 万人。仅滴滴平台就吸引了超过 1 000 万名从业者，带动产业链上下游 600 多万人就业。

新就业形态发展状况怎么样？带动效应有多大？面对这一全新的就业变革，记者进行了调查采访。

灵活包月的共享设计师、线上接单的"到家老师"……我国的新就业形态在从业人数规模、服务类型多样化等方面都处于世界前列。

"您已接单成功！"最近，创艺设团队再次接到了包月订单。在接下来的一个月里，设计师方文军将成为秀贝星品牌的共享设计师，负责秀贝星网店的详情页设计、整店装修等工作。

"真没想到，我们可以通过线上平台按月为不同的企业服务。"创艺设团队负责人吴江山介绍，自 2020 年 4 月以来，团队共接收了 10 多个包月订单，目前每名设计师都在为 2 ～ 3 家企业服务。

回首年初，坐落于杭州的创艺设，受疫情影响，线下业务量急剧减少。线上业务虽然进展不错，但订单多是项目制的，作品一交付，合作关系就终止，团队面临接上单愁下单的困境。

转机发生在 4 月。创艺设所在的猪八戒网严选平台上线了灵活用工包月服务，给团队带来"长订单"，一下增强了发展信心。

"这是个'两全其美'的事儿。"猪八戒网副总裁杜春永说，对设计师来说，包月服务使其工作量更加稳定，提高了就业质量。对企业特别是小微企业而言，能更好地满足其需求。

杜春永说，疫情防控期间，服务业加速向线上转移，猪八戒网发现不少小微企业有持续、不固定的综合服务需求。例如，网店店主在促销旺季往往有持续性的修图、详情页设计等服务需求。

"线上平台传统的项目制订单无法满足这些网店店主的需求，他们更需要一位经常在线、随时可工作的设计师。"杜春永说，由于大部分网店店主请不起专职设计师，所以灵活用工包月服务应运而生，让小微企业可以按月共享设计师。

同一时期，在千里之外的北京，徐琳琳也像方文军、吴江山一样，通过互联网平台提供专业服务。

受疫情影响，2020 年上半年幼儿园普遍处于闭园状态，招聘工作也随之暂停，幼教专业毕业的徐琳琳求职并不顺利。后来，徐琳琳找到了摩儿妈妈平台，线上接单，当起了"到家老师"。

在平台上，家长可以"拼团"请老师，而通过成为 4～5 名儿童的共享老师，徐琳琳成功地实现就业。"线上接单既自由，收入也不错，我准备一直这样干下去。"

疫情防控期间，在网络零售、移动出行、线上教育培训、互联网医疗、在线娱乐等行业，越来越多的劳动者跳出传统的劳动岗位，依托互联网平台实现就业，成为新就业形态从业者。

新就业形态是经济业态发展、市场竞争与技术进步交互作用的必然结果。中国新就业形态研究中心主任张成刚表示，5G、工业互联网、大数据、人工智能、云计算等各类新技术的应用推动产业升级、商业模式重构，共享经济、平台经济等新商业模式随之广泛出现，带来了劳动力市场的这场变革。

一方面，在数字经济时代，原本一个工作人员的工作，可以被拆分成 10 个、100 个甚至更多的工序和任务，就业分工更为细化。另一方面，新技术让互联网平台可以在劳动者与消费者之间进行大规模、大范围的资源调配、任务分派等活动，组织协调更为精密。

正因如此，新就业形态呈现出匹配效率高、组织方式新、就业观念新等特点。

"目前，中国的新就业形态在从业人数规模、服务类型多样化等方面都处于世界前列。"中国劳动和社会保障科学研究院副院长莫荣说。

国家信息中心分享经济研究中心发布的《中国共享经济发展报告2020)》显示，2019年，以新就业形态出现的平台企业员工达到623万人、同比增长4.2%，平台带动的就业人数约为7 800万人、同比增长4%。（摘自《人民日报》）

第二节　新时代高校劳动教育实施

把劳动教育纳入人才培养全过程，贯通大中小学各学段和家庭、学校、社会各方面，教育引导青少年树立以辛勤劳动为荣、以好逸恶劳为耻的劳动观，培养一代又一代热爱劳动、勤于劳动、善于劳动的高素质劳动者。

——习近平

2020年3月20日，中共中央、国务院印发《关于全面加强新时代大中小学劳动教育的意见》，提出家庭要发挥劳动教育的基础作用、学校要发挥劳动教育的主导作用、社会要发挥劳动教育的支持作用，文件高屋建瓴地指明高校开展劳动教育的实施途径。

劳动教育是协同教育，劳动教育活动主要来源于4个方面：受教育主体的自我劳动教育、家庭劳动教育、学校劳动教育和社会劳动教育，相应形成4个劳动教育系统，即自我劳动教育系统、家庭劳动教育系统、学校劳动教育系统和社会劳动教育系统。这四大教育系统各具不同的教育功能，释放不同的作用，同时又相互影响，共同构成劳动教育协同化、社会化的基本格局。高校劳动教育的实施，应充分调动家庭、学校和整个社会的积极性，实现家庭劳动教育、专业教育、实习实训、社会实践等协同实施，丰富和拓展劳动教育的实践途径和场所，全面推动劳动教育的深入开展，形成劳动教育的合力效应。

▌一、劳动教育与家庭教育相融合

2018年9月，习近平在全国教育大会上强调，"家庭是人生的第一所学校，家长是孩子的第一任老师，要给孩子讲好'人生第一课'，帮助扣好人生第一粒扣子。教育、妇联等部门要统筹协调社会资源支持服务家庭教育"。2020年3月，中共中央国务院发布《关于全面加强新时代大中小学劳动教育的意见》，提出"家庭要发挥在劳动教育中的基础作用"。重视和实施家庭中的劳动教育（家庭劳动教育），有利于构建德智体美劳全面培养的教育体系，形成更高水平的人才培养体系。在家庭教育中，家长是教育的第一责任人，其思想和言行对塑造孩子的劳动意识、劳动观念、劳动行为至关重要。

1.家庭教育通过劳动教育实现

俗话说"近朱者赤，近墨者黑"，在一定程度上说明了环境对人的影响作用。家庭是孩子生活的第一环境，父母是孩子真正的启蒙者。在孩子认识世界的时候，他们最先接触的是父母，家长是家庭教育的实施者，劳动教育是家庭教育的重要内容，劳动教育是实现家庭教育的途径之一。

（1）家庭要树立崇尚劳动的良好家风。"劳动最光荣"曾经深入人心，但当下劳动却受到轻视。有些家长重智轻德、重成绩轻素质。要想改变这种现状，首要的就是提高家长对劳动教育的认知，使家长成为热爱劳动的榜样。家长通过日常生活的言传身教、潜移默化，让孩子养成从小爱劳动的好习惯。

（2）劳动教育是家庭教育的重要内容。家庭是落实劳动教育的重要场所，家庭生活是孩子生活最为重要的内容，接触最早、持续最久、依赖性最强。劳动教育是家庭教育的最好教材，生活处处有劳动，劳动就在家长和孩子的身边，家长可以随时随地实施教育，不受时间、地点和形式的限制。

（3）劳动教育是家庭德育的重要途径。教育的根本任务是立德树人，在家庭教育中，劳动教育是落实立德树人根本任务的关键教育内容，做好劳动教育关键在家长，关键在发挥家长的积极性、主动性和创造性。让孩子在劳动中学会独立和自信，学会尊重劳动和尊重他人，形成服务精神和助人品格，提高劳动意识和劳动能力。爱劳动、会劳动的人，生活态度往往是积极的、乐观的。

（4）各部门支持服务家庭劳动教育。习近平强调，"教育、妇联等部门要统筹协调社会资源支持服务家庭教育"。政府要出台政策，支持家庭开展劳动教育，学校要为家长提供专业的指导和帮助，社会要搭建平台，为家庭开展劳动教育提供更多的条件与便利，形成全社会崇尚劳动最光荣、劳动最崇高、劳动最伟大、劳动最美丽的劳动观念，崇拜劳模，弘扬劳模精神。

家庭教育通过劳动教育实现，家长崇尚劳动，落实劳动教育，实现家庭德育教育，同时各部门要统筹协调社会资源支持服务家庭教育。

2.家庭劳动教育的要求

家庭劳动教育是家庭教育的一部分，区别于其他家庭教育，其具体要求如下。

（1）要重视劳动教育的育人功能。习近平强调，"要在学生中弘扬劳动精神，教育引导学生崇尚劳动，尊重劳动，懂得劳动最光荣、劳动最崇高、劳动最伟大、劳动最美丽的道理，长大后能够辛勤劳动、诚实劳动、创造性劳动""培养德智体美劳全面发展的社会主义建设者和接班人"。在家庭教育中，育人是家庭教育的出发点和立足点，家庭劳动教育是家庭德育的最好途径。

（2）要创新劳动教育形式。随着社会的发展，劳动的内容与方式也会发生变化，劳动具有历史性、时代性、发展性和实践性。与之相对应的劳动教育也必须与时俱进，适应社会的发展。《关于全面加强新时代大中小学劳动教育的意见》指出："以日常生活劳动、生产劳动和服务性劳动为主要内容开展劳动教育。结合产业新业态、劳动新形态，注重选择新型服务性劳动的内容。"其中，日常生活劳动注重在学生个人生活自理中强化劳动自立意识，体验持家之道，这也是学生健康发展、适应社会生活的重要基础。服务性劳动具有较强的时代特点，注重利用知识、技能、工具、设备等为他人和社会提供服务，特别是在公益劳动、志愿服务中强化社会责任，培养良好的社会公德。

（3）要重视劳动过程。在家庭劳动教育中，更应该重视劳动过程，而非劳动结果。孩子参加劳动同成人劳动具有本质性的区别。家长让孩子参加劳动的目的，是通过劳动促进孩子全面发展，培养劳动习惯、珍惜劳动成果、锻炼劳动品质，促进孩子的身心健康发展，最终实现德智体美劳的全面发展。

抓住劳动教育的根本，立德树人，培养德智体美劳全面发展的社会主义时代新人，创新劳动教育形式，注重劳动过程。要让孩子懂得尊重别人的劳动，树立劳动最光荣的理念，知道每个人都是社会的劳动者，没有贵贱之分，只是分工不同，不劳而获是可耻的。

3. 家庭劳动教育的意义

（1）劳动可以培养孩子的独立性。孩子在成长的过程中，会不断地表现出一种独立的意向，希望自己完成某项事情。这种独立意识需要持续、健康地发展，成人后才能独立思考、办事果断。通过劳动锻炼，孩子可以独立解决生活中的问题，减少对他人的依赖心理，形成自己的事情自己做、自己能做的事情自己做的独立意识。

（2）劳动可以促进孩子的智力发育。家庭劳动教育是通过孩子手脚的活动来实现的，一般为生活自理和力所能及的家务，掌握洗衣做饭等必要的家务劳动技能。这些家务劳动训练可以促进孩子的大脑和四肢的协调发展，更多地刺激脑细胞的发育成长，更有利于开发脑细胞，促进智力发育。

（3）劳动可以促进孩子的身心健康。家务劳动不仅可以促进孩子体质的发育，还可以培养孩子热爱劳动的习惯、吃苦耐劳的精神。在这个过程中，孩子不仅可以体会劳动过程的艰辛，而且可以体会劳动成果的快乐，更进一步体会要尊重他人的劳动成果。

家庭劳动教育是孩子全面发展的需要，孩子参与家务劳动的意义不在于劳动的效益上，而在于劳动对孩子的个性全面发展上。

二、高校劳动教育与专业教育相融合

追求高校劳动教育与专业教育相融合，源于劳动教育与专业教育的内在一致性和统一性。当前，高校积极开展丰富多彩的教学实践课程，如机器设计、芯片设计和艺术创作等，专业实践教学活动本身就是脑力劳动。因此，高校专业教育过程本质上是劳动教育过程。

高校开设各种形式的专业课程，培养青年学生学习专业知识，培育青年学生掌握专业劳动技能，为社会输出具有掌握专业技能、富有创新精神的高级人才，满足社会各行各业的人才需求，促进国家的科技和文化发展。劳动教育与专业教育相融合的实现途径有以下4个方面。

1. 劳动教育融入专业教学

将劳动教育融入专业教学，实现"传道"与"授业"的无缝衔接与融合，践行知行合一。高校专业教学的主要途径是课程实践，将劳动教育活动融入专业教学、课程教学及实践教学中，引导师生在专业教学中践行劳动教育。高校作为教学主体，应积极探索劳动伦理，着眼专业人才未来应具备的劳动素质，联合企业和社会力量共同搭建专业实践平台，强化青年学生的专业技能培训，完善专业劳动教育教学体系，提高人才培养质量。实现劳动教育融入专业教学，可从以下三个方面着手。

（1）着眼于拓宽专业视角，推进劳动教育与跨学科领域的融合。在理工科实践教学中，金工实习、软件编程课程实践、化学实验、物理实验等教学，无不需要劳动教学与专业教学相融合。在教育、医疗领域，师范学生到基层学校进行教学实习、医学院学生到医院开展问诊实习，都具有劳动的性质。

（2）劳动教育融入课堂教学。课堂教学是学生接受知识的主渠道，学校应在课堂中巧妙地融入劳动教育。例如，在专业教学中有意识地传授有关劳动意识、劳动关系、劳动法等知识，让学生系统性地学习劳动教育知识，了解维护自身劳动权益的手段。高校应根据专业特点，精心设计校内外劳动教育活动，实现劳动教育促进专业教学的目的。

（3）劳动教育融入专业实践。学校应紧紧抓住专业教学的关键节点，在日常的理论学习、专业考试、课程实验、企业实习中体验辛勤劳动、诚实劳动、创造性劳动的价值，将劳动教育理念深入青年学子心中。

2. 劳动教育融入人才培养方案

高校劳动教育应主动融入学校人才培养方案中，发挥高校实践育人、养成教育的基础性作用，培养新时代德智体美劳全面发展的人才。在人才培养方案设计方面，高校劳动教育可以从工作目标、培养方案、行动计划、支撑保障等方面入手，精心设计劳动教育模式、劳动教育体系、劳动教育素养评价机制，将劳动教育有机地融入人才培养方案中。例如，可以将劳动价值观教育融入思政课和通识课，将服务性劳动与第二课堂有机结合，将创新性劳动与专业课有机融合。在劳动教育课程大纲设计方面，可以设置多层次劳动教育活动，细化课程的教学内容和劳动目标，量化设置学时和学分，将课程学分化。在劳动教育保障方面，为劳动教育配置相应的专业教师队伍，联合企业和社会力量共建劳动教育教学实践基地，也可邀请劳动模范宣讲示范，使得劳动教育落到实处。

3. 劳动教育融入课堂教学

当前，课堂教学仍然是学生获取知识与技能的主要方式。因此，高校开展劳动教育理应抓住课堂教学这一主渠道，将劳动意识、劳动人权、劳动伦理、劳动关系、劳动条件、就业平等、社会保障、职工福利、职场安全与劳动卫生、劳动法及职业发展等劳动教育内容融入日常课堂教学实践中，在日常课堂教学中系统性、有计划地传授劳动教育知识。高校应有意识、创造性地将劳动教育内容与专业教学紧密结合，利用课外活动时间，组织田野调查、企业实习、社区劳动等活动，以劳动教育促专业教学。

4. 劳动教育融入信息时代

当前，教育已经进入信息化时代，劳动教育应推行劳动教育信息化变革。劳动教育信息化的核心内容是教学信息化，要使劳动教学手段科技化、教育传播信息化、教学方式现代化。因此，劳动教育应全面地运用计算机、多媒体和网络通信，以及大数据、云计算、人工智能、虚拟现实等先进的信息技术，促进劳动教育改革，适应信息化社会提出的劳动教育新要求。

在信息化时代，高校要积极探索创新劳动教育的新方式、新途径。高校劳动教育应积极采用国内外先进经验，综合运用虚拟现实、增强现实、模拟仿真等形式，拓展劳动教育的方式、方法。学校也可运用慕课、微课堂、云课堂等新教学方式，增强劳动教育的互动性、即时性和趣味性，提高同学们的学习兴趣和教学质量。积极研究和运行大数据、人工智能、计算社会学等新兴技术，收集同学们的学习兴趣和教学效果等信息，根据教学效果为老师提供有针对性的改进教学的建议。

▎三、高校劳动教育与实习实训相融合

探索高校劳动教育与实习实训相融合的实现方式，使得二者相辅相成、相得益彰、共同促进。与实习实训相融合，劳动教育将变得更丰富、更灵活、更生动。开展实习实训教学活动，锻炼学生的劳动态度、提升学生的专业技能，帮助学生从课堂到企业、从学校到社会的过渡，在这一转变中也贯彻了劳动教育工作。

学校在推进劳动教育与实习实训相融合的进程中，应着力弘扬劳动情怀和职业精神，学校与企业、社区、社会组织等开展丰富多彩的劳动实践合作，鼓励学生参与社会实践，进工厂、进基层、融入社会，感受劳动的魅力，获得丰富的劳动体验，养成尊重劳动、热爱劳动的态度。学校也应注重劳动知识和技能的培养，通过实习实训、校企实践基地统筹安排社会实践活动，在劳动中掌握劳动技能。学校要发挥劳模工匠的引领示范作用，邀请劳模进校园，为学生融入社会做好职业准备[①]。

1. 构建实习实训教学体系

高校推行劳动教育有益于激发学生的学习激情、培养创造力。为了促进实习实训与劳动教育相融合，高校应构建科学的劳动教育体系，将劳动教育编入人才培养方案和教

---

① 刘向兵等. 新时代高校劳动教育论纲 [M]. 北京：社会科学文献出版社，2019.

学计划中：①高校应根据各专业教学质量国家标准和企业对人才素质技能的要求，建立科学的实习实训课程体系。②学校应整合校内实验教学资源，推进配套的教学实验室和实习基地建设，构建功能集约、开发共享、协同运作的教学实验平台，为实习实训教学活动提供教学资源保障。③学校应统筹社会力量，与企业、基地、社区等部门合作，联合建设实习实训基地，为开展劳动教育实践创造条件。

2. 构建实习实训过程管理体系

构建实习实训过程管理体系，保障实习实训教学过程科学规范，确保劳动教育的高效实施，具体分为：①着眼于提升劳动品质、规划实习实训培养目标、建立校企合作教学实习基地，形成校企合作教学实习基地工作指南、校企合作教学实习基地考勤制度、校企合作教学实习基地教学质量和效果评价体系、工作日志制度、基地指导导师制度、实习实训教学管理制度等方面，全面制定实习实训相关过程管理的过程管理体系。②构建教师教学实践标准规范，指导教师规范化开展实习实训教学活动，提升教学实效。③构建学生实习实训相关标准规范体系，明确实习实训的目标与任务，建立学生行为准则，标识实践风险，保障实习实训安全，达成实习实训教学目标。

3. 构建实习实训考评体系

为了实现高校劳动教育与实习实训相融合，必须要建设一套考评体系，强化劳动教育的主体地位，激发劳动教育的"教"与"学"的主动性和积极性。老师作为施教方，将实习实训的实施和教学效果纳入教师考评体系，可以发挥工作指引作用：①评价体系激发教师的教学积极性，引导教师从学生的心理发展特征和学习特点出发，深入研究专业知识技能教学与劳动教育的融合实现途径，以学生喜闻乐见的方式，将劳动教育融入实习实训中。②评价体系强调教师"言传身教"，教师在教学中体现对劳动的尊重与热爱，以良好的行为示范引导学生尊重劳动、热爱劳动。学生作为受教育者，实习实训中的表现纳入日常学习规范准则、学分管理、实践教学课程考核、综合素质考评等评价体系，引导学生重视劳动，主动参与社会实践，切实提升劳动技能。学校亦可将创新创业项目纳入学分管理、评优加分，激励学生参与创新创业项目、重视劳动教育。

4. 发挥校企联合育人作用

校企合作是学校开展实习实训的重要方式，是面向企业的用人需求培养人才的有效路径。通过建立校企合作培养模式，面向企业用人需求，运用企业文化培育人。学校可以有针对性地选取劳动文化底蕴丰厚的企业开展实习合作，用企业文化熏陶人、感染人，让学生在进入职场前，获得真实职场工作体验，树立服务企业的劳动意识。学校应主动联系企业，建设实习实训导师队伍，聘请专业技术精湛、指导经验丰富、责任感强的高级工程师担任校外实践导师。另外，学校可以从企业中聘请一批德高望重、技艺成熟的劳动模范担任学生导师，用劳模的真实事迹和高尚品格感动学生，塑造正确的劳动价值观，形成良好的劳动品质与劳动习惯，在日常生活中践行辛勤劳动、诚实劳动、创造性劳动。

▎四、高校劳动教育与创新创业教育相融合

创新创业教育具有创新性、创造性和实践性特点，学校开展"双创"活动可以激发学生的创新精神，培养学生的创业能力。高校应探寻劳动教育与创新创业教育的结合点和发力点，摸索加强和完善劳动教育的有效途径，构建"双创"教育的劳动教育平台。高校应建立完善"双创"教育体系，加强体制机制建设，扎实推进劳动教育与创新教育相融合。高校应为大学生提供更多参与"双创"活动的机会，通过整合教育资源，拓展"创新"空间。高校还应建立"双创"教育激励机制，发挥学生的主观能动性，提升创造性劳动水准。我国是世界第一制造业大国，但在诸多领域仍存在大量的"卡脖子"技术，某些重要产品严重依赖国外，因此在大学开展创新创业教育，对于构建"自主可控"工业技术体系具有特别重要的时代意义。高校劳动教育与创新创业教育相融合的实现途径有以下几种。

1. 培育创新创业意识

高校劳动教育与创新创业教育相融合，要着力培育学生创新创业意识。大学生受教育程度高、思维活跃、易接受新鲜事物，富有创新创业精神。在劳动教育中融入创新创业活动，培育青年学生的创新创业意识。学校在"双创"教育中激发大学生的劳动创造力、促其发掘自我潜能、提升创新创业能力，帮助大学生实现劳动价值、个人价值和社会价值。反之，如果缺乏劳动意识的引导，创新创业活动就会失去劳动根基。大学生在创新创业的过程中，实现自我价值的意识越强烈，越能促进他们通过劳动实现人生价值，激发劳动创造力。

2. 创新人才培养方案

高校在制定人才培养方案时，应将提升劳动创新能力、增强劳动创业意识作为劳动教育的重要目标，实现劳动教育与创新创业教育的全程融合贯通。高校将劳动教育融入创新创业教育本身就是一项复杂的系统性工程：一方面，要引导学生关注社会创新需求动态，捕捉创新点；另一方面，高校各部门要整合资源，及时推出配套措施，各职能部门协调联动，共同推进劳动教育与创新教育相融合。最后，要发挥高校与家庭、社会、政府协同育人的优势，发挥各方面的教育资源优势，全社会协同培养创新创业人才。在育人目标上，始终坚持劳动教育观念，建设将劳动教育融入创新创业教育的人才培养体系，使课程更有针对性、培养过程更具活力，以激发学生的无限潜能。

3. 创新创业劳动教育课程设置

在劳动教育与创新创业教育的融合过程中所形成的课程，一方面要培养学生具备"劳动最光荣、劳动最崇高、劳动最伟大、劳动最美丽"的情感；一方面要提高学生专业知识的储备。这门课程涉及怎样培养学生，以及学生所应具有的知识结构，最终达到提升学生创新创业实践能力的目的，同时鼓励学生走出校园，能够将劳动素养转化为创业成果。为此，高校可以聘请专业能力较强的教师，并在创新创业方面取得过一定的成绩，也可以加强对现有教师的培训，提高教师的创业实践水平。企业可以为学生提供劳动实习场地，

鼓励学生参与企业的制度制定等管理统筹活动，在实习的过程中不断提升自己的创新创业能力，还可以提供项目资金和技术等支持，帮助学生成功地孵化创业项目。

4. 创新创业实践活动

创新创业教育本质上是一种劳动实践，与劳动教育相通。在创新创业实践的过程中，可以采用课内教学、课外活动、校外实习等形式，培养学生的创新精神、创业意识和创新创业能力，在"双创"教学中锻炼学生的劳动意识、劳动技能：①注重课内教学实践，引导学生利用实验实践教学环节、实操实训等教学活动，培养学生创新创业类科学研究技能。②鼓励学生积极参与课外实践活动。提升劳动意识、获取劳动能力，在劳动中理解和尊重劳动者。学校通过整合校内外教学资源，大力拓展创新创业工作场所和实践机会，提升学生的参与度，鼓励学生参与社会实践，深入企业参与生产劳动，获得劳动体验。③学校努力创造校外实习实践活动。鼓励学生参与校外企业、社会组织开展的创新创业项目、社区志愿服务、假期社会实践等活动，增强学生的劳动技能，促进其全面发展。

5. 构建创新创业平台

为了让学生获得真实的创业体验和劳动体验，亟需构建创新创业平台，建设高校创新创业项目孵化基地。高校可以自主发展大学生创业园，提供办公场所和公共设施，必要时可以提供创业基金，聘请校内外创新创业导师、建设创新创业项目团队，为创新创业项目搭建指导服务平台，提供全程指导和服务。学校还可以利用社会资源，把创新性企业请进大学生创业园，让学生体验企业运行环境，构建更加广阔的创新创业平台。

在创新创业教育与劳动教育相融合的过程中，建立高校与企业、劳模协同育人的模式，共建"双创"教育融合平台：①促进高校与企业的产学研结合，鼓励企业将研究机构设在高校，为学生创造劳动实践机会，将劳动教育融入企业科研活动之中。②建立创新创业导师机制，邀请企业家、劳模作为学生创新创业的指导导师，为在校大学生开设劳动教育课程，弘扬其丰富的创业精神、实干精神，培育学生的创新创业能力。③联合企业共建创新创业实践平台，将教学实践场所拓展到校外，根据社会需求开展创新创业项目实践活动，充分调动多方面的力量，形成办学合力，在产学研实践中培育人。

6. 建设双师型教师队伍

当前部分高校教师存在"重理论，轻实践"的现象，缺乏推动高校创新创业教育所需的科研实践能力。为了实现高校创新创业教育与劳动教育的融合，亟需选聘、培育和建立双师型师资队伍，弥补部分教师实践经验不足的短板。双师型教师具备扎实的专业理论知识和丰富的科研实践，有利于指导学生开展创新创业项目。双师型教师贯通理论与实践，有益于推动劳动教育与创新创业教育相融合。双师型教师熟知企业对人才职业素养和专业技能的要求，通过针对性的劳动教育，传授专业技能，提升学生的创新创业能力。

建设双师型教师队伍：①要建立教师专业能力培训机制，尤其是要对教师开展劳动教育与创新创业教育相关技能的培训。组织教师到企业、科研院所挂职锻炼，鼓励教师参与企业的科研生产活动。②高校聘请优秀的企业家和创业者担任创新创业导师，聘请劳模、技师等担任导师，在创新创业实践中发挥榜样引领作用，使社会劳动教育与高校创新创业教育相融合，不仅培养学生的劳动技能，还能让学生汲取创新创业经验，逐步成为创新型高素质人才。

五、高校劳动教育与社会实践和志愿服务相融合

高校应将社会实践和志愿服务融入劳动教育，培养学生良好的劳动习惯，形成尊重劳动、热爱劳动的朴实情感。高校劳动教育与社会实践和志愿服务相融合，有益于培养学生的社会实践和志愿服务能力，引导学生热心参与社会公共事务，在实践中锻炼能力、提高素质。青年学生参与社会志愿服务活动，可以强化劳动意识、培养劳动观念。学校采用工学结合、勤工俭学、社区劳动等形式，引导学生积极参与社会实践，提升社会实践育人的比重，推进劳动教育与社会实践和志愿服务相融合。

1. 高校劳动教育融入社会实践

高校邀请各行各业的劳模和技术专家开展劳动教育讲座，弘扬劳模精神和工匠精神，传播劳动精神和工匠精神；邀请有影响力的专家，开展技术大赛，如无人机建模大赛、金工技能比武，让学生参与其中，感受劳动的快乐。学校可以组织学生到企业，实地考察生产情况。学生进入校企实习实训基地，开展科研生产活动，走上工业生产线，实际操作试验设备，获得生产劳动的真实体验。学校还可以带领学生，走入社区，学习基层社区干部日常工作，了解民情社情。总之，学校劳动教育与学生社会实践相融合，让课堂知识转化为实践劳动，提升学生的劳动成就感。

2. 高校劳动教育融入志愿服务

志愿服务是社会文明进步的标志，是践行社会主义核心价值观的有效载体。习近平总书记高度重视志愿服务工作，强调弘扬奉献、友爱、互助、进步的志愿精神。中共中央、国务院印发的《关于全面加强新时代大中小学劳动教育的意见》倡导学生深入社区、福利院和公共场所参加志愿服务。高校应积极探索以志愿服务活动推进劳动教育的途径，培养德智体美劳全面发展的社会主义建设者和接班人。学校联系社区、图书馆、福利院等机构，共建志愿服务平台，为大学生进行校外实践提供场所。学校可以开展青年学生专业服务进社区活动，如家电维修、金融知识进社区、禁毒宣传和环保宣传等。学校联合社区建设社区服务点和非固定的城市服务流动岗，引导广大学生参与志愿活动。大学生志愿服务活动的实践说明，志愿服务本身就是教育人、引导人、培养人和塑造人的过程，有利于大学生从实践中优化知识结构，树立正确的世界观、人生观、价值观和荣辱观，有益于大学生在志愿服务中接触社会、了解社会，更好地服务于社会。

接地气，所以有朝气

——东北大学推动"知行合一"，让劳动精神落地生根

用锤子敲口罩鼻夹3 000次、给2 000个口罩加装呼吸阀、近4 000个口罩一一装袋……疫情初起，东北大学本科生许铮豪便开始在家乡江苏张家港一家口罩厂做志愿者，加班生产医用N95口罩。

长期以来，东北大学把劳动教育作为培养德智体美劳全面发展人才的关键一环，在思政课中融入劳模文化研究成果，在日常的思政教育中开展"爱劳美校"系列活动，引导青年学子发挥优势开展志愿服务，积极投身社会公益事业，让劳动精神开枝散叶、落地生根。

（1）劳模文化研究成果进课堂。自1923年成立时东北大学就建有校办工厂。如今，学校仍然要求哲学社会科学类专业的实践教学不少于总学分的15%、理工类专业不少于总学分的25%。"知行合一"的光荣传统，为学校开展劳动教育奠定了深厚的文化基础。

"毛主席的好工人"、全国劳动模范尉凤英，党的十九大代表、沈鼓集团副总工程师姜妍，"雷锋传人"郭明义……2017年，东北大学建立起一支由全国、省、市劳模组成的特聘教授队伍。特聘教授走进思政课堂，根据教学目标和课程需求定制劳模授课模块，实现菜单式、个性化授课。学校还依托"一五一十"思政文化育人一体化平台建设项目，组织开展"名家讲坛""领导干部上讲台——国企公开课"等讲座报告。

"在课堂教学中，东北大学着力打造一支专兼职结合，'讲劳模''劳模讲'的教师队伍。思政课教师在学理层面深度研究和阐释新时代劳模精神，同时聘请全国著名的劳动模范进课堂讲劳动、劳动模范、劳模精神，让受教育者对劳动、劳模、劳模精神产生敬意。"东北大学马克思主义学院教授田鹏颖说。

东北大学信息学馆308室是以全国先进工作者张化光教授的名字命名成立的劳模创新工作室，经常有博士生聚在这里进行"头脑风暴"。工作室以张化光所在的电气自动化研究所为依托，在张化光的带领下，凝练出"培养层次更高、数量更多的科技人才，多出成果、出大成果、出好成果"的"两更三出"的奋斗目标。

（2）学生在劳动中感悟幸福、淬炼成长。近年来，东北大学一直将劳动精神融入班集体建设和日常学习生活，引导广大学生树立以美化校区环境为己任的校园风尚，培育"劳动最光荣、劳动最崇高、劳动最伟大、劳动最美丽"的校园文化。

该校浑南校区有一片远期规划用地，初秋时节，大豆大获丰收。学校划出一片区域组织学生采摘，一时间，大学生们在希望的田野上欢声笑语、挥汗如雨。采摘的豆子被送到食堂加工成豆浆、豆腐，在各校区食堂免费供应，让学生们体验劳动的幸福。

这是东北大学"爱劳美校"活动的生动实践。学校巧妙地利用这块暂未开发的土地，

给学生亲近自然、感受绿色生态的机会，让他们在劳动中体会收获的不易。

采收大豆只是劳动教育的一个环节。活动包括"启动仪式：播种希望""中期养护：浇灌苗壮""总结收获：采撷硕果"3个篇章，来自两个校区的百余名学生在专业人员指导下，亲身体验大豆栽种的过程，亲身经历田地整理、灌溉捡苗和采收总结等环节，引导学生体会劳动的喜悦。

接地气，所以有朝气。学生在接受锻炼、磨炼意志中涵养艰苦奋斗的精神，学生才能理解"人间万事出艰辛""绝知此事要躬行"的道理。

（3）引导学生在志愿服务中践行劳动精神在学生个体成长成才的道路上，嵌入更多的社会实践，在提升学生就业创业能力的同时，助力他们更好地认识国情、扎根大地。

从2017年起，实践育人正式纳入东北大学教学计划，开设了"思想政治理论课实践"和"大学生志愿服务"两门课。2019年，学校又出台了《第二课堂成绩单制度实施办法》，设置了8个实践学分。坚持暑期、日常、寒假、专项、海外社会实践"五位一体"，连续19年开展"理论之光""三下乡"等暑期社会实践活动，年均组织重点社会实践团队700余支，覆盖全校本科生和研究生。一届又一届的学生在红色故土上受教育，在踏实劳动中长才干，在服务社会中做贡献。

目前，东北大学已构建起涵盖扶贫助困、社区服务、阳光助残、校园义工、城市建设等十大领域的志愿服务活动体系，年均开展活动1 300余期，参与人次1.5万。

劳动教育是人生成长的必修课。东北大学正在把劳动从课堂上的价值召唤，转变为砥砺学生成长的广阔天地。（摘自《中国教育报》）

第三节　劳动安全风险防范与安全保障

"小智治事，中智治人，大智治制"。

——《墨子》

2020年3月20日，中共中央、国务院印发《关于全面加强新时代大中小学劳动教育的意见》（以下简称《意见》），《意见》要求着力提升劳动教育支撑保障能力，多方面强化安全保障，指出："各地区要建立政府负责、社会协同、有关部门共同参与的安全管控机制。建立政府、学校、家庭、社会共同参与的劳动教育风险分散机制，鼓励购买劳动教育相关保险，保障劳动教育正常开展。各学校要加强对师生的劳动安全教育，强化劳动风险意识，建立健全安全教育与管理并重的劳动安全保障体系。"安全保障是开展劳动教育的前提，有助于学生树立科学的劳动观念，形成"生命至上，安全第一"的认识，牢固树立职业安全意识。

一、防范劳动教育中的安全风险

劳动教育活动作为职业劳动过程，存在诸多的劳动安全风险，涉及组织管理、人员素质、交通和环境条件等风险。

1. 组织管理风险

（1）规章制度风险。一是没有预先制定劳动教育活动方案、实施手册或规范。二是规章制度缺失：①没有针对劳动教育活动制定。②缺乏可行性。三是没有建立完备的协调机制和责任机制。

（2）应急预案风险。在开展活动及遇到突发情况时缺少应急机制，组织者责任意识不到位：①缺乏应急预案，安全保障机制不完善。②应急预案流于形式，没有开展专项安全教育和应急演练，组织者和学生缺乏应对危机的相关培训。

（3）应急救援能力风险。由于缺乏事前的准备与培训、缺少事故救援物资、专业救援力量配备不够，导致事故救援能力不足，难以处置突发事件。

2. 人员素质风险

（1）学员风险。参加劳动实践活动时，容易发生学生擅自单独活动、学生之间发生纠纷、劳动实践中违规危险作业等不安全行为。在工作中，学生也会突发生理疾病或意外伤亡，为劳动教育活动带来风险。

（2）教管人员风险。一是教管人员自身出现疾病导致无法履行安全管理职责。二是缺乏职业素养，思想认识不够、安全意识不强，没有依照安全规章制度行事，对学员疏于管理。三是缺乏应急能力，事前未做充分的风险评估和突发事件应急预案及演练，安全防范措施不到位，没有能力应对突发事件。

（3）社会人员风险。劳动教育基地往往是开放的社会场所，存在许多安全隐患，如学生容易成为反社会分子袭击的目标。

3. 交通风险

（1）交通工具风险。交通工具应优先选择航空或铁路。选择公路交通时，应提前进行安全检查，排查车辆故障。

（2）交通路线风险。交通路线选择不当，遭遇道路维修、封路、路面崎岖不平等情况，会增加交通安全风险。

（3）司机素质风险。挑选身心健康的司机，防范司机出现疲劳驾驶、酒后驾驶和违规驾驶等行为。

4. 环境条件风险

（1）生活环境风险。避免出现卫生不达标、饮食不卫生现象，采取措施防范传染病。

（2）人文环境风险。要防范治安风险，防止偷盗抢等事件的发生，避免发生群体性事件。尊重地方风俗习惯，避免文化冲突。

（3）自然环境风险。实践基地处于水域、沙漠、山地和高原等特殊环境中时，学员应配置相关防护措施，避免出现意外。留意当地天气变化，防止意外发生。

▌二、建设劳动教育安全保障机制

劳动教育安全保障体系是指充分调动各种要素，对劳动教育活动中可能出现的安全问题采取预防和处置措施，对安全事故具备预防、监管和处理能力。科学规范的劳动教育安全保障机制是劳动教育安全保障体系的重要基础。

1. 建立劳动教育安全管控机制

建立劳动教育安全管控机制是保证劳动教育活动安全、有序的重要手段。

政府要建立健全劳动教育安全保障制度，特别是针对突发性安全事件，要制定详细的预案，包括安全责任、事故处理流程等内容。学校教育侧重于安全教育，学生和老师的安全意识需要通过系统教育进一步提升。在劳动实践的过程中，组织者要提前评估劳动教育活动的安全风险，强化劳动管理，明确各方责任，防患于未然。劳动教育不是单纯的学生活动，而是多部门协同教育的结果，即以教育部门为主，交通、公安、财政等部门都对学生的劳动教育有着重要的影响，劳动教育过程需要各个部门之间的通力合作，建立跨部门协调与合作机制。

2. 建立劳动教育风险分散机制

建立劳动教育风险分散机制是保障劳动教育开展的长效之策，政府应完善学生劳动教育意外伤害保险制度。2002 年 6 月，教育部颁布的《学生伤害事故处理办法》规定："学校有条件的，应当依据保险法的有关规定，参加学校责任保险。教育行政部门可以根据实际情况，鼓励中小学参加学校责任保险。"2007 年，中共中央、国务院下发《关于加强青少年体育增强青少年体质的意见》，提出"建立和完善青少年意外伤害保险制度，推行由政府购买意外伤害校方责任险的办法，具体实施细则由财政部、保监会、教育部研究制定"。学校和家庭为参加劳动教育的学生购买相关保险，建立完善学生劳动教育意外伤害保险制度，保障劳动教育正常开展。

学校、家庭和各部门共同承担劳动教育风险：①学校应建立健全劳动安全保障体系。学校在教学的过程中加强安全教育，学校要科学评估劳动安全风险，排除劳动实践中的各种风险隐患，做到防患于未然。②鼓励家庭投保学生意外伤害险。家长或监护人要对孩子进行安全教育，减少劳动意外伤害，有条件的家庭应投保学生意外伤害险。③发挥各部门的责任。劳动教育涉及部门较多，每个部门都有自己的社会责任。

3. 建立劳动教育应急与事故处理机制

学校应提前制订劳动教育活动应急预案，建立完善劳动教育应急与事故处理机制。

制订可行的劳动教育活动方案。劳动教育活动应严格遵照课程设计原则，从校情、生情和课程延伸需要，执行合理的实践计划，设计科学的路线。

提前制订劳动教育应急预案。在劳动教育活动前，学校提前到目的地进行现场的安全性调查，判定是否符合活动条件，制定有针对性的应急预案。

切实进行安全应急演练。在劳动教育实践开展之前，学校应组织师生进行安全专题教育及演练培训。

规范科学处置突发情况。实践活动中如果发生突发情况，学校应及时启动应急预案，规范、科学地应对险情。

提供活动现场应急保障条件。根据活动的内容，确定活动现场应急保障的水平。一般来讲，组织者要清楚活动附近是否有医疗机构，能否及时接诊，同时也需要组织者随身配备日常所需药物资源。

知识链接 ≫ ··

完善制度设计，规范和加强职业学校学生实习管理

2016 年 4 月 11 日，教育部与财政部。人力资源社会保障部、安全监管总局、中国保监会联合印发了《教育部等五部门关于印发〈职业学校学生实习管理规定〉的通知》（教职成〔2016〕3 号）（以下简称《规定》）。《规定》在 2007 年教育部、财政部联合印发的《中等职业学校学生实习管理办法》的基础上，针对职业学校学生实习中的突出重点难点问题，完善顶层设计，从制度上进一步规范和加强职业学校学生实习管理。

《规定》分 6 章 39 条，包括总则、实习组织、实习管理、实习考核、安全职责和附则等内容。《规定》强调全过程管理，突出实习的教育教学属性，对一些重点环节，如实习协议、实习报酬、禁止事项等作了强调和细化，指出职业学校学生实习是实现职业教育培养目标、增强学生综合能力的基本环节，是教育教学的核心部分，要求职业院校应根据专业人才培养方案，与实习单位共同制订实习计划，实习岗位应符合专业培养目标要求，与学生所学专业对口或相近。

《规定》对实习中的学生权益保护提出了明确要求。一是要求"无协议不实习"。学生参加跟岗实习、顶岗实习前，职业学校、实习单位、学生三方应签订实习协议，明确各方的责任、权利和义务、未按规定签订实习协议的，不得安排学生实习。二是首次提出顶岗实习学生报酬底线，避免"廉价劳动力"现象发生。要求实习单位参考本单位

相同岗位的报酬标准和顶岗实习学生的工作量、工作强度和工作时间等因素，合理确定顶岗实习报酬，原则上不低于本单位相同岗位试用期工资标准的80%，并按照实习协议约定，以货币形式及时、足额支付给学生。三是提出明令禁止事项。对不适宜学生实习的情况，如安排一年级学生顶岗实习，安排学生到酒吧、夜总会、歌厅和洗浴中心等营业性娱乐场所实习等，《规定》均予以明确禁止。四是指出职业院校和实习单位不得向学生收取实习押金、顶岗实习报酬提成、管理费或者其他形式的实习费用。五是对顶岗实习学生占实习单位在岗人数比例作出约定。《规定》明确顶岗实习学生的人数不超过实习单位在岗职工总数的10%，在具体岗位顶岗实习的学生人数不高于同类岗位在岗职工总人数的20%。

《规定》对目前职业学校学生实习中的重点难点问题作了出回应。一是针对部分单位不重视学生实习，校"热"企"冷"等问题，《规定》从制订实习计划到实习组织实施和管理的角度，进一步强调了实习单位的责任。二是针对职业学校学生实习中可能出现的安全隐患问题，从安全要求、安全制度、岗前培训、实习保险、事故赔偿等角度，强调了安全管理，规范了安全防患、责任保险以及事故处理，解决学生实习中的安全保障问题。三是针对管理过程中存在的松散问题，《规定》明确了教育行政部门、职业学校主管部门、职业学校和实习单位等各方的管理职责，要求职业学校和实习单位建立实习管理教师制度，避免"放羊式"管理。④针对个别地区出现的通过代理组织安排学生实习问题，《规定》明确不得通过中介机构或有偿代理组织、安排和管理学生实习工作。对违规组织学生实习的职业学校，由职业学校主管部门责令改正。拒不改正的，对直接负责的主管人员和其他直接责任人依照有关规定给予处分。

为确保《规定》有效落实，教育部还将分批颁布各专业的顶岗实习标准，并结合《职业院校管理水平提升行动计划（2015—2018年）》开展实习管理规范活动专项治理行动。（摘自《职业学校学生实习管理规定》）

课后习题

简答题

1. 什么是就业结构？

2. 简述新就业形态的内涵、基本特征及就业类型。

3. 怎样进行新时代高校劳动教育？

4. 怎样防范劳动教育中的各类安全风险？

5. 怎样建设劳动教育安全保障机制？

参考文献

[1] 马克思，恩格斯．马克思恩格斯选集（第 1-4 卷）[M]．北京：人民出版社，2012．

[2] 马克思，恩格斯．马克思恩格斯文集（第 1-9 卷）[M]．北京：人民出版社，2009．

[3] 毛泽东．毛泽东选集（第 2-4 卷）[M]．北京：人民出版社，1991．

[4] 毛泽东．毛泽东文集（第 7 卷）[M]．北京：人民出版社，1999．

[5] 毛泽东．毛泽东早期文稿 [M]．长沙：湖南人民出版社，2008．

[6] 邓小平．邓小平文选（第 2 卷）[M]．北京：人民出版社，1994．

[7] 邓小平．邓小平文选（第 3 卷）[M]．北京：人民出版社，1993．

[8] 习近平．习近平谈治国理政（第 1 卷）[M]．北京：北京外文出版社，2014．

[9] 习近平．习近平谈治国理政（第 2 卷）[M]．北京：北京外文出版社，2017．

[10] 习近平．习近平谈治国理政（第 3 卷）[M]．北京：北京外文出版社，2020．

[11] 习近平．决胜全面建成小康社会，夺取新时代中国特色社会主义伟大胜利——在中国共产党第十九次全国代表大会上的报告 [M]．北京：人民出版社，2017．

[12] 中共中央党史研究室．中国共产党的九十年 [M]．北京：中共党史出版社、党建读物出版社，2016．

[13] 北京古代建筑博物馆．回眸盛典 [M]．北京：学苑出版社，2016．

[14] 白虎通义疏证（上）[M]．北京：中华书局，1994．

[15] 爱新觉罗·玄烨．御制耕织图 [M]．上海：华东师范大学出版社，2011．

[16] 赵祥麟，王承绪．杜威教育名篇 [M]．北京：教育科学出版社，2014．

[17] 亨利·福特．我的财富人生 [M]．北京：中国城市出版社，2006．

[18] 史蒂芬·沃兹．亨利·福特 [M]．北京：国际文化出版公司，2007．

[19] 陶行知，陈彬．教育的本质 [M]．长沙：湖南人民出版社，2019．

[20] 陶行知，方明．陶行知教育名篇 [M]．北京：教育科学出版社，2013．

[21] 杜威，何克勇．明日的学校 [M]．上海：华东师范大学出版社，2019．

[22] 陶行知．中国教育改造 [M]．北京：商务印书馆，2014．

[23] 习近平．在庆祝"五一"国际劳动节暨表彰全国劳动模范和先进工作者大会上的讲话 [N]．人民日报，2015-04-29（2）．

[24] 中共中央国务院关于全面加强新时代大中小学劳动教育的意见 [N]．人民日报，2020-03-27（1）．

[25] 习近平．坚持中国特色社会主义教育发展道路 培养德智体美劳全面发展的社会主义建设者和接班人 [N]．人民日报，2018-09-11（1）．

[26] 习近平．决胜全面建成小康社会，夺取新时代中国特色社会主义伟大胜利——在中国共产党第十九

次全国代表大会上的报告 [M]. 北京：人民出版社，2017.

[27] 习近平. 在知识分子、劳动模范、青年代表座谈会上的讲话 [N]. 人民日报，2016-04-30（2）.

[28] 习近平. 给中国劳动关系学院劳模本科班学员的回信 [N]. 人民日报，2018-05-01（1）.

[29] 刘时方，陆伟家，周翠林. 高校勤工助学的历史回顾和启示 [J]. 南通工学院学报，1988（4）.

[30] 陈俊乐，熊英，陈赟. 高校勤工助学工作的历史回顾与发展趋势 [J]. 高教论坛，2013（1）.

[31] 章华明，杜义美，印忠. 勤工助学的历史发展和现状初探 [J]. 上海水产大学学报，1997（1）.

[32] 叶梦. 四大热门国家留学如何勤工俭学 [N]. 温州日报，2011-05-03.

[33] 丹尼尔·贝尔. 资本主义文化矛盾 [M]. 上海：生活·读书·新知三联书店，1989.

[34] 共青团北京市委员会北京市学生联合会. 首都大学生社会实践二十年的工作与思考 [M]. 北京：人民出版社，2003.

[35] 中共中央文献研究室. 邓小平传略 [M]. 北京：人民出版社、中央文献出版社，1988.

[36] 刘向兵，等. 新时代高校劳动教育论纲 [M]. 北京：社会科学文献出版社，2019.

[37] 吴奕. 在江苏大学：实习实训中提升学生劳动技能 [N]. 中国教育报，2020-05-20.

[38] 潘婧瑶，张迎雪. 习近平的"劳动观"：尊重劳动"实干""创造"并重 [EB/OL]. 人民网，2015-04-29. http://politics.people.com.cn/n/2015/0429/c1001-26927050.html.

[39] 刘晓东. 大学生社会实践理论与实务 [M]. 北京：高等教育出版社，2014.

[40] 江泽民. 在全国教育工作会议上的讲话 [N]. 中国教育报，1994-06-20.

[41] 江泽民. 关于教育问题的谈话 [N]. 人民日报，2000-03-01.

[42] 胡锦涛. 在全国教育工作会议上的讲话 [N]. 光明日报，2010-09-09.

[43] 张晓红. 高校志愿服务项目案例分析 [M]. 北京：人民出版社，2019.

[44] 于兴业. 大学生社会实践导论 [M]. 北京：中国农业出版社，2018.

[45] 谢天武. 做学问踏黄土，系民生访基层 [N]. 中国教育报，2012-08-20.

[46] 魏娜. 志愿服务概论 [M]. 北京：中国人民大学出版社，2018.

[47] 国庆 70 周年庆祝大会幕后志愿者 [N]. 北京日报，2019-10-17.

[48] 不忘初心"三下乡"，青春建功"小康梦"——重庆师范大学暑期"三下乡"实践育人活动掠影 [N]. 中国教育报，2019-09-20.

[49] 贾宜冉，李梦雪. 青春挂职季，历练正当时：聊城篇——我校大学生骨干暑期挂职锻炼工作纪实 [EB/OL]. 聊城大学新闻网，2019-08-11，http://news.lcu.edu.cn/jgxy/315901.html.

[50] 千余大学生在汉比拼创意，213 个科技项目实力演绎节能减排 [N]. 楚天都市报，2018-08-08.

[51] 杨河清，胡建林. 劳动经济学 [M]. 武汉：武汉大学出版社. 2009.

[52] 马力. 高等教育结构与就业结构、产业结构关联性研究 [D]. 北京：首都经济贸易大学，2016.

[53] 何盛明. 财经大辞典：上卷 [M]. 北京：中国财政经济出版社，1990.

[54] 王庆丰. 中国产业结构与就业结构协调发展研究 [M]. 北京：经济科学出版社，2013.

[55] 晋浩天. 解读 2019 年大学生就业关键词 [N]. 光明日报，2019-06-11（11）.

[56] 中国就业促进会. 就业新概念·新就业形态 [J]. 中国就业，2017（11）.

[57] 莫荣. 新就业形态的概念、现状与协同治理 [J]. 新经济导刊，2020（3）.

[58] 王娟. 高质量发展背景下的新就业形态：内涵、影响及发展对策 [J]. 学术交流，2019（3）.

[59] 李心萍. 新就业形态脱颖而出 [N]. 人民日报，2020-09-02（18）.

[60] 丛中笑. 重视劳动教育是新时代的家庭教育观 [N]. 中国青年报，2020-03-30（5）.

[61] 刘玉方. 加强实习实训劳动教育 [J]. 北京教育（德育），2019（4）.

[62] 许涛, 刘丽红. 新时代高校劳动教育与创新创业教育融合机制探析 [J]. 创新与创业教育 .2020（3）.

[63] 燕晓飞, 等. 新时代高校劳动教育与产教融合协同育人的路径分析 [J]. 北京教育（德育）.2019（4）.

[64] 刘丽红. 以社会实践和志愿服务为载体, 推进新时代高校劳动教育落地生花 [J]. 北京教育（德育）, 2019（4）.

[65] 刘玉. 接地气, 所以有朝气——东北大学推动"知行合一"让劳动精神落地生根 [N]. 中国教育报, 2020-05-11（1）.

[66] 任国友. 劳动教育风险类型与安全保障机制的构建 [J]. 人民教育, 2020（8）.

后　记

　　本书是为满足当前普通高等学校开设"劳动教育"必修课而编写的教材，参与编写者都是受过马克思主义理论的专门训练且在一线从事教学工作的教师。本书的第一～三章由北京交通大学马克思主义学院李效东教授撰写，第四章由天津商业大学马克思主义学院陈臣老师撰写，第五章由北京交通大学马克思主义学院安娜副教授撰写，第六章由北京电子科技职业学院佟磊老师撰写。此外，佟磊老师还整理了参考书目并负责组织协调工作，北京交通大学马克思主义学院博士研究生孙开，硕士研究生杜玉中、张嘉艺、唐艺婧参与了稿件的校对工作。清华大学出版社的徐永杰编辑为及时出版本书、满足教学需要提出了最初的构想，并为图书编辑出版工作付出了艰辛的努力，我们对他的敬业精神表示感谢。